田野·新知丛书

乡村振兴战略背景下的中国传统村落

主编 刘伟国

山西出版传媒集团　山西人民出版社

总　序

　　作为学术意义上的田野工作（field work）主要起源于西方的人类学和考古学研究。20世纪初，随着西学东渐的逐渐深入，一批西方学者以及在西方留学的中国人把这一方法引入中国，由此推动了中国人类学、社会学、民俗学等众多学科的发展。这一过程中，历史学也在经历着从传统到现代的过渡，"新史学"在20世纪的两端遥相呼应，共同呼唤新的研究气象。社会史、文化史、医疗史、环境史等"新史学"领域无不要求眼光向下，而田野调查也就成为一种基本的工作方法得到运用。只不过，这里的田野调查是经过史学家"改造"后的研究方法，也即史学本位的田野调查，而不是人类学视野下的田野工作。无论如何，它已经完全超越了一般意义上的实地考察，在注重观察"事实"的前提下，更加重视其背后的故事和对当下的构建。

　　山西大学民间文献整理与研究中心也是在百年来的学术潮流中诞生的学术组织，她将研究视野聚焦于"民间社会"，以民间文献为线索，在"整体"的关怀之下，从纵向和横向上打破时段限定，打通学科壁垒，在深耕民间实现学术突破的同时，又把理论与实践相结合，更好地服务民间社会。而"田野作业"几乎贯穿了这一学术理念践行的整个过程。从文献的收集、阅读到文献背后的故事挖掘，从民间历史文化脉络的梳理到文化资源的评估和利用，可以说，无论是问题的发现，还是问题的分析和解决，都离不开田野作业。正是在这一意义上，我们把田野作业视为中心的"立命之本"和学术传统。在学术之外，田野作业还是学生的视野之窗和为人之"道"。对于长期生活在象牙塔中的学生而言，田野作业无疑给他们打开了一扇认识中国社会的窗户，这种认识不是基于新闻报道或道听途说，而是自己切身的观察和体悟，相比于前者，这种认识更加具体和深刻，更能触动内心，激发好奇。田野作业的过程，即是与自然和社会打交道的过程，生存本领、生活技能、待人接物等各方面能力，都能在田野中得到锻炼。正因为如此，田野作业是一种综合素质的养成之道，并成为中心的学术传统，一年又一年地持续下来。

春发其华，秋收其实。眼前呈现在读者面前的文集，就是近几年来我们田野作业的部分成果，包括民间文献整理、田野调查报告、学术研究论文等多种类型，体现了我们的学术旨趣和研究理念。我们期望这一形式和相关内容可以嘉惠学林，服务桑梓。当然，更多地，是希望得到广大读者的批评指正，不断帮助我们进步提高。

是为序。

郝 平

2020 年 10 月

前　言

　　在工业化、城镇化、农业现代化的进程中，大量保存着中国优秀传统文化的村落消失或遭到破坏，"古村落的保护就是工业化、城镇化过程中对于物质遗产、非物质遗产以及传统文化的保护。"为了摸清我国传统村落的家底，全面掌握我国传统村落的数量、种类、分布、价值及其生存状态，加强传统村落的保护和利用，传承中国优秀传统文化，2012 年 4 月 16 日，住房和城乡建设部、文化部、国家文物局、财政部四部门联合发出《关于开展传统村落调查的通知》，正式开展中国传统村落的调查与研究。2012 年 12 月 17 日，住房和城乡建设部、文化部、财政部三部门公布了第一批 646 个中国传统村落。截至 2019 年 6 月 6 日，已经公布了五批中国传统村落，共计 6819 个，各个地方也公布了各自辖区范围内的传统村落。从绝对数量上看，6819 个中国传统村落（如果计入各个地方的传统村落，数量会更多）已经不少，但是相对于全国 245.2 万个村落（2018 年数据）而言，6819 个中国传统村落仅占全国村落总数的 0.278%，其占比并不高。

　　"麻雀虽小，五脏俱全"，传统村落本质上是村民长期生产、生活的共同体，是一种特殊的乡村聚落，这一特质决定了传统村落研究的多学科性特征。从当前研究现状来看，地理学、城乡规划、风景园林、建筑学、遗产保护、人类学、历史学、体育学、民俗学、博物馆学、心理学等，各个学科都已经进入传统村落研究。不过，各个学科都是从学科自身出发研究传统村落，学科之间的交叉研究还显不足，关于传统村落的研究多是实证研究，或是运用一些理论方法的演绎研究，中国本土的传统村落话语体系并没有建立起来。其中很重要的原因就是历史学在传统村落研究中贡献不足，我们并没有把传统村落的历史演变过程研究清楚，或者说在没有研究清楚传统村落是什么的前提下，其他学科的传统村落研究在一定程度上就是无源之水、无本之木。

历史学为什么在传统村落研究中贡献不足？很重要的原因之一就是研究文献不足。传世文献中关于传统村落的记载较少，即便是有百科全书之称的地方志中也没有详细的记载，一般是记载村落的名称、方位，个别地理位置重要的村落的记载会多一些。这样的文献记载不足以支撑细致的村落研究。大量散落在村落中的碑刻、家谱、契约、书信等文献，以及历史传说、民风民俗、民歌谚语等民间史料作为历史时期最接近传统村落乡土文化的资料，数量丰富、可信度高，具有重大研究价值，应作为传统村落研究的重要资料被重视起来。当前，已经有了一些标志性的成果问世，如《山右石刻丛编》《山西通志·金石志》（单行本称《山右金石志》）《三晋石刻大全》等，为我们利用碑刻文献开展传统村落研究提供了便利。但是，这些编辑出版的碑刻集也还存在一些不足。一是所收碑刻数量不多，《山右石刻丛编》仅收录720通，《山西通志·金石志》收录多一些，也只有1550通，《三晋石刻大全》收录较多，但仍然有不少遗漏。二是所收碑刻中对碑阴重视不够，大部分碑刻并没有收录碑阴，不得不说这是当前碑刻集中的一大缺憾，严重降低了碑刻的学术价值、使用价值。

因此，针对传统村落进行田野调查就显得尤为重要，一方面是对碑刻、契约文书、家谱等民间文献的收集；另一方面是走进历史现场，这两点将从深度和广度上强化传统村落研究。山西大学民间文献整理与研究中心在太行山上开展以村落庙宇为核心的物质遗存调查，以碑刻、契约文书等为核心的民间文献的收集与整理，并逐渐将调查范围拓展到全国。这次征文就是一次尝试，我们希望通过全国性的征文，能够对全国其他地区的传统村落有一个概括性的了解，以开展太行山与其他地区传统村落的比较研究。

多年来，山西大学民间文献整理与研究中心始终坚持在太行山地区开展传统村落调查，坚持并发展着"走向田野与社会"的学术思想和学术路径，形成了探路式调查、重点（专题）调查和区域普查相结合的田野调查模式，并在实践中广为运用，取得了非常好的效果。调查内容包括民间文献、物质文化遗产（庙宇、传统民居、古树、古井等）、村庄格局、非物质文化遗产、家族、村庄微地貌、口述访谈等与村民生产和生活相关的方方面面，坚持从调查中发现、提炼问题，在调查中解决问题。

传统村落从历史中走来，是在工业化、城镇化、农业现代化的进程中逐渐形成的，是现代社会的一个相对概念。传统村落不是孤立的，一方面，传统村落与其所在区域是图—底的关系，传统村落不能脱离其赖以形成、发展并存在的自然与人文地理环境。因此，我们对传统村落开展田野调查，以庙宇为基本单元，以碑刻、文书为史料重点，将碑刻等民间文献归户到对应的村落之中，将庙宇放到村落环境之中，再将村落放到所调查区域的自然和人文背景之中，区别于以往的"进村找庙、进庙找碑"的简单模式；另一方面，不能将传统村落与其周边村落割裂开看待，两者之间在地理空间、历史发展上都有密切关系。因此，在对传统村落的调查过程中，我们尤其注重传统村落与该区域一般村落之间的关系，不仅仅针对已经列入名录的传统村落，对于那些尚未列入甚至不可能列入名录的一般村落也一并展开调查，即开展"传统村落群"的调查，只有这样才能形成对传统村落的整体认识。

在多年的调查中，我们发现太行山上有很多具有重要保护价值的村落并未列入任何传统村落保护名录，相信在全国其他地区也应该存在这样的现象。住房和城乡建设部办公厅在《关于做好第五批中国传统村落调查推荐工作的通知》中指出："第五批中国传统村落调查是最后一次全国性调查，力争将所有有重要保护价值的村落全部纳入中国传统村落名录，建立基本完善的中国传统村落名录。"可见，这一目标并未实现。同时，2017 年党的十九大报告中提出实施"乡村振兴战略"，2018 年中央一号文件即《中共中央、国务院关于实施乡村振兴战略的意见》，2018 年《政府工作报告》指出要大力实施乡村振兴战略，随后，中共中央、国务院印发了《乡村振兴战略规划（2018—2022 年）》。党和国家高度重视乡村振兴，传统村落在乡村振兴中具有重要意义，"中华文明根植于农耕文化，乡村是中华文明的基本载体。乡村振兴，乡风文明是保障。"因此，全国性的中国传统村落调查虽然不再组织，以高校或科研院所的传统村落研究机构为依托，继续开展中国传统村落调查，还是非常有必要，并有重要的现实意义。

基于上述经验、认识和国家战略，2020 年 5 月 14 日，山西大学民间文献整理与研究中心发起"乡村振兴战略背景下的中国传统村落"田野调查征文活动，征文的主题包括但不限于：

（1）中国传统村落的历史、现状与问题，（2）中国传统村落的政治、经济、文化，（3）中国传统村落的（非）物质文化遗产，（4）中国传统村落民间文献的搜集与整理，（5）乡村振兴与中国传统村落的发展，（6）异（易）地扶贫搬迁中的中国传统村落保护，（7）传统村落价值体系研究的理论、方法与实践。

在提交的调查报告材料中，有三点是需要特别说明的，这也是我们多年在太行山进行传统村落田野调查的经验总结。一是村落档案，我们为参赛者提供了七份《田野作业登记表》，对所选传统村落进行基础数据采集，认真完成田野作业登记表系列数据的记录，为传统村落建档；二是传统村落相关照片，大致为一组 20—50 张的村庄系列照片，内容应包括村落全貌、主要街巷、特色景观、典型建筑、代表性人物、特色民俗场景、民间文献等，照片以"村名＋拍摄内容＋拍摄者"命名，如"娘子关村—龙王庙—张三摄"。通过这两项内容就可以把握所调查村落的基本情况。三是考虑到传统村落的复杂性，"麻雀虽小，五脏俱全"，在调查方法上我们鼓励综合运用社会学、人类学、历史学、统计学等方法开展深入调查。

这次征文活动是山西大学民间文献整理与研究中心首次举办面向省内外本科生、硕博研究生及社会各界同仁的学术活动，得到了省内外高校在校生和许多社会人士的积极响应。参加本次征文活动的28名（个）本硕博学生（团队）、1名高校教师和3名（个）社会人士（或团队），除来自山西大学、山西师范大学、山西财经大学、忻州师范学院等山西省内高校外，也有来自华东师范大学、陕西师范大学、西北大学、长安大学、西北政法大学、杭州师范大学、合肥工业大学、华南民族大学、青海师范大学、泰山学院等省外高校的学生和团队，还有来自山西省阳泉市山右传统村落保护与发展研究中心、内蒙古自治区兴安盟社会科学界联合会、科尔沁右翼前旗文化旅游体育局、中共甘肃省委党校、甘肃社科联的社会人士和团队。

本次活动共征集到32篇田野调查报告。在征集到的32篇田野调查报告中，涉及10个省／自治区的传统村落，分别为山西省（19篇）、湖南省（3篇）、浙江省（2篇）、安徽省（2篇）、山东省（1篇）、河北省（1篇）、陕西省（1篇）、内蒙古自治区（1篇）、甘肃省（1篇）、青海省（1篇），覆盖面还是很广。正如我们所期望的，调研对象并非全是列入中国传统村落名录的村庄，有不少很有特色的村庄，如满族村庄，在一定程度上克服了局限于中国传统村落名录的不足。研究内容也丰富多样，主要有传统村落的总体发展情况研究、数字化研究、堡寨调查与研究、民间信仰研究、异（易）地搬迁中的中国传统村落保护、红色文化研究、体育运动研究等。

在这次征文活动中，参与者提交了与调查报告相关的村庄档案及相关照片，还有一些团队或个人提交了微信 H5 页面。在村落档案中，一些团队或个人对于村庄、庙宇、传统民居、非物质文化遗产、民间文献等信息的详细记载，充分体现了他们对于田野调查的热爱与重视，也为调研报告提供了扎实的史料基础。限于篇幅，本书所呈现的仅仅是这次征文比赛的部分内容。不过，在内容上基本也把传统村落的过去、现在、未来串联了起来，也就是我们在 2017 年教育部哲学社会科学研究重大课题攻关项目"中国传统村落价值体系与异地扶贫搬迁中的传统村落保护研究"（17JZD052）中所提出的传统村落的历史固有价值、现时评估价值和未来预期价值。

作为史学工作者，只有走出书斋，走向田野，才有机会获得新的史料与真实的体验，才能进一步拓宽史学研究的路径，丰富史学研究的内容。同时，十九大以来，乡村振兴战略上升为新时代的国家战略，作为史学工作者，一定要把握好这次乡村研究的契机，加强对中国传统村落相关问题的深入研究，同其他社会力量合作，为新时代的乡村建设贡献力量。

编　者

2020 年 11 月于山西大学主楼

目　录

三晋遗珠

剧场、节律与村社

——明清太行东麓原曲龙王庙剧场研究 [①]

颜 伟

  太行山东西两麓的村落至今仍遗存数量众多的古建筑、碑刻以及赛社仪式，为华北村社和戏曲文化的探索提供了丰富的资料。河北涉县原曲村就位于南太行东麓，由于处在太行陉道以及行政区划等地理、历史原因，这里的庙宇信仰及剧场、祭演活动与太行西麓的上党地区有共通之处，清初已有晋冀往来客商在庙宇碑刻上捐资留名。明清原曲村社的制度化伴随着信仰场所的不断完善、剧场建筑的因势改革、经济收支的不断细化、演艺规例的不断确立等方面，村社职能不断扩大，运作方式逐渐成熟，为信仰与演艺提供了成熟的组织形态。如今，原曲村不仅遗存了较为精致的明代剧场，也保留下序列整饬的碑刻，在呈现庙宇以及剧场沿革的同时，也展示了原曲村社的制度化进程以及社人的意志。

  涉县位于南太行东麓，地处晋冀豫三省交界处，在明清时期的大部分时间里涉县都隶属河南彰德府。1949 年后，涉县隶属于河北省邯

---

① 国家社科基金重大项目"中国戏曲文物文献搜集、整理与研究"（项目编号：17ZDA244）；2018 年河北传统文化研究项目"太行古商道与华北区域商品经济研究"（项目编号：HB18WH03）；山西省哲学社会科学规划课题"山西古代乡村戏剧观演组织形式及启示研究"（项目编号：2019B216）的阶段性成果。

郸市。涉县临近清漳河，其得名亦源于此。因漳水东经，人民往来徒涉此水，遂名涉县。原曲村在涉县东南的固新镇，东西两侧临山，处在河谷地带，村落呈带状布局。原曲古村落结构完整，基本保留了原貌，庙宇与碑刻资料遗存较丰富。2016 年被列为中国传统村落，2019 年入选第七批中国历史文化名村。

戏曲剧场研究对原曲龙王庙明代剧场的关注付之阙如，《中国戏曲志·河北卷》不载，《中国戏曲文物志》未收录，《河北省现存古戏楼调查研究》亦没有对其进行关注。近年来，原曲村作为古村落遗存的文化价值得以提升，一些建筑学者开始从传统聚落、神庙和民居空间以及古戏台等方面对原曲村进行研究，一定程度上呈现了原曲村剧场的建筑和演艺价值，但学科门类所限使这些研究无法对剧场功能有准确认知，碑刻解读的缺失使得研究者不能对原曲村的明代剧场遗存以及变迁作出合理的历史叙述。[1]

对乡村剧场的考察研究已经具有相应的研究范式，基本体例可以总结为具体剧场及其碑刻的考述和研究，其基本框架可概括为神灵信仰的追溯、庙宇建筑的描写、戏曲碑刻的誊录与解析、演艺情形的推断与考证四个方面。这样的个案研究数量很多，剧场建筑的考察以及碑刻、题记等的收集整理确实为戏曲研究提供了宝贵的资料和经验。具体请参照山西师范大学戏曲文物研究所主办的刊物《中华戏曲》所载剧场碑刻考述类文章，兹不在此赘述。从逻辑结构上看，各部分之间的独立性大于联系性，首先，以信仰为标准划分剧场类型，如"××信仰及其剧场演艺研究"，往往不能在信仰与剧场演艺之间建立起必然的逻辑关系，如没有人可以回答汤王庙剧场与龙王庙剧场之间在建

---

[1]《中国戏曲志·河北卷》，中国 ISBN 中心，1993；车文明：《中国戏曲文物志》，三晋出版社，2016；田建飞：《河北省现存古戏楼调查研究》，山西师范大学硕士学位论文；李志军：《涉县固新镇古戏台初探》，《山西建筑》第 43 卷第 23 期，2017；李刘根：《涉县固新镇传统聚落庙宇建筑研究》，河北工程大学 2018 年硕士学位论文；方泽明的《涉县固新镇古戏台建筑研究》对原曲龙王庙戏台有详细考察，但由于对庙宇碑刻的不熟悉，使得对庙宇建筑沿革的阐述较少，功能判断并不客观，该文是河北工程大学 2018 年硕士学位论文。

筑上的本质区别，也不能总结二者所承载的演艺类型的不同。其次，碑刻的研究虽成果频出但也有窘境，有明确记载"舞楼""戏台"或"迎神赛社"等字眼的碑刻得到格外重视，但实际上这些与戏曲相关的字眼本身极为简略，研究者只取所需在大多数情况下只为证明剧场有无和修建时间，故碑刻的整体价值被缩减了。再次，对剧场所在村落关注的缺失或者不全面使庙宇剧场孤立于村落之外，剧场与村落的时空关系以及内在联系没有成为研究关注的重点，村落依托庙宇剧场进行演艺活动的组织形态也无法呈现。

学科研究范式本身是一个动态的概念，需要不断尝试和总结新的结构以适应多样的案例，并反思和完善既有范式。本文便尝试以剧场空间、演艺节律和形式、演艺组织形态为基本结构，将村落社会组织视为贯穿剧场空间变迁、演艺时间把握、祭演组织方式的主线，来探讨太行东麓原曲龙王庙的剧场及其演艺。

一、剧场空间的变迁与典型性

原曲村内外曾有三寺、九庙、十八堂①，与太行山地区大多数村落相同，各种神灵在村落汇聚，司掌着民众生产、生活的方方面面。在这些庙宇中，府君龙王庙以其历史悠久、祈雨灵验、建筑完备等特征，拥有社庙的身份，是承载原曲村社文化的中心。庙宇自宋建立，位于村落西南，奉祀崔府君，即大唐名臣崔珏，清代碑刻称总祠、总祠庙，大意与"社庙""大庙"同。如今人们习惯称庙宇为龙王庙，突出了庙宇曾在村落祈雨方面的长处（本文亦从龙王庙称）。嘉靖《涉县志·寺观》载："涉与滏阳为邻邑，滏阳为王立祠，涉县民亦尝赴祠祈祷，为山川邃远，苦于跋涉之劳，乡人刘海等议而立庙以便香火，创立于

---

① 原曲村现在尚存清泉寺、静音寺、三圣寺、龙王庙、财神庙、马王庙、河神庙、佛堂、老君堂、观音堂、三官堂、奶奶堂、家福堂、真武阁、娲皇阁等。

宋咸平四年（1001）。"① 崔府君本庙在磁州（今磁县），行祠分布在南部太行山区东西两麓，宋金元三代崔府君信仰与成汤、玉皇、二仙、三峻等崇祀都比较兴盛，在泽州、沁水、长子、高平、陵川、襄垣等地如今均有崔府君祠庙建筑遗存下来。太行山地区相对少雨，农业生产的需要使这一时期区域内的众多神灵因为祷雨辄应而大祀，本庙之外，行宫纷立。诸多神庙也会选择增祀雨神而使获得甘霖的期望更有保障，故增加龙王并祀也就不难理解。灵验构成了原曲村府君龙王信仰的重要动力，也在推动庙宇的踵事增华。

图 1　原曲村龙王庙及古村落布局简图

---

① 嘉靖《涉县志·寺观》。

表1　庙宇主要建筑变迁表

宋咸平四年（1001）	宋	金大定年间（1161—1189）	元元统三年至明正统八年（1335—1443）	明成化年间（1465—1487）	明嘉靖四十四年（1565）	明崇祯元年（1628）	清康熙四十年（1701）	清乾隆二十一年（1756）
止正殿三间	塑龙神像，建东西两廊	建门屋	皆仍旧贯	正殿扩而成五楹	墁墙垣、修梁架，筑台建榭，墁戏楼	重修廊房，起建乐楼	补修庙宇献殿戏楼	献殿增隔扇、益围屏

资料来源：原曲龙王庙内遗存碑刻

　　庙内碑文对嘉靖之前的历代建修情况陈述较为简略，所交代的建筑沿革仅为"正殿三楹""东西两廊五楹""门屋""墙垣""皆仍旧贯"，没有提到剧场相关建筑。[①] 结合碑文可知，龙王庙剧场建筑空间的沿革经历了从无到有、从简朴到华丽、从驳杂到专门的衍变。

　　　　嘉靖改元，正殿南梁几桡，墙垣将覆。姚实、冯天祥易以栋隆，墁其墙垣。越十六年，姚靖、李堂相谓曰：有殿无台，似非规制。率乡众筑石为台，然榭未之有也。迨二十七年秦子仲、□□保曰：有台无榭，岂其可乎，遂建榭一座。[②]

　　乡村神庙的祭礼与演艺向来以有功能完备的建筑为傲，但受制于经济状况，情况多有差别，并不均衡也不同步。明嘉靖以后至崇祯年间，龙王庙的修缮充满活力，尤其是台与榭的建修最受瞩目。台为石筑，垒砌而成，从嘉靖十六年至二十七年，投入使用达十年之久，具备一定的祭礼演艺功能，但乡民意识到没有在台上建木构亭楼是很遗憾的事。十余年后，台上成榭，夙愿了却，龙王庙有了更完备的献祭场所。台与榭结合，成为一座于台上四角立柱、四面透空，既可供献

----

① 宋金至明中叶期间的历史沿革信息集中在嘉靖四十四年（1565）刊立的《重修府君龙王庙记》，庠生原曲村人姚思敬撰文，庠生秦翰篆额，申梧、陈简书丹，存庙院献殿前。
② 嘉靖四十四年（1565）《重修府君龙王庙记》。

乐舞、陈列供品，又可遮风挡雨、不误祭期的献楼了。明嘉靖以后村社对演艺建筑的热衷一定受到当时演艺形态的影响，更为重要的是原曲村社的活力增强，会首＋随社人的结构意味着祭演组织能力的增强，也意味着可以更为有效地集中财力办大事。原曲村社制度的完善与原曲演艺建筑的完善是基本同步的，而前者往往是后者的基础和前提。

祭礼演艺的热闹与仪式的肃正是一对矛盾，乡村神庙并没有将二者对立，而是始终追求平衡与和谐的状态，所采用的方法除了适度的规则约束外，也要依靠具体特定的建筑来明确功能分区，达到肃正之仪式有地，而热闹之场所亦有地的状态。自嘉靖年间创建的献楼集祭礼与演艺于一身，似乎不足为场所秩序提供更多助益，矛盾愈发凸显，村社也显然认识到了这一点：

> 然而居民繁庶，至于祈报之日，蚁聚蜂集，或杂于两阶之上，或混迹于献殿之中，致各执事往来之不便，使司乐舞音律之不鸣，即神明宁有不恫焉者乎。[1]

司祭礼者执事不便，司乐舞者音律不鸣，准确说明了由于士女云集而造成的祭礼演艺失序的状况，单一的献楼不仅无法保证祭礼肃正，也无法获得很好的演艺效果。所以崇祯元年（1628），在社首们的倡议之下，新建乐楼，专职乐舞音律，献殿则专司祭礼供献。所谓酌献有殿、乐舞有楼，各司其职。至此庙宇演艺功能趋于齐备，剧场格局基本定型。清代虽在此基础上屡加整饬，但再未突破这一格局。康熙四十年（1701）补修献殿戏楼；[2] 乾隆二十一年（1756）献殿四周增加隔扇围屏，一改往日四面透空的形制，共设 12 门，逐月次第开放，其象征性亦凸显出来。[3] 乐楼在这次修缮中也得到了改善，包括外形上的修饰以及乐楼内部的"深其廓"。自康乾至嘉庆、道光朝，龙王

---

① 崇祯元年（1628）《创建乐楼碑记》。
② 康熙四十年（1701）《重修总祠大庙碑志》。
③ 乾隆二十一年（1756）《重修总祠碑记》，贡生秦晋文撰文书丹，碑存正殿前廊西墙。

庙祭礼演艺活动进行有序，同时剧场建筑也得到多次维护。

　　原曲龙王庙献殿位于庙院中轴线上，靠近正殿，相距 3.6 米。南距山门乐楼 16 米。献殿建在条石砌就的台基之上，为十字歇山顶。面阔进深均为 6.6 米，高 0.6 米，平面呈方形，此台基前身当为嘉靖年间所砌就、墁砖并投入使用的露台。基上木构面阔进深均为 4.67 米，即为所增建之榭了。献殿四角施粗大的青石柱，侧脚明显，石柱卷刹明显，下柱径 0.47 米、上柱径 0.38 米。柱上施大小额枋，上施斗拱，

图 2　原曲村府君龙王庙献殿侧立面

补间斗拱每面三攒，五踩双下昂，耍头亦曾作昂形。不过昂头大部曾被故意砍削。献殿内部构造简洁明快，斗拱之上又施抹角梁，搭接正心枋与里拽枋，由角科与邻近两朵斗拱的耍头后尾撑起为第二层框架。其上搭老角梁，老角梁上施蜀柱、座斗，以枋木再成第三重框架，上再施蜀柱叉手雷公柱，铺设屋椽。从整体风格来看，献殿屋面举折较缓、出檐深远；石柱用材较大，卷刹侧脚明显；山面透空，仅施一雕花矮墙与博风板；斗拱用材适中，高度与柱高的比例大于 1∶4 等。这些特征可谓保留了明代初建时的状貌，整体风格古朴大气。而其历年久远，

数次重修，如加建隔扇围屏，四转角添加辅柱以及更换的木构件等又使其成为历代建修层摞性的综合体。龙王庙山门乐楼的形制为八檩卷棚式，硬山顶建筑，镜框式一面观。面阔 8.2 米，而进深达到了 6.3 米，可谓十分宽敞，中立金柱或有隔扇或临时悬挂帐幔，后墙开三窗，使后台采光通风效果良好。戏台两侧建有二层的耳房，可用作储物也可作为班社艺人的休息场所。

图 3　原曲村府君龙王庙横截面

全国遗存下来的明代剧场仅有 80 余座，其中尚有特征不甚鲜明者。而原曲龙王庙剧场是一座纪年准确、沿革清晰、遗存完整、特征鲜明的明代剧场，可以作为典型遗存。台—榭—楼的形制变迁、驳杂到专门的剧场功能变迁，不仅可以在庙内建筑本身看到变迁过程，也通过碑刻记载，展示了村社的制度性规划与社人的意志，因而其变迁历程丰满生动。正殿—两廊—门屋—墙垣的不断完善，是庙宇基础建筑的初级建造阶段；筑台—建榭—乐楼，是庙宇祭礼演艺建筑的发展完善阶段；献殿乐楼的不断补修以及增益，是庙宇整体的维护阶段。这三个阶段基本代表了乡村神庙剧场的发展历程。庙宇祭礼秩序、演艺观演秩序的建构就依赖发展阶段的一系列实践。"建献殿以为昭事之地，建乐楼以为妥佑之台"。"昭事"是秩序礼仪；而"妥佑"就是安妥众生。香首、主祭、社首们作为祭礼代理人于台、榭之上祭拜，所以神灵—代理人—社众组成了一组纵向的尊卑秩序；乐楼之上，优伶逞伎，观者当中，神灵、代理人、普通民众所获得的是平等的娱乐观感，这就是横向的平等秩序了。神灵有殿、殿前有台（露台）、台上有榭（献殿）、榭前有楼（乐楼）的空间结构实际体现了两种秩序在同一仪式场所中相交而取得平衡，同时又致力于两种理想的实现，即祭礼为明尊卑、知长幼，而演艺为"神人以和"。

原曲村从撂地为场—露台—亭榭—乐楼的结构过程，在明中后期的半个世纪内完成，而在晋南以及晋东南的一些庙宇中，这样的结构过程在金元时期就已经完成了，从这种比较来看，太行东麓的原曲村显然是后知后觉的。然而，并非晋东南所有的剧场结构过程都在金元时期达到我们所认为的理想类型，情况总是千差万别。相比演艺的主观需求、风尚的吹拂等因素，社人的意志仍然是剧场变迁的主导力量。从剧场研究的既有成果来看，以进步论的视角梳理出一条顺序的剧场历史脉络似乎有很大难度，同一时间、同一地域尚且不能视为一致，何况同一时间的不同地域。如果只选取那些合乎变迁时间需求的、契合预期变迁形态的剧场材料来填充到研究当中，他们往往被视为先进的，同时也便将那些具有不同形态的内容剔除掉了，而往往又视他们为退步的，或者迟钝的，这种做法显然得到了"历史"，但更丢掉了历史。所以剧场研究的区域属性并不能被抛却，而且应该被强化和细化。从这一角度上讲，原曲剧场的结构历程并不是落后的，它在原曲村落的视域下，在太行东麓村落神庙剧场的变迁进程中仍然具有参考意义，并为原曲周边区域村落所效仿。这也可以解释为什么与原曲邻近的连泉、坪上等村落的龙王庙格局与原曲相似。

二、演艺时间节律与演艺形式

四季轮替，周而复始。祭礼与演艺同样深植于时间的流转中而具有周期性，人们在其生命历程以及生产、生活之中为了满足自身所需，也为追求平顺与富足的生活，以及获取社会信息、日用商品之需、会集亲友等功利性追求，而对祭演活动充满期待。对于村社来讲，掌握祭演的时间表并组织有序的祭演活动，势必可以最大程度上获得民众的认可与支持，因而对于时间和秩序的规范是必要的。宋金元时期的原曲村，围绕社庙也一定有其周期性的祭祀时间，比如春祈秋报、神灵诞辰，或祈雨祈晴的临时祭期。明中叶以后，村社对祭演活动的场所以及秩序考量投入甚多，有序的修缮庙宇、兴建专门演艺建筑正是祭演制度化的举措。清康熙年间的数次神器购置、修理，以及对社产、社资结余等方面的严谨表述也表明在清初庙宇祭演的制度不断走向完善。乾隆二十二年（1757），原曲村在进行社费收支的制度化建设之余，终于对村落圣神祭期进行了昌明：

圣神祭期：

玉皇大帝　正月初九日

三官圣帝　正月十五日

河伯尊神　正月十六日

太上老君　二月十五日

白衣观音　二月十九日

玄天上帝　三月初三日

马鸣王神　六月廿三日

雷音古佛　四月初八日

土地尊神　四月十五日

天仙圣母　四月十八日

三皇圣祖　九月初四日

晋王老爷　四月十六日献戏

孤隐尊神　清明日献戏

龙天土地　二月初二日献戏

关圣帝君　五月十三日献戏[1]

图4　道光二十九年碑记拓片

这些神灵祭期以及献戏日程几乎覆盖整年，又体现一种全神的观

---

[1] 乾隆二十二年（1757）《地亩碑志》。

念，无论儒释道，也无论人格神还是自然神，正所谓凡有功于民者，皆可崇祀。具体来看，正月是新年的第一个月，玉皇、三官的崇祀更多意义上是一种对新年的祈福；河伯崇祀与原曲村自然环境有关，漳河流经原曲，灌溉良田使原曲盛产水稻，有太行江南之誉，所以对于河神的崇祀关系到一年的收成，亦可作为新年的祈福；二月间对龙天土地以及土地尊神的崇祀应是社祭的承续和延伸，亦包含对丰收的愿景；白衣观音、天仙圣母当与求子生育有关，因为人丁兴旺是家族繁茂的重要保证；佛道崇祀，提供着人们对于生命苦痛烦恼的不同解脱方式，可以各取所需；重生也必然重死，要在清明日为孤隐尊神专门演戏，又体现着人们对祖先的敬畏，并使无祀之恶鬼得到祭祀；关帝的崇祀极盛，其效用又可谓无所不包；对马鸣王的崇祀缘于人们尤其是客商群体对行路保障的期待；而九月初四三皇圣祖的祭祀则更多意义上是在秋收后对于古代圣贤的尊崇与感恩，又有了秋报的内涵。由此，原曲村社对圣神祭期的制度性规定，将生与死的生命周期涵盖其中，将趋吉避凶的意念融入，又将农业生产的雨泽祈求以及春祈秋报囊括其中。另外，村社对献戏日期有所选择，集中在二月至五月，惊蛰、清明这两个重要的农事节令包含在内，这一时期也需要充足的雨水保障农作物生长，所以对于龙天土地以及关帝的献戏，往往又带有祈求春雨的目的。并且，农忙时节农事繁重，社众终岁勤动，不获休息，间以庙会为乐，所以适时的戏曲演出也起到调节农业生产生活的作用。

道光二十九年（1849），原曲村社刊立《合乡公议社事献戏规矩章程永不许增减碑志》，对庙宇献戏日期以及会期采买的物品、数量进行了更加详细的规定。以下呈现一则为例：

五月十三日献戏三辰。

香八止，锞六十串，炮五十个，胡姜二钱，尖表纸二十张，供面二十斤，蜜四两，针金粉皮条半斤，大米半升，供油二斤，酒四角，醋半斤，灯心花一两，赁棚钱一两五十文，大小麻纸五十张，白纸一刀，串一止，笔墨□□，豆芽十五斤，茶叶二两，木炭二十五斤，烛三斤，盐十斤，米三斗，柴二百五十斤，铺草一百五十斤，银红纸四张，灯油六斤，铺台茶水钱□□。[①]

除五月十三献戏外，章程碑志还规定了一年内的其他献戏日期为：正月十五、二月初二、四月初四、秋香献戏以及八月初二共六次，物品采买的数量品类略有不同。章程还设置收掌二人负责账目银钱的管理；买办一人负责物品采买；管库贴厨一人负责物品管理以及厨房饮食；后宫上香一人，负责在会期的上香事宜，其中在正月十五设置上香二人，应是因正月十五的进香活动更盛的缘故，并在正月十五设管台二人，五月十三设管台一人，应为管理戏台之意，接洽戏曲班社、维持观演秩序。村落保正要负责管理庙宇库中物品，包括神器以及其他庙宇公产。对于演戏戏价，则没有设置具体数目，应依戏班等级以及村社经济状况等随时斟酌，秉公办理。章程还对演戏中村社所应承担的义务进行了昌明："戏来，上庙吃饭，三天算账，不许赴（付）少分文，回，地方请谢。"[②] 这样对戏班演职人员来庙演出的各环节，包括接洽安顿、秩序维护、食宿安排、付给报酬、礼节送行等都有了明文保障，戏班演出结束后，村社进行适当答谢，也体现出村社对戏曲艺人的尊重。

涉县所在的晋冀豫交界区域，宋金时期的戏曲文化较为发达。元时，真定就是杂剧盛行、乐户聚集之地。在上党地区，宋金元时剧场多有建迹，并散乐酬神，乐户参与庙宇演艺之中。元明易代后，北曲杂剧在明初成为朝廷政治控制的一种手段。自洪武建文永乐朝，藩王被大量赐给词曲剧本以及乐户艺人，王府杂剧演出兴盛的同时，广大乡村市镇的乐户演出也十分繁盛。《大明律》载："凡乐人搬演杂剧、戏文，不许妆扮历代帝王、后妃、忠臣、烈士、先圣、先贤神像，违

① 道光二十九年（1849）《合乡公议社事献戏规矩章程永不许增减碑志》，额题"执事有恪""额定规模"，撰文书丹者不详，碑存厢房前廊南墙。
② 同上注。

者杖一百。官民之家容令妆扮者，与之同罪。"① 可见乐人搬演杂剧的情况仍是普遍存在的。永乐二年（1404）在晋城泽州冶底村岱庙的建修活动就有乐人参与，并捐施了不少银两。

> 乐人刘□男、刘仰良　艮（银）一两
> 乐人刘守信、刘守能　艮（银）一两②

位于太行东麓的涉县一地自然也受到以上多重因素的共同影响。依据王芷章先生的判断，明中叶的正德、嘉靖年间，经济水平的好转以及文人撰写、蓄养家班等原因，北曲杂剧的演出，仍有兴盛气象。③ 综合来看，原曲龙王庙在明嘉靖年间的乐舞酬神中乐户承应的杂剧便很有可能登上庙内露台、献楼。晋东南长治贾村明万历年间《迎神赛社礼节传簿四十曲宫调》的发现证明在上党、冀南一带，自宋金时期传承下来的赛社仪式演出依然存在，并且北曲杂剧仍然在迎神赛社中有其演出空间。④ 据李伟先生于 20 世纪 90 年代的考察报告，涉县赛戏在民国年间有包括原曲村在内的 9 个村演出，涉县的上清凉村、弹音村以及涉县北邻武安县的赛戏，也都传承至今。⑤ 涉县古剧本《乌江岸》也被认为是古赛戏的演出本。⑥ 地方戏的兴起可以在原曲村找到鲜活的信息，历史上的涉县除本土赛戏以及源出于莲花落的涉县小落子外，上党梆子、上党落子、平调、河南坠子、豫剧、四股弦等均在涉县有其演出市场，如今山西黎城落子剧团也曾到原曲村演出，这既说明南部太行山区赛社演艺文化的交流与互通，也说明涉县一带演艺文化丰富的历史沉淀。原曲村至今尚有规模达 40 余人的"原曲

---

① 姚思仁：《大明律附例注解》卷二十六。
② 永乐二年（1404）《泽州伍门乡武城都冶底里兴功著民人记》，存晋城市泽州县冶底村岱庙。
③ 王芷章：《明杂剧的演唱和影响》，《戏曲艺术》，1980(2)。
④ 寒声主编：《上党傩文化与祭祀戏剧》，中国戏剧出版社，1999。相关研究参见《中华戏曲》第 3 辑，山西人民出版社，1987。
⑤ 李伟：《河北涉县赛戏考察报告》，《中华戏曲》第 21 辑，山西古籍出版社，1998。
⑥ 钱建华、王星荣：《河北涉县古剧本＜乌江岸＞考述》，《赛社与乐户论集》上册，中国戏剧出版社，2006。

落子剧团"，能够演出 32 本传统剧目，[1] 其他如正月十五社火的演出，全民参与，包括抬阁、旱船等众多民间文艺形式也有较为丰富的传承。

三、演艺村社组织与社人的意志

依据嘉靖《涉县志·学校》的记载，涉县曾设立五处"教读学"，分别在乘云社（西和西北）、仙里社（西南）、玉泉社（东南）、龙山社（北与东北）、符山社（北）。[2] 这里的社并不是我们所熟知的晋东南村社的形态，而是处在县与村之间的对"里"的一种表达。[3] 涉县的"五社"与原曲"十社"虽然均名为社，但在具体的历史时空中并不相同，它体现着社的传统的多样延续，展现了社的历史的"折叠"与"拉伸"。[4] 它既与太行山西麓上党地区村社有相似之处，更有太行东麓的特殊性和地域习惯，对此的理解与研究尚需要更多的微观案例以及宏观的史学把握，因而也需要更多社的资料的搜集、整理与研究，才能勾勒出太行东麓的社的形态，原曲村的个案是远远不够的。康熙《涉县志》中保留了"乘云、仙里、玉泉、龙山、符山"，但已不再称某某社，而以某某一里、某某二里称谓，凡十八里。[5] 嘉庆《涉县志》解释道："以上各里系旧时分设，每里分十甲，甲有催头一人，以岁更充，大甲或二人，专任催粮，近又一甲中分有前某甲、后某甲、再某甲等，名目虽过繁碎，而所辖户少则责成轻，于事易集，故官亦听之，惟玉四、玉五二里向设总催二人，不复按甲征比，因俗为治可矣，不再更张也。"[6] 里下再分设十甲，在这每一甲之下仍然由民众自发设立了"前

---

[1] 贾艳阳：《河北涉县小落子调查与研究》，新疆师范大学 2017 年硕士学位论文。
[2] 嘉靖《涉县志·学校》。
[3] 赵世瑜先生曾有论及，认为这里的社就等于里甲之"里"，从而行使"里"的基层组织职能，只是因其旧称，叫作社而已，而在河北诸地，乡、屯、社、图都为里的别称，依然可以进行以传统的"社"为单位的活动。赵世瑜：《明清华北的社与社火——关于地缘组织、仪式表演以及二者的关系》，《中国史研究》，1999(3)。
[4] 赵世瑜：《历史过程的折叠与拉伸：社的存续、变身及其在中国史研究中的意义》，《清华大学学报（哲学社会科学版）》，2020(2)。
[5] 康熙《涉县志》卷二《里社》。
[6] 嘉庆《涉县志》卷二《里社》。

某甲、后某甲"的组织形态，并因俗而为治，这便更像是一个村社分化为多个社的形态了，而原曲村"十社"的尝试似乎并不是始自清代，实际在明代中期就已经具备了雏形，并在晚明成为约定俗成的惯例了。

原曲村就位于县治东南的玉泉社，清代这里划分了五个里，原曲具体属于哪个里我们没有找到对应的文献和碑刻记载。嘉靖期间的龙王庙修缮就由值年香首会同随社人共同经营，可以视作"十社"的雏形，而庙内碑刻中也详细记载了明清两代原曲村社的基本情况。

表2 明清原曲村社社首情况表

明嘉靖四十四年（1565）	随社人	崔仲礼 秦大仁 秦 馨	陈 安 陈 栋 冯永吉	秦 佑 姚士仁 李伯全	秦思尧 姚定禄 陈 谏	姚士杰 姚 颙 秦 诵	成 堂 秦进忠 李应时
明崇祯元年（1628）	十甲社首	成永祥 岳板桂	申恒产 秦可教	邢才式 田自晓	姚光先 姚崇礼	秦之屏 成世登	
清康熙二十八年（1689）	社首	成添伏 秦□珍	申文玉 申文友	吴玘龙 姚玉孝	左玉龙 吴世高	杨进刻 李成□	
清康熙四十年（1701）	十社首	姚用极 王福太	成浔洪 姚日强	姚必兴 毛有福	姚子建 邢起学	杨浔礼 申文然	
清康熙四十八年（1709）	社首	秦拱臣 张进忠	崔日明 申伏英	申朝坤 姚日昇	秦敬友 陈加富	姚明□ 崔国治	
清乾隆二十年（1755）	社首	姚进国 申文法	秦式秀 陈国展	姚显孝 李孟德	姚显福 武进礼	姚吉士 裴之贤	
清乾隆二十一年（1756）	社首	陈明全 苗权国	黄伴朝 姚显才	陈国祥 姚仲明	黄展民 姚振太	申日强 姚显福	
清乾隆二十二年（1757）	社首	成玉广 申进德	陈大良 杨成安	申其臣 苗权德	姚文元 邢养富	张 荣 姚正元	
清乾隆二十三年（1758）	社首	常□□ □□□	姚□□ □□□	姚□□ □□□	陈□□ 姚显珍	冯习智 姚成必	
清乾隆四十八年（1783）	社首	姚贵德 冯万均	黄喜民 秦晋贵	秦朝仲 姚万里	姚增县 申廷臣	姚廷柱 秦晋格	
清乾隆五十七年（1792）	社首	吴万全 陈 禹	姚万田 邢明京	秦式亮 姚旺金	姚善士 秦广才	申仲亮 成邦□	
清嘉庆八年（1803）	社首	姚增日 姚增德	黄其法 □恩全	邢养富 姚贵功	裴之国 姚仲林	秦大武 姚忠□	

资料来源：原曲龙王庙内遗存碑刻

原曲村为杂姓村，嘉靖四十四年（1565）轮值香首为苗盛、秦进国，随社人18人中覆盖崔、陈、秦、姚、成、冯、李七姓，连同苗姓，共八姓，兼顾了杂姓村落各家族之间的相对平衡。崇祯时碑刻中出现了原曲村"十甲社首"的题名，便是上述"前某甲、后某甲"的具体形态，原曲十社已经成型，这些小社是根据甲来划分，也是甲的再度细化。明嘉靖年间的原曲村也正探索村社参与社庙祭祀执事人员的制度化，形成了香首（两人）+随社人（若干）的模式，经过数十年的发展，到崇祯时在以往基础之上，形成了香首（一人）+主祭（一人）+分祭（社首）的制度性规定，并为后世长期沿用，康乾时期的社首轮值情况，碑文记叙甚为详细，尤其自乾隆二十年（1755）至乾隆二十三年（1758），逐年轮值，四年间社首没有重复，可以说原曲村社在社事轮替的制度化建设方面完善起来。这不仅使原曲村在庙宇维修、剧场建设方面能够积极应对，并且在祭演所需资财的筹措、祭礼规程的制定、祭礼用具的购置支用方面运作成熟。

明嘉靖、崇祯年间的资财筹措确实仍以布施为大宗，自愿施舍钱、银、实物（包括米、豆、树、砖瓦、石柱等）或劳务（工匠），人数众多，崇祀甚盛，而村社募化行为的实施成熟，特别是罗列施主中亦包含女善人若干，女性善士群体的自发捐施行为并不局限于钱，崇祯年间的资财筹措中女善人就施舍了五斗米豆以助庙事。[1] 按户征收也是常态，"凡俎豆俳优之糜费固比户征收，由来久矣"，[2] 乾隆二十一年（1756），村社主持了龙王庙的大型修缮，或许是由于这次大规模的筹资兴建，使村民对于"比户征收"的模式不尽满意，矛盾随之凸显。[3] 这无疑是得到了大部分民众赞同与拥护的，而原曲村社在村落筹资事宜上也相应提升了其权威性。

涉县西抵山西黎城县界仅三十里，为冀、晋之要冲，太行八陉中的滏口陉就位于武安与磁县之间，是沟通豫北安阳、河北邯郸与山西

---

[1] 崇祯元年（1628）《创建乐楼碑记》，吏部选中同知姚鸿儒撰文，存西厢房前廊北墙。
[2] 乾隆二十二年（1757）《地亩碑志》，姚滏撰书，存正殿前廊东墙。
[3] 乾隆二十二年（1757）《地亩碑志》。

之间的孔道。历史上的涉县也曾多次纳入上党潞州的管辖范围[①]，共通的文化基因伴随着发达的商道往来传播，留下了文化交流的痕迹。康熙年间起，跨越太行山路过原曲村的客商群体的捐款也成为庙宇资金的一个来源，山西汾州府、平阳府，河北磁州彭城镇的客商均有捐施记录在碑。[②] 至民国年间仍有涉县客商与本村客商的捐款可见。[③] 村社资金的又一个来源就是社产，变卖树木是常用的方式。崇祯元年（1628）伐卖柏树；康熙二十八年（1689）变卖茶树；康熙四十年（1701）、四十五年（1706）、四十八年（1709），亦曾变卖柏树，得钱用于修缮以及置买祭礼所用神器。[④]

由此来看，原曲村社在庙资筹措方面方式多样：一为自愿布施（社众、善士、客商）；二为村社以户、地亩摊派；三为社产收入。以地亩为"社分"制度的明确，使村社在社费收缴方面的制度化努力成效显著。资金管理的制度化既包括制度化征收，也包括制度化支出。明嘉靖至崇祯年间的支出情况并未详细列出，当然也没有提到相应的支出标准。从庙中碑文看，自康熙年间起，村社在收支两方面皆具详刻石，对于神器购置、修理，社产折资，匠役饮馔工费，修缮所用社资及结余等方面表述比较详细。在订立以地亩收钱的制度后，还详明了奉祀神明规例，来明确乡民义务、社首职责以及开具各项优免条件，供后世遵从。

合乡公议奉祀神明规例开列于左，各处堂庙致祭尽数随年，

---

① 隋开皇三年，涉县隶上党郡；唐贞观十七年属潞州；五代、北宋皆属山西潞州上党郡；元代属真定路；明以后属磁州。
② 康熙四十年（1701）《重修总祠大庙碑志》，李日明、赵凌云撰文书丹，存庙院献殿前。
③ 民国二年（1913）《修后大殿执役花名》，碑文中有城关商号：城三铺钱七千五百、城盐店钱二千、丰泰和钱一千、豫顺馆钱一千、福和增钱五百、豫升恒钱五百、万裕长钱五百、万顺德钱四百；本村商号有：豫泰成、德和盐店、德聚斗行、豫顺祥、公兴号、三兴裕，各施钱一千；德和店、恒盛德、庆和店、延寿堂、广集店、裕厚发、恒升茂、双合成、同心合，各钱五百；地六成、万亨源、源盛兴、全兴成、林盛永，各钱四百。撰文书丹者不详，碑在正殿前廊东侧。
④ 献殿石柱诸刻字。包括：康熙二十八年、康熙四十五年、康熙四十八年、乾隆四十八年、嘉庆五年、嘉庆八年（两则）共六个纪年的七则刻字。

总祠庙香老、主祭十家社首承膺，约夏秋二季征收地亩钱，内除给两千文以偿供献之费。计开各□：

　　合乡并回地庄地亩总数共计五十八顷一十八亩一分，外有后山旧地亩五十六亩半。

　　议明：东券香首四人其地亩随年俱免。

　　鼓社二道秋夏二季除给钱一千六百文，地亩不免。

　　枪社八人秋夏二季除给钱二百四十文，地亩不免。

　　招高、令旗、阴阳止于秋香免地亩五亩，其余一概不免。

　　戏饭在厨所遗神祠并□□□□谢收地亩人公用积习秋香□供之□□□□□饭二次□□一免。[1]

　　村社之所以要将社资明细开列，规则条例言明，其动机在于进一步推进村社在村落集体事务上的权威和掌控能力，而其可以将其议明并刊刻在石，以为遵从，则又表明村社已经实际具备了相应的组织能力，不仅可以遵守既有规则，也可以制定规则，并要求社众来遵守了。

结论

　　在清乾隆四十八年（1783），原曲村迎来一次舆论风波，当年六月当地经历了一场大旱，龙王庙在这次旱灾中突然变得无所作为，他们回想龙王庙曾经的灵验事迹使他们获得土地的馈赠，又反思当下是什么造成了"神之不灵"，而舆论不觉间指向了村社在47年前对庙宇"双锁桥"的改建上。

　　古制正殿檐前有双锁桥一座，檐水流通，地灵人杰，五谷丰稔。至于乾隆元年，嫌走之不便，改为平垣，未尝不善。但人

---

① 乾隆二十二年（1757）《地亩碑志》碑阴。

金曰：神之不灵皆因此阻塞，是以今年六月内天道大旱，请乡众公议，社首催工重立双锁桥以复古制，果尔甘霖普被，百谷告登，是为记。[1]

在古代民间信仰的动力中，"灵验"至关重要，它左右着庙宇香火盛衰、关系着信仰影响范围，更连接着酬神演艺的理论依据。似乎保存、延续这些灵验条件以及不使其产生变化，就拥有继续灵验的充分理由。所以在乡村神庙面对革故鼎新的举措时，村社可能会因此获得声誉，也有可能会因此遭受指责。这也是古代庙宇及其剧场建筑发展不均衡、不统一的一个不容忽视的原因。当然我们应当感谢原曲村的这次舆论风波，它一定程度上使得原曲村神庙剧场得以有序传承而未有大的改制。

总之，明清时期太行东麓的原曲村社围绕着社庙祭演而进行的诸多举措正是其村社组织不断制度化的外在表现形式，社人的意志成为村落祭演文化发展以及剧场建筑不断更新完善的主要动力，祭礼与演艺也成为村社更好的管理乡村社会的有效途径。庙宇背后的村落社会为戏曲等演艺文化提供了一个合适的环境与土壤。如果说信仰、庙宇、剧场、戏曲是各自相对独立的元素的话，村社所扮演的则是黏合剂的角色，以更好地展现社人的凝聚力。从这一点来讲，村社便成为一个村落物质景观和精神氛围设计师的角色了，也便可以理解为什么没有两处完全相同、完全同步的神庙剧场。关注戏曲背后的村落诸要素，才有可能看到村社以演艺为切入点所构建的乡村社会的样景，更好地回答信仰、演艺与村落之间的关系问题。

颜伟，艺术学博士，山东艺术学院戏曲学院、山东戏曲文物研究中心讲师，研究方向为戏曲文物。

---

[1] 乾隆四十八年（1783）《献殿石柱刻字》，西北角柱北面刊刻。

嘉靖四十四年（1565）《重修府君龙王庙记》

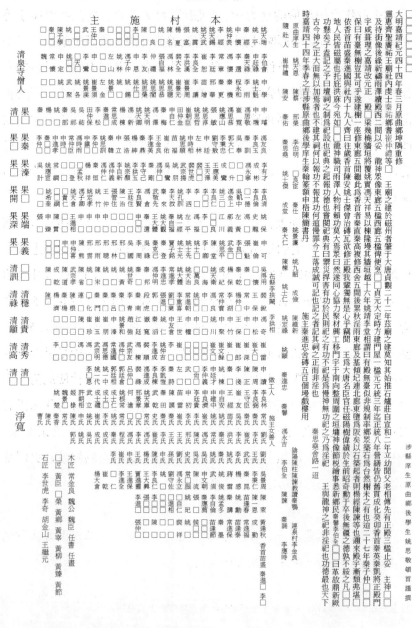

崇禎元年（1628）《創建樂樓碑記》

創建樂樓碑記

本粵村大廟重修義房亦精矣前人欲以無窮之心思創立於當境誠謂創一

神妙稽廟宇格之不設可度亦即不能親人欲以申祈報而邀靈既安寧乎故創一

神祠環以山環水之虎庇尤其治沙陽人之循其舊制而增擴其規模色澤斯無負前人之遺意也治南原曲

龍村以為一方隅龍嘯龍吟其後沙陽巍峨上游與內洶

神明寧哉有不中以各執事往來本年香社首左思諫等同心合力創建樂樓三間各廊房積壞者無不修理倚與

龍獻殿之房在圍以南石闌大岡之門庭亦甃善矣然而居民繁庶至於祈報之日蟻聚蜂集或雜於兩階之上或混於

神廟環不言格之不覆庇度尤即欲治沙陽之上游浩大洶為樓神之所祈報之地也歷來累加修飾增以獻殿廣

神辦休銀一十六兩以成事竣工價米食之費其餘又金妝

神明獻哉有不中古跡並傳適不有本也不香社首左思諫功大難完除本村佈施外同鄉耆士民公伐西山柏樹一株

龍山辦休銀誠堪與古跡並傳適不有本年香社首左思諫功大難完除本村佈施外同鄉耆士民公伐西山柏樹一株

神安人土地一神十二兩尊以成事竣工價米食之費其餘又金妝

神之道則益善矣豈直為觀美已也亦有光矣勒之于石以垂有永後之高明者再加充擴各盡事

國子監選中同知　姚鴻儒撰文　謹志

秦民表

邢尚恒　秦民牧

崔永昌　吳先門

李純學　苗自興

左司諫　姚奇才　邢中選

直吳一桂

公崔加樂

主祭　成永祥

首　申恆產　秦民悅

掾　秦之屏　岳板桂

姚光先　姚崇禮　成世登

田自曉　陳洪亮

邢中式

秦可教　陰陽

香老　姚民表

住持道人　宋常欽　徒　陳守得

縣庠

分祭　十甲社首

石匠　劉君美　胡進才

大明崇禎元年歲次戊辰季冬吉日立

重修
總祠
碑記

重修總祠諸工落成記

從來立廟以祀神神之爲靈蓋昭昭也視無形聽無聲而有求必應捷於影響斯世斯民之眾其蒙其庥而爲所庇者良非偶矣涉治

東二十裡許有鄉曰原曲有廟曰總祠古建正殿五楹分列三宮奉供

天地三界十方萬靈真宰繪塑聖神在位五雲繚繞萬象森列凡以有所求也求必應也爲之建獻殿以爲昭事之地建樂樓以爲安佑之

台建兩回廊以宜其周旋建兩廚房以便其烹煮其他門楣牆壁亦皆有以壯廟貌而肅觀瞻可謂既盡美矣又盡善矣至矣世遠年湮不

無風雨摧殘之憾時移勢異猶有缺略未備之嫌蓋有不容不修補者焉於乾隆丙子年春有本廟住持本鄉維首工尼材不數月而厥

工告竣毋乃神靈之所爲乎不然而何以使蚩蚩之眾經營於不能已鼓舞於不自禁也第見聖像塵封者今而金光奪目矣殿宇

崩壞者今而榱桷改觀矣至於門牆圮毀廚舍墮額今亦罔弗築壘堅緻墁塗光華而丹艧之有加矣所尤貴者獻殿旁邊增以閣扇當報

賽而倍覺其莊嚴益以圍屏臨祈禱而愈征其赫濯樂樓後面廣其簷牙聆斯聲而恍如陽阿薤露深其廊□聽下裡而儼若白雪陽春善

哉斯舉與前人創建之功不後先媲美歟以此有求於神神其不昧其必應也卜可知矣故記之以著一時之盛云

皇清乾隆廿一年歲次丙子荷月吉旦立

本鄉後學歲貢生秦晉文撰書

收掌
申进台
姚坚　买办　姚钟宽
秦式□　王进臣　陈正国　总催　张大法
申其富

监工
苗巨
姚进章
陈□明　武□□　秦晋
苗□元　姚□　冯习□
岳文斗　姚振□　李□　姚振廷
苗□亮　秦兆□　张玉良

王承耀　裴□　李□芳　邢振□
常登庸　崔在朝　邢明□　裴其法
邢□□　杨成达　岳乾
苗□亮　晋月　冯□□
姚□　崔欢□　苗□亮
姚□才　冯得贵　秦晋孝
李□　杨其升
吴知臣　姚振廷　铁匠　黄德□

石匠　常克谦
画士　□增光
木作　郭天□
泥水匠　李□坤

廿一年香祭
姚钟宽　社首
苗权国　姚显才
陈明全　黄伴朝　姚仲明
陈国祥　黄展民　姚振太
申日强　姚显福
阴阳陈国明

李乾元　社首
二十年香祭
魏登云　□卿国　社首
姚进国　申文法　陈国展
秦式秀　姚显孝　李孟德　武进礼　裴之贤
姚显福　姚吉士

廿三年香祭
香　申其富
祭　岳文斗　社首
冯习智　姚成必
陈□　姚显珍
住持僧贤部徙孙道庭

地 畝 碑 誌

地畝碑記

嘗思一代之人遂興一代之事而一代之事端由一代之人如我原曲鄉　祭祀一端凡俎豆俳優之糜費固比戶徵收
由來久矣迄今街談巷議輒以公私有弊其苦不均莫若按地捐資之為公也適值本年香祭社首俳徊顧慮不敢擅專
會請鄉保並各巷維首四十餘人共同商議眾口同音咸稱盛舉遂於鄉間沿門抄錄地畝無論高下肥磽不得隱瞞□
恐人品不一公私難辨擇日攜同維首視彼南畝執□尺司算計注簿挨地查明不憚十數天之功苦別疆界辨溝洫
考姓氏逐叚詳書並無一半點之私情嗣後凡有祀事悉以地畝捐資但富者不得出之少貧者不至任其多庶公而無
私永杜其苦不均之患也是時鄉眾咸服酌酒酬老以為盡善無弊矣香祭等敢曰斯舉果善耶斯舉果善於昔耶敢必
後世咸以為善遵循罔替耶噫昔時若彼今時若此將來更不知何如耳總之一代之人與一代之事一代之事由一代之
人耳故勒石以志

臨祠姚滏撰書

收長　陳正國　李乾元　王盡臣
　　　申其富　姚涵義　姚起士

總理　常甬　秦大業

買辦裴其發
香老武文理　成玉廣　陳大良
主祭吳其衛　社首　申德　楊成安　苗權德　邢養富　姚正元
　　　　　　申其臣　姚文元　張榮

乡约姚鐘寬　地方　申友臣
申進田　吳玉寬　馮之□　秦晉良　苗大潤　姚孝先

保正陳世武　保長馮習□
吳振溏　武成功　秦兆龍　姚順林

　　　岳文門　秦兆慶
維首　姚式□　陳國明　姚自有　吳世富　姚徹　李進福　邢明相　崔伏才
秦傑□　申進全　常□　李金域　秦晉輔　秦式全　邢養廉　秦晉學　崔大旺　崔振
吳振才　姚進州　苗際□　申其旺　成玉必　王振虎　秦大登　姚得明　崔德　崔得公
　　　　　　　　　　　　　　　　　　　　　　　姚顯法　　　　　　　　　　　石匠常克謙

乡間酬勞人等難以花名

皇清乾隆二十二年春二月查計地畝冬十月吉旦立

住持　覺然

乾隆二十二年（1757）《地亩碑记》（碑阴）

例　規

合鄉公議奉祀

神明規例開列于左

各處堂廟致祭盡數隨年　總祠廟　香老　主祭　十家社首承贋約夏秋二季徵收地畝錢內除給兩千文以償供獻之費計開各□

聖神祭期　獻戲

玉皇大帝正月初九日

三官聖帝正月十五日

河伯尊神正月十六日

太上老君二月十五日

白衣觀音二月十九日

玄天上帝三月初三日

馬鳴王神六月廿三日

雷音古佛四月初八日

土地尊神四月十五日

天仙聖母四月十八日

三皇聖祖九月初四日

晉王老爺　四月十六日

孤隱尊神　清明日

龍天土地　二月初三日

關聖帝君　五月十三日

議明

東芬香首四人其地畝隨年俱免

皺社二道秋夏二季除給錢一千六百文地畝不免

鎗社八人秋夏二季除給錢二百四十文地畝不免

招高

令旗　止於秋香免地畝五畝其餘一概不免

陰陽

合鄉並回地莊地畝總數共計五十八頃一十八畝一分外有後山舊地畝五十六畝半

戲飯在廚所遺　神祠並□□□謝收地畝人公用積習秋香□供之□□□□飯二次□□一免

乾隆五十七年九月初二日本村善人姚顯清妻秦氏同弟姚顯松□□

地價大錢七千五百文

鄉約　楊承法　收掌　秦晉弼　王景熙

本年　香　秦廣富　社首　吳萬全　秦式亮　申仲亮　邢明京　秦廣才

祭　秦兆廣　姚萬田　姚善士　陳禹　姚旺金　成邦□

住持邢萬才

微观视野下区域中心的历史变迁

——以冷泉村为中心的田野考察

贾雁翔

作为雀鼠谷北部的桥头堡，地处沟通晋中和晋南的交通要道上，冷泉村凭借险要的地势成为灵石县北部的中心，历代统治者对此地十分重视。唐代在此设立了冷泉关和冷泉驿，元代将小灵石县设于此处。到了明代，冷泉镇为灵石口巡检司的驻地，并且当地居民修建了防御外部威胁的堡寨。在清代较为稳定的社会环境下，冷泉镇逐渐衰落成为一个普通的村落。在长时段的历史背景下，微观区域内部的地貌差异、交通通达性、居民的积极性对冷泉村的兴衰产生了重要影响。

"镇"作为一种介于城市和乡村的特殊聚落，历来是学术研究的一个重点，以往对于镇的研究成果众多，早期大部分从经济史和社会史的角度研究明清时期江南的市镇，[①]近些年也有学者对北方尤其是山西的镇予以关注，如王社教、张青瑶的《清代中后期太原盆地镇的类型及形成因素》[②]、熊梅的《清代晋南地区镇的问题研究》[③]，白如镜的

---

① 相关研究综述可参见任放：《二十世纪明清市镇经济研究》，《历史研究》，2001 年第 5 期；任放：《近代市镇的研究与回顾》，《近代史研究》，2008 年第 2 期。
② 张青瑶、王社教：《清代中后期太原盆地镇的类型及形成因素》，《中国社会经济史研究》，2003 年第 4 期。
③ 熊梅：《清代晋南地区镇的问题研究》，陕西师范大学 2007 年硕士学位论文。

《泽州大阳镇——明清时期一个北方市镇的聚落地理》[①] 等。赵世瑜的《村民与镇民：明清山西泽州的聚落与认同》则通过对聚落居民的心理认同来探讨镇这种聚落的性质。[②] 通过这些研究可以发现，很大一部分镇在历史时期曾经是区域的中心，承担着区域内军事、交通、商贸等职能，尽管很多镇辐射的区域并不大，有可能是几个村或几十个村。同时我们可以看到，以往对于区域中心的研究多集中于城市，分析其兴衰变迁的规律以及背景，然而这种区域的范围多在府州级之上。在县域内部也会存在小的区域中心，施坚雅的农村市场研究就是基于县域内之经济中心地的分等研究，而文献中记载的形形色色的镇很多就是县之下的区域中心。因此，对这些县之下的区域中心的变迁展开研究是十分必要的。

冷泉村位于灵石县北部的汾河东岸，北过桑平峪村与介休市的义棠镇相邻，南距灵石县城 25 公里，西隔汾河与介休市田庄村相望，是灵石县与介休市的交界地。108 国道和同蒲铁路从村中穿过，交通极为便利。而冷泉镇旧址位于冷泉村内一处山岗半山腰向外凸出的山脊上，南、北、西为陡峭的悬崖，东边依靠高山，一条小路从旧址西端岗下通往西堡门。旧址周围筑有夯土堡墙（现仅存东段），东、西各开一堡门，堡寨内部主街呈东西走向，以主街为轴线，将各个封闭式的院落组团串联起来。由于长时期无人居住，堡内多数民居已经坍塌。[③] 在冷泉镇旧址的西南部为商山圣母庙，数十年前毁于大火，只剩下三孔窑洞和数通石碑。历史时期这是山西地区的交通要道雀鼠谷北部桥头堡冷泉关，即冷泉镇所在地，一般认为这里便是"凿开灵石口，空出晋阳湖"中的灵石口，明清《灵石县志》记载的"灵石八景"之

---

① 白如镜：《泽州大阳镇——明清时期一个北方市镇的聚落地理》，《地方文化研究》，2018 年第 5 期。

② 赵世瑜：《村民与镇民：明清山西泽州的聚落与认同》，《清史研究》，2009 年第 3 期。

③ 20 世纪七八十年代，冷泉村村民开始大规模从岗上迁居到岗下，现在冷泉镇旧址已无人居住。

一的"冷泉伏脉""冷泉烟雨"即指此处。[1] 在 2010 年与 2013 年，冷泉村分别被评为"中国历史文化名村""中国传统村落"。在千年的历史进程中，冷泉村经历了从"关"到"镇"到"村"的巨大变化，这其中的发展历程与影响因素将是本文重点探讨的。

一、因险设关: 雀鼠谷形势与冷泉关的设置

关于雀鼠谷，靳生禾教授和谢鸿喜教授在《隋唐雀鼠谷古战场考察报告》中曾有详细阐述。在研究冷泉关设置的历史背景中，雀鼠谷是一个绕不开的话题，因此有必要再进行简单的阐述。

"雀鼠谷"一名第一次出现是在北魏郦道元的《水经注》中:

（汾水）又南过冠爵津。

汾津名也，在界休县之西南，俗谓之雀鼠谷。数十里间道险隘，水左右悉结偏梁阁道，累石就路，萦带岩侧，或去水一丈，或高五六尺，上戴山阜，下临绝涧，俗谓之为鲁班桥，盖通古之津隘也，亦在今之地险也。[2]

顾祖禹在《读史方舆纪要》中记载:

《冀州图经》:"（雀鼠）谷在（孝义）县南二十里，长一百一十里，南至临汾郡霍邑界，汾水流经谷内，即周书调鉴谷云。"[3]

① 明代《灵石县志》中记载的灵石八景之一称"冷泉伏脉"，清代的《灵石县志》则变成了"冷泉烟雨"。
② 郦道元撰，陈桥驿校证:《水经注校证》卷 6《汾水》，中华书局，2007 年，第 160 页。
③ 顾祖禹撰，贺次君、施和金点校:《读史方舆纪要》卷 42《山西四》，中华书局，2005 年，第 1943 页。

除了《水经注》《读史方舆纪要》对雀鼠谷有详细记载，明代的《大明一统志》和清代《嘉庆重修一统志》等地理总志以及明清《山西通志》等地方志对雀鼠谷的记载均大同小异，无较大出入，此处不赘述。严耕望先生通过梳理各种史料，认为雀鼠谷即汾水河谷隘道，北起冷泉关，南至汾水关（又称阴地关，即今灵石县南关镇，位于灵石县与霍州市交界处），长约一百一十里。[①]靳生禾、谢鸿喜两位先生通过长年实地调查认为："雀鼠谷以灵石县北端的冷泉关（今灵石县冷泉村）为北口，灵石县南部的阴地关为南口。若加上南北两端有机组成部分的'桥头堡'，完整的雀鼠谷北起介休县，中至灵石县，南至霍州市，长约70公里。"同时，雀鼠谷是包括汾河西岸的雀鼠谷谷道、汾河东岸的千里径山道和统军川间道三部分组成的"战略要塞集群"。[②]

无论雀鼠谷的长度是一百一十里还是七十公里，有一点确定的是雀鼠谷的主体部分就是纵贯今灵石县南北的汾河河谷一带。灵石县位于山西省晋中市南部，东部为太岳山脉之绵山、孝文山、尖阳山等高山，西部为吕梁山脉老虎山、兴旺塬等高山，汾河自北向南从灵石县中部穿过。灵石县本为介休县属地，隋文帝开皇十年（590）设县。关于灵石县的来历，研究者常常引用《元和郡县图志》中的记载："灵石县，本汉介休县地，隋开皇十年，因巡幸开道得瑞石，遂于谷口置县，因名灵石。"[③]《太平寰宇记》亦记载："本汉介休县地，隋开皇十年，因巡幸，傍汾开道，取其平直，得石，文曰'大道好吉'，因分置灵石县，以今县西获瑞石为名。"[④]关于灵石县的设置，史书多记载隋文帝曾于此处得瑞石，然而，《隋书·高祖纪下》载："（文帝开皇十年）二月庚申，幸并州。夏四月辛酉，至自并州。"[⑤]从隋都大兴（今陕西西安）至太原必走汾渭谷地这条道路，而灵石一带乃是必经之地。尽管雀鼠

① 严耕望：《唐代交通图考》卷1《京都关内区》，上海古籍出版社，2007年，第122页。
② 靳生禾、谢鸿喜：《隋唐雀鼠谷古战场考察报告》，《晋中学院学报》，2008年第4期，第83页。
③ 李吉甫撰，贺次君注解：《元和郡县图志》卷13《河东道二》，中华书局，1983年，第379页。
④ 乐史撰，王文楚点校：《太平寰宇记》卷41《河东道二》，中华书局，2008年，第870页。
⑤ 魏徵、令狐德棻撰，汪绍楹、阴法鲁点校：《隋书》卷2《高祖纪下》，中华书局，1973年，第34页。

谷一带地形崎岖不便，然而却是当时的北方重镇太原通往关中地区的必经之路。同时，灵石县北部为太原盆地，南部为临汾盆地，只有中间的灵石县地形险要、易守难攻，历来为兵家必争之地。魏晋南北朝期间，山西地区的战略形势越来越重要，山西北部的平城（今山西大同）成为北魏王朝的都城，太原则成为北齐的"霸府别都"，而南部的蒲州（古称河东郡）历来与政治中心关中地区联系紧密，汉代以来长期为"司隶"的重要组成部分。伴随着整个山西地区战略地位的上升，整个雀鼠谷地区也显得愈发重要，号称"河东与关中一体"。因而在此设县恰恰反映了当时朝廷对雀鼠谷的重视。

隋朝末年，天下大乱，太原留守李渊于晋阳起兵南下，在雀鼠谷南端的霍邑遭遇隋朝悍将宋老生，史载："（隋大业十三年）丙辰，次灵石，营于贾胡堡。隋虎牙郎将宋老生屯于霍邑，以拒义师。"[1] 后在其子李世民的奇谋下，击败宋老生，绕过镇守蒲州的屈突通，从龙门渡过黄河，直驱关中。武德二年，刘武周占领并州、宋金刚攻陷浍州、王行本占据蒲州，夏县人吕崇茂也杀死县令响应刘武周。秦王李世民率军三万于武德三年四月在柏壁击败宋金刚，宋金刚败退介州，李世民率军"一日夜驰二百里，宿于雀鼠谷之西原"。[2] 最后平定刘武周、宋金刚之乱。雀鼠谷成为多方势力角逐的主战场。

冷泉关第一次在文献中出现是唐代著名诗人李商隐的《寒食行次冷泉驿》：

> 驿途仍近节，旅宿倍思家。
>
> 独夜三更月，空庭一树花。
>
> 介山当驿秀，汾水绕关斜。
>
> 自怯春寒苦，那堪禁火赊。[3]

① 欧阳修、宋祁撰：《新唐书》卷1《高祖本纪》，中华书局，1975年，第4页。
② 欧阳修、宋祁撰：《新唐书》卷2《太宗本纪》，中华书局，1975年，第25页。
③ 李商隐著，朱鹤龄注：《李义山诗集注》，上海古籍出版社，1994年，第98页。

冷泉关的设置时间目前并不清楚，但这首诗证明作为唐代众多驿站之一的冷泉驿已经成为当时重要的交通节点。而"汾水绕关斜"则说明冷泉在当时除了是一个驿站同时也是一座重要的关隘。在日本僧人圆仁的《入唐求法巡礼行记》中也提道："（开成五年八月）三日，早发，向南行十五里，到王同村王同院断中。其后，南行卅里，到冷泉店宿。"[1]据严耕望先生考证，当时从冷泉向北有两条大道，一条从冷泉向西北经孝义至汾阳、文水，沿吕梁山东麓至太原，即圆仁所来之路。另一条路从冷泉出发向北经介休、平遥、太谷至太原。[2]关于冷泉关的险要形势，在《八琼室金石补正》中收录的《冷泉关河东节度使王宰题记》中记载："至二月五日过此，因览其重峦复叠，积树参差，汾水回斥而潺湲，天险蔽抱而崇固。"[3]这样，冷泉关与其南部的阴地关、汾水关一起构成了雀鼠谷地带的三道防线，地位尤为重要。[4]据雍正《平阳府志》记载："（冷泉关）即古川口也，关外迤北皆平原旷野，入关则左山右河，中通一线，实南北要地。"[5]宋代在灵石县有阳凉北关和阳凉南关，[6]据嘉庆《灵石县志》载："镇以南关名，疑即宋史所谓阳凉南关……冷泉关距县五十里，疑即宋史所谓阳凉北关也。"[7]即阳凉北关和阳凉南关就是今灵石县冷泉村和南关镇，历代史家基本同意此说。无论如何，作为控制秦晋交通要道的雀鼠谷的北部桥头堡，冷泉关的设置是必然的，且具有重要意义。

---

① 圆仁撰，顾承甫、何泉达点校：《入唐求法巡礼行记》卷3，上海古籍出版社，1986年，第137页。
② 严耕望：《唐代交通图考》卷1，"中央研究院"历史语言研究所，1985年，第124—125页。
③ 路增祥撰：《八琼室金石补正》，文物出版社，1985年，第515页。
④ 靳生禾、谢鸿喜认为阴地关与汾水关实为一处，即今灵石县南关镇（《隋唐雀鼠谷古战场考察报告》，《晋中学院学报》，2008年第4期，第88页）。严耕望根据灵石县夏门镇照碑滩发现的唐咸通十三年《河东节度高壁镇新建通济桥记》《大明一统志》《肇域志》认为阴地关在灵石县城南20里的夏门镇一带，而汾水关则在南关镇（《唐代交通图考》卷1，第115—118页），王文楚亦持此说（《古代交通地理丛考》，中华书局，1996年，第173—176页）。
⑤ 雍正《平阳府志》卷6《关津》，乾隆元年刻本，第181页。
⑥ 脱脱等撰：《宋史》卷86《地理二》，中华书局，1975年，第2133页。
⑦ 嘉庆《灵石县志》卷10《古迹》，嘉庆二十二年刻本，第304—305页。

二、因关成镇：元明时期冷泉镇的兴盛

随着朝代更迭，冷泉关的地位并没有降低，元代曾于此处设置"小灵石县"。[1] 关于小灵石县的设置，安介生教授认为"完全是出于关隘管理的需求"。[2] 尽管设县的时间并不长，但是可见此处在当时已经是区域内地位较为重要的聚落。"冷泉镇"第一次出现是在元代至元十二年的《重修洁惠侯庙碑记》[3] 中，该碑的碑阴记载了重修洁惠侯庙的各村捐资人，几乎包含了灵石县汾河东岸的所有村落，唯独冷泉为"冷泉镇"。

到了明代，为了防御北元势力的南侵，朝廷在北方设置重兵防守，并由皇子亲自率领，为九大塞王，之后在北部边境相继设置了辽东、蓟州、宣府、大同、山西、延绥、宁夏、固原、甘肃九个边防重镇，史称"九边重镇"，而山西境内就有大同、山西两个边镇。这些边镇地处塞北苦寒之地，是传统的"农牧交错带"，相对于南边的农耕区来说，自然环境比较恶劣，不适宜农作物的生长。当时的边镇驻扎着数十万的军队，[4] 如此庞大的兵力必须有强大的后勤供应支撑。有鉴于此，朝廷于洪武三年（1370）推行"开中法"，招募商人向边地输粮换取盐引。这对于山西商人来说无疑具有巨大的利益，因为当时北有山西、大同两镇，南有河东盐池，在地利上占尽优势，故而明代平阳、泽潞商人"豪商大贾甲天下，非数十万不称富"。而冷泉镇作为晋南通往晋北交通要道上的一个重要节点自然因此而受益。据清雍正十一年的《移修商山圣母庙碑记》载："夫冷泉之在盛朝（明朝）已通衢，

---

① 宋濂、王祎撰：《元史》卷58《地理志一》，中华书局，1976年，第1377页。
② 安介生：《表里山河：山西区域历史地理研究》，商务印书馆，2020年，第173页。
③《重修洁惠侯庙碑记》，景茂礼、刘秋根：《灵石碑刻全集》（上），河北大学出版社，2014年，第58页。
④ 关于九边军队数量参见梁淼泰：《明代"九边"的军数》，《中国史研究》，1997年第1期，第148页。

盈盈居民千家，列通显者有人，而富商巨贾指不胜数，至若出秉来而入横经、列胶庠而食天禄者，常不下数十百人，倚欤休哉，何其隆欤。"① 明嘉靖二十二年的《冷泉镇修寨碑记》也提道："吾冷泉者，路当冲要，俗颇华丰。"②可见当时镇内人口之众多，商业之繁荣。万历版《灵石县志》也记载，冷泉镇在每月二日、七日有集市。③

关于明代冷泉镇之重要地位，明万历年间灵石知县沈复礼在《重修冷泉关记》中提道：

> 成祖建都北平，山西平阳为畿辅右翼，而灵石之冷泉关尤捍卫平阳之重地也。承平日久，边备稍弛，隆庆丁卯之警，寇蹂内地，冷泉失守，而汾霍之间戎马生郊，畿辅几至动摇。则冷泉不但为平阳重，且为畿辅重矣。万历甲戌改汾州为府，而灵石隶焉。冷泉无守，而平阳之门户撤，有识者忧之。越二十年，而襄陵李都谏公深鉴往事，念切维桑上封事，直陈冷泉为平阳锁钥，剖决利害，分析机宜，不啻列眉指掌。④

冷泉镇除了扮演着灵石县北部的重要交通节点和商业中心的角色之外，还是当时灵石县北部的政治中心。据万历版《灵石县志》记载，当时冷泉镇驻扎的有灵石口巡检司⑤、冷泉察院、冷泉公馆，而全县五大社仓之一也在冷泉镇。另外，冷泉铺作为明代通秦驿路上的节点之一也设在此处。作为明代灵石县北部的政治、经济中心，此处集聚着大量人口，应该说，当时的冷泉镇已经形成"似城聚落"。⑥

---

① 李晃：《移修商山圣母庙碑记》，景茂礼、刘秋根：《灵石碑刻全集》（上），第351页。
② 周廷昌：《冷泉镇修寨记》，景茂礼、刘秋根：《灵石碑刻全集》（上），第148页。
③ 路一麟纂，张宝铸、王晋堂校：《灵石县志（万历廿九年版）》卷1《建置》，内部资料，第64页。
④ 嘉庆《灵石县志》卷11《艺文》，嘉庆二十二年刻本，第338页。
⑤ 据《大明一统志》与成化《山西通志》记载，灵石口巡检司设置于洪武八年。
⑥ 即介于城市与乡村之间的聚落，德国地理学家施瓦茨将"似城聚落"分成了九类，而冷泉镇则属于其中的"交通聚落"和"军事聚落"。

明代中后期，北部的蒙古势力越来越强盛，经常兴兵南侵，烧杀抢掠，甚至威胁到了京师的安全，沿边一带广大地区饱受战乱之苦，山西尤其严重，而自北向南的汾河谷地乃是蒙古铁骑南侵的必经之路。嘉靖二十一年（1542），因明廷诛杀俺答汗的使者石天爵等人，俺答汗大怒："虏闻则大愤怨，遂不待秋期即以六月悉众入寇，大掠山西，南及平阳，东及潞沁……每攻克村堡屠戮极惨。"①而万历《灵石县志》也记载："隆庆元年九月十五日，达贼破石州，分兵抢掠邻境。数千骑夜至灵石，民不为备，镇店村落烧毁房屋数千间，杀戮男妇四千余口。"②此外，明代中后期社会矛盾加剧，导致地方治安不稳，大量起义军开始出现。灵石县山河相间，地势险要，常有义军出没。如"正德六年五月，流贼杨虎等破赵城，由霍州直抵灵石……贼大肆焚掠，满城尽为灰烬。""嘉靖四十一年，东山贼杨甫因年荒聚众劫掠，杀死杨千户，居民大被其害。"③位于灵石县最北部的冷泉自然难逃其祸。万历版《灵石县志》中记载：

> 曹氏，张熙妻；段氏，尚公信妻；白氏，张桓妻；崔氏，周瑞麟妻。俱家冷泉镇。正德辛未流寇抢掠，四妇俱芳年美貌，恐被污辱，相率山峪潜避。迨中途贼逻执之，欲掠去，氏等同声叫骂。誓不受辱，贼怒，俱杀之。四尸枕藉，见者哀怜。奏闻，立坊旌表。

> 崔氏，乡民崔拱女，亦居冷泉镇。年十五，同遇流寇之变，父母携之同避难于北山洞中。贼搜出，欲辱之，女不从，投崖而死。④

---

① 《明世宗实录》卷 262，嘉靖二十一年闰五月戊辰，"中央研究院"历史语言研究所校印本，1962 年，第 2 页。

② 路一麟纂，张宝铸、王晋堂校：《灵石县志（万历廿九年版）》卷 3《祥异》，内部资料，第 160 页。

③ 路一麟纂，张宝铸、王晋堂校：《灵石县志（万历廿九年版）》卷 3《祥异》，内部资料，第 158 页。

④ 路一麟纂，张宝铸、王晋堂校：《灵石县志（万历廿九年版）》卷 3《人物》，内部资料，第 131 页。

故而对当地居民来说，当务之急是加固堡寨等防御设施。据嘉靖二十二年《冷泉镇修寨碑记》载，嘉靖二十年（1541），冷泉镇居民倡议修寨，碑文对修寨的原因过程记录颇为详细：

> 奈何迩年凶荒，西山起寇，数为民患，城郭居民行无安全，乡镇等处扶老携幼，趋赴山谷犹被获惧害。吾冷泉者，路当冲要，俗颇华丰，劫财伤人，其患越惨，盖缘失险而无所与恃也。乡耆周虎、贺仲寿、张桂等，乃属乡众而言之曰："鸟伤弓者高飞，鱼惊饵者深逝。兹患累切怵肤，设不预为之，所恐筮脐无及，反鱼鸟之不如，愚之甚也。吾镇高岗，东枕绵山，西环汾水，西、南与北三向峻峰绕墅，天险地险之境。又矧南北两山翠拱，有王畿方屏之称，其尤可嘉者，真胜概也。斯而城之，吾镇之民继往者之患矣。"佥曰："斯固乡众日夜忧思，心欲行而未遑及者也，诸公言及于此，实一乡之福也。"①

可见当时兵患之严重，人们心情之急迫。因此当地居民充分利用地势修建堡寨，图1就是冷泉寨东侧遗存的夯土寨墙，此寨在修成不久便发挥了作用："迨嘉靖壬寅，虏寇深入，四方残害不忍言，吾镇及邻乡居民投入，俨然虎豹在山之势，得保无虞。"②

明代中后期的兵患对汾河谷地的商路和沿河的村庄聚落造成严重的威胁，某些聚落凭借其强大的人力财力修建堡寨等防御性设施，周边居民往往投身于此以避战祸，而南来北往的商人也通常会选择这些地方歇宿以保证人与货物的安全。③这样，冷泉镇凭借比较完善的防御措施短时期内会吸引大量的人口，导致这个时期镇内人口繁盛。

这里还涉及一个问题，即冷泉镇的"镇"究竟是什么性质。很多

---

① 周廷昌：《冷泉镇修寨记》，景茂礼、刘秋根：《灵石碑刻全集》（上），第148页。
② 周廷昌：《冷泉镇修寨记》，景茂礼、刘秋根：《灵石碑刻全集》（上），第148页。
③ 万历《灵石县志》载当时灵石县境内的堡寨还有索洲堡、桑平堡、静升堡、仁义堡、上村堡。

图 1　冷泉镇遗址堡墙及堡门[①]

学者将江南的市镇研究套用到全国，认为"镇"就是经济比较发达的聚落。熊梅的研究认为晋南地区的镇从功能上可分为行政镇、军镇、商镇、驿镇四种类型，而冷泉镇属于军镇、驿镇双功能的镇。[②]

三、由镇到村：明末以来冷泉村的衰落

作为交通要道上的重要聚落的冷泉镇在清代承平时期应当继续向前发展，然而却经历了从明代"盈盈居民千家"到清代"寥寥落落居民显少"，这种强烈对比背后究竟是哪些因素发生了作用，将是本节考察的重点。

在冷泉镇东部有一座创修于明代的商山圣母庙，为冷泉镇及其周边居民祭祀朝拜的重要场所。从明代至清代保留下来数通碑刻，真实地反映了从明至清冷泉镇地位的变迁。明正德六年（1511）《重修商山圣母庙记》载，当时的商山圣母庙"每岁四月八日祈祷于神，而拜

---

① 拍摄者：贾雁翔，拍摄地：冷泉镇遗址东堡墙，拍摄时间：2019 年 7 月 9 日 10:25。
② 熊梅：《清代晋南地区镇的问题研究》，陕西师范大学 2007 年硕士学位论文，第 27 页。

庙焚香者摩肩接踵，有如归市者之争先，此其感应之一验也。"①当时，商山圣母庙在距离冷泉镇三十里的山上，交通不便，而冷泉镇居民竟将这座地方信仰中心的庙宇迁移到了冷泉镇，而参加这次迁庙典礼的有灵石县的知县、县丞、主簿、典史、教谕、训导、灵石口巡检司，本镇捐资者达数百人，可见当时冷泉镇在地方信仰中的强势地位。而在清雍正十一年（1733）的《移修商山圣母庙碑记》中对于冷泉镇明清两代的对比有非常生动的描写，这种对比背后恰恰反映了当地居民的心理落差：

> 夫冷泉之在盛朝已通衢，盈盈居民千家，列通显者有人，而富商巨贾指不胜数，至若出秉来而入横经、列胶庠而食天禄者，常不下数十百人，倚欤休哉，何其隆欤。无何传至我朝而不然矣，寥寥落落居民显少，列通显者有谁？而富商巨贾寂无闻焉。至于清衿不过数人而食饩，不能殆不胜今昔之感云此……（商山圣母庙）以故每年杨柳盛会之日，有香烟大会以酬神功。今年远日久，止存正殿三楹，风雨漂而鸟鼠穿，楠角零而垣墉坏。琉璃不明，钟声绝响。寂寥高山，鸟睹昙花十丈；幽僻深沟，那见贝叶千寻，见者闻者曷胜悼叹。②

前面已经提到，明代中后期由于各种战乱导致冷泉镇兴修堡寨，加强防御，成为周边居民以及来往商旅的避难所，短时期内聚集较多人口。不过，尽管冷泉镇地处险要，然而这种防御措施作用有多大，是值得考虑的一件事。万历版《灵石县志》也记载："隆庆元年九月十五日，达贼破石州，分兵抢掠邻境。数千骑夜至灵石，民不为备，镇店村落烧毁房屋数千间，杀戮男妇四千余口。"③嘉庆版《灵石县志》

① 周淳：《重修商山圣母庙记》，景茂礼、刘秋根：《灵石碑刻全集》（上），第119页。
② 李晃：《移修商山圣母庙碑记》，景茂礼、刘秋根：《灵石碑刻全集》（上），第351页。
③ 路一麟纂，张宝铸、王晋堂校：《灵石县志（万历廿九年版）》卷3《祥异》，内部资料，第160页。

载："崇祯四年五月十三日，秦寇王家邱贼众万余自北而来，焚掠乡村，烟火几绝。六年八大王、张献忠、老回回等率众数十万临县境，庐舍成墟，民皆远避山岩中。七年，贼众又至，焚劫地方、骚扰山林，自此频被其害。"[1] 面对疾风骤雨般的各种兵祸，尤其是明末农民大起义，强盛如斯的大明王朝尚风雨飘摇，最终灭亡，何况冷泉这样一个农民军北上进太原、取北京必经之路的堡寨能够抵挡。故在《皇清例赠登仕郎冷泉廷扬张公墓碑记》载："邑自明季兵燹之余，居民流徙，率多亡其谱牒。"[2]

随着清军入关，逐渐平定天下，加之清前期统治者注重休养生息，社会秩序逐渐稳定下来。尤其是在康雍乾三朝，统治者励精图治，中国进入了长达百余年的"康乾盛世"时期，对山西地区来说，北部的边患因清王朝将蒙古地区纳入直接统治的范围而消失。境内的不安定因素也几乎消失不见，山西的军事地位相对于明代已经降低。灵石县乃至冷泉镇因兵患的消亡，军事地位也在降低。顺治十六年（1659），灵石口巡检司被撤销，巡检司驻地移往仁义镇，这标志着冷泉镇在当地的政治体系中地位不断下降。[3] 清代初期曾在冷泉镇设把总一员，然而在雍正十年迁往县城附近的水头镇。[4] 当社会进入稳定时期，汾河谷地的交通恢复了往日的繁盛。位于汾河谷地的城镇也重新发展起来，相较于明代，冷泉镇作为来往商旅避祸之地的作用已无关紧要，因为时局已经稳定，位于汾河沿线的城市都具有交通便利的区位优势，尤其是冷泉镇南边的两渡镇和北边的义棠镇（关于三者的地理位置见图2）的兴盛逐渐弱化了冷泉镇作为区域中心的地位。

两渡镇位于冷泉镇以南汾河东岸的缓坡上，关于两渡镇的来历文献并未记载，最早在文献中出现是在明万历版《灵石县志》，据该县

---

① 嘉庆《灵石县志》卷12《事考》，嘉庆二十二年刻本，第419页。
② 李世昌：《皇清例赠登仕郎冷泉廷扬张公墓碑记》，景茂礼、刘秋根：《灵石碑刻全集》（下），河北大学出版社，2014年，第1260页。
③ 嘉庆《灵石县志》卷2《建置》，嘉庆二十二年刻本，第55页。
④ 嘉庆《灵石县志》卷6《武备》，嘉庆二十二年刻本，第130页。

志记载当时的两渡墩、两渡铺均设在两渡镇，前者是军事机构，后者是传递机构，可见当时的两渡镇已经成为汾河谷地内一个重要的交通节点。两渡镇的兴起缘于两渡何氏的兴起以及秋晴桥的修建。

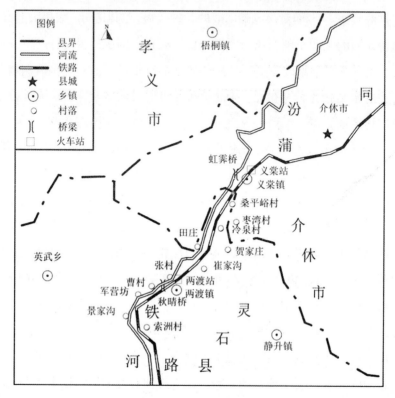

图 2　灵石县北部地图

资料来源：山西省测绘处、山西省军区测绘处：《山西省地图集》，1973年绘制

关于两渡何氏的由来，据乾隆三十六年（1771）《清故文林郎太谷县教谕静齐何公墓表》记载："何姓先世自河南大石桥迁于山西灵石县之两渡镇，耕读相传十有余世。"[①]以此类推，何氏家族从河南大石桥迁入灵石县两渡镇当在明中期。何氏家族在明代并没有什么名气，而到了清代，由于注重族人的文化教育，两渡何氏逐渐崛起，最主要

---

① 吴克元：《清故文林郎太谷县教谕静齐何公墓表》，景茂礼、刘秋根：《灵石碑刻全集》（上），第 514 页。

的表现就是两渡何氏的族人大量参加科举并考取功名，入仕做官。据清光绪八年（1882）的《文科甲题名》从乾隆年间到光绪八年两渡何氏中进士举人者达到了三十一人，[①]举人之下者不计其数。这些何氏族人在考取功名、入仕为官的同时，积极参与地方公共事务，如修建庙宇、桥梁，施舍钱粮、种子，无疑在当地树立了较高的威望，反观冷泉镇，整个清代人才匮乏。

在两渡镇的发展史上，秋晴桥的建立具有重要意义。关于秋晴桥的修建，据乾隆三十六年（1771）《何五德捐修桥梁碑记》载：

> 灵邑曹村里之张村，与两渡镇隔汾河而峙，古渡口在斯，为北乡一带入城必由之路。往昔立渡之初，舟楫俱全，嗣后年岁屡欠，渐致骤坏，四方往来者遂不免临河却步之忧。两渡镇五德公，目击心伤，慨然独任其事，捐多金以更新之。[②]

无论是两渡还是冷泉皆位于汾河东岸，然而汾河西岸也分布着大量村庄，以往汾河东西两岸皆靠舟楫进行来往，在冬春时期汾河水量较少的情况下架木桥和石桥，但是到了夏季便撤去。秋晴桥的修建不仅便利了汾河东西两岸村庄的交流，同时使得灵石县的北乡和西乡的交流大为方便，甚至沟通了灵石县北部地区与孝义县。这样，两渡镇显然成为灵石县北部新的交通枢纽。民国六年（1917），灵石县废里甲设区，第五区驻地设在两渡镇，冷泉村成为第五区属村。[③]民国二十三年（1934）冷泉村户口为274户，两渡村户口为340户，已经超过了冷泉村。[④]1935年，同蒲铁路建成通车并在两渡设立火车站。到现在，冷泉村只有1000余人，而两渡村超过了5000人，成为灵石县北部的中心。2019年7月，笔者在两渡和冷泉考察的过程中，看到

---

① 《文科甲题名》，景茂礼、刘秋根：《灵石碑刻全集》（下），第1442页。

② 王淳初：《何五德捐修桥梁碑记》，景茂礼、刘秋根：《灵石碑刻全集》（上），第524页。

③ 陈发长主编：《灵石县志》，中国社会出版社，1992年，第13页。

④ 民国《灵石县志》卷12《村制》，民国二十三年铅印本，第466页。

两渡村工厂林立、机器轰鸣、人来人往，俨然是一个现代化工业小镇，而冷泉村一片宁静，道路上鲜有人迹，这种景观上的差异恰恰反映了二者地位上的差异。

义棠镇位于介休市南部与灵石县交界处，明清时期，义棠镇作为介休南部的重要聚落逐渐兴起。这是因为义棠镇在明清时期成为介休、灵石、孝义三县交通线路的一个重要节点。

> 义棠驿路较他邑最长……西五里至内封铺，十五里至义棠铺，十里至灵石县冷泉铺，凡二铺。西北由义棠铺十里至刘屯铺，又十里至孝义县王同铺。[1]

前面提到唐代汾河东西两岸的交通要道汇集于冷泉一地，然而到了明清时期这两条大道的交会点转移到了义棠镇，这无疑刺激了义棠镇的发展，义棠镇每月十五日有市集，[2] 每年三月十七日、九月十七日有庙会。[3] 义棠镇西部跨汾河建有虹霁桥，对于义棠乃至介休的影响极大："石桥跨汾上，曰虹霁……为汾州驿路。桥西十五里产石炭，炭车舆辕僆僆然接轸，由桥上行，昼夜无停轨，供县境数十万家炊爨……一有险工，车不能行，数十万家居民遂有断炊之虑。"[4] 可见当时义棠镇的重要影响力。清光绪二十八年（1902），冷泉属村枣湾村村民降光昌赁介境义棠镇益谦德灵轿一乘，旗帜四五件葬妻，孰料被静升村赁行晋源恒强行夺去，后经冷泉村乡绅张育龄抗争，县官裁断令晋源恒归还，此事被刻于碑上。在碑文中提道："历年以来冠婚丧事赁物皆在义棠，于民甚便。经前任皇差过境，北界驿地所用之物，办公者皆在义棠借用。"[5] 以此我们可以发现当时义棠已经对冷泉产生了比较

---

[1] 乾隆《介休县志》卷 1《驿站》，乾隆三十四年刻本，第 25 页。
[2] 乾隆《介休县志》卷 1《市集》，乾隆三十四年刻本，第 30 页。
[3] 嘉庆《介休县志》卷 1《堡寨》，嘉庆十九年刻本，第 36 页。
[4] 光绪《介休县志·地理志·关隘》，转引自安介生、李嘎、姜建国：《介休历史乡土地理研究》，中国社会科学出版社，2016 年，第 175 页。
[5] 张育龄：《冷泉里该无行户志》，景茂礼、刘秋根：《灵石碑刻全集》（下），第 1531 页。

大的影响。民国年间，同蒲铁路经过义棠镇，并在此设立车站，带动了该镇的进一步发展，如今，义棠镇已经是介休南部重要的政治经济中心。

无论是两渡镇还是义棠镇，都位于汾河东岸的缓坡上，而冷泉的地理位置是在汾河东岸的高岗上，图3为冷泉古村的地形剖面图，这里地势险要、易守难攻，但是交通并不方便。《冷泉寨新修车路碑记》记载道："吾乡冷泉寨，自有明建以来，堡外看不见马舆，门跬步下喘吁汗津，难艰苦者势必不免。是果地限之哉？正所谓不为之故也。今而后车路既成，吾辈欲为之志遂也，不但利行人，未必不于风水少有补云。"[1] 可见当时从堡外进入堡内交通之艰难。民国《灵石县志》收录的清代当地诗人浑湘的《冷泉道中》，最后一句为："山腰悬列屋，人俨在春台。"[2] 可见尽管清代社会逐渐稳定，这个防御性较强的村落的村民依然没有搬迁，直到20世纪80年代，才有村民陆陆续续从岗上迁到岗下平坦地带，这种地形上的劣势明显阻碍了冷泉镇的发展。

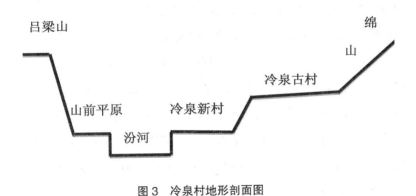

图3　冷泉村地形剖面图

四、结语

前面已经提到，历史时期的"镇"很大一部分曾经是其所在区域

---

[1] 冯灏：《冷泉寨新修车路碑记》，景茂礼、刘秋根：《灵石碑刻全集》（上），第613页。
[2] 民国《灵石县志》卷10《艺文》，民国二十三年铅印本，第378页。

的中心，正如嘉庆《澄海县志》所言："车舆辐辏为水陆要冲，或设官将以禁防或设关口以征税者为镇。"[①] 尽管这些中心辐射的区域有限，但是其与周边村落紧密相关。通过长时段的研究发现，在历史大势与当地环境的影响下，镇的地位也在不断变化，有些区位优势随着时间的演变转化为区位劣势，最终使得镇发生巨大改变。

冷泉镇的地位变迁既有时代大背景的影响，亦有区域内部因素的影响。清代之前，山西地区为北方防御之重点，具有十分重要的地位。冷泉镇地势险要且地处贯通山西南北的交通要道——汾河谷地上，作为重要的交通节点，受到了历朝历代政府的重视，元朝政府甚至在此地设立了小灵石县。明代中后期，由于北元势力的南侵骚扰以及周边地区农民起义军的影响，冷泉镇凭借险要的地势和修建堡寨进行防御，为周边地区的百姓和来往的商旅提供了避难之所，使得冷泉镇的地位发展到顶峰。然而，到了清代，山西由之前的边防重镇变成内地政区，逐步稳定的社会环境使得冷泉镇的军事优势逐步丧失。另外，明末清初的社会大动荡给冷泉镇的发展造成了极大影响。微观地理环境的差异使冷泉的发展空间劣于义棠镇和两渡镇，交通通达性则是冷泉镇丧失区域中心地位的决定性因素。跨越汾河的虹霁桥和秋晴桥使得义棠镇和两渡镇取代了冷泉镇交通节点的地位，极大带动了两镇的发展。当然，我们可以发现清代两渡镇和义棠镇居民积极推动当地的发展，尤其是两渡何氏家族。相比于明代以高度热情参与到当地事务中，清代冷泉镇居民总以消极态度面对聚落的衰弱。最后，冷泉镇由一方名镇沦落为两渡镇下辖的一个普通行政村。

贾雁翔，男，山西大学历史文化学院中国史专业 2018 级硕士研究生，研究方向为历史地理。

---

① 李书吉等修：《嘉庆澄海县志》，上海书店出版社，2003 年，第 76 页。

乡村文庙探秘

——灵石县静升文庙田野考察报告

魏春羊

    灵石县静升村留存有一座始建于元代的乡村文庙，其规制不亚于县治庙学，现今保存大体完好。静升文庙的创建源于金元时期统治者大力推行地方教育，明清时期的屡次修葺与扩建则与村中王氏家族的出资与督修密不可分。静升文庙功能的演变一方面可以反映出静升村落繁荣兴盛的历程，另一方面又可折射出乡村教育的历史变迁。

    清人司昌龄讲，"学之系乎人大矣。古者建国，君民教学为先。天子曰辟雍，诸侯曰泮宫，下逮乡、党、州、闾皆有学。凡入学，必释奠于先圣先师，此后世文庙所由起也。然必郡县学乃立庙，而乡则否。"[①] 然而，宋元以来山西乡村社会却曾经文庙广布。据不完全统计，由宋至清山西乡村文庙至少有 103 座[②]。在这些乡村文庙中，灵石县静升村的文庙是其中最为特殊的。山西乡村文庙一般以一进院落为主，

---

① 《石村修文庙记》，王树新主编：《高平金石志》，中华书局，2004:523。
② 金元以来乡村文庙并非每村皆有，一些乡村文庙历年既久，可能已经倾颓消失，加之府州县志中记载的很少，这就给山西乡村文庙的数量统计带来很大困难。本文所统计的山西乡村文庙主要有三个来源：《中国文物地图集·山西分册》中收录的、山西府州县志中记载的，以及实地田野作业中发现的。相信随着日后田野作业的继续开展，山西乡村文庙的数量还会继续增加。

主要由山门、正殿、耳殿（房）、配殿（厢房）等建筑构成。[①]静升文庙则不同，其形制为三进院落，南北中轴线依次排布有影壁、棂星门、泮池、大成门、大成殿等核心建筑。按《灵石县志》所讲，静升文庙"殿庑规制与县治学同"[②]，可见其与一般乡村文庙之不同。2018年11月2—3日，笔者深入静升文庙进行田野作业，通过对静升村的自然人文环境、文庙现存状况、地方家族与文庙营建、文庙与乡村教育变迁等方面的考察与分析，力争对静升文庙有一个整体全面地认识与把握。

一、静升村概况

静升村位于距离灵石县城东北12公里的静升镇，地理坐标为东经111°52′，北纬36°53′。静升古称"旌善"，后改名为"静升"，意为居静穆、升平之地。战国时期，静升村先属赵，后归魏。秦设郡县，静升村划归太原郡介休县管辖。隋开皇十年置灵石县后，静升村划归灵石县灵瑞乡。元代灵瑞乡仍设，而"旌善"已改称为"静升"。明清时期，静升村隶属于静介里。民国时期，静升村为编村，隶属于第二区，辖38闾、175邻、925户。1949年至1953年，静升村隶属于第三区静升乡。1958年，静升村隶属于东方红人民公社静升管理区。1961年，静升村隶属于静升公社静升大队。1983年至今，静升村隶属于静升镇。

静升村地理位置优越，"东飞青龙，绵山屏岚；西卧白虎，资寿钟响；北为玄武，黄土深厚；南垣朱雀，起伏有致。"[③]自古交通便捷，千里径古道、陵沁古道穿村而过，村南与东夏线相接。昔日村前小水河、中河、南河从绵山方向流入，在村西三河合一，称之为静升河。静升村依山顺沟沿河，坐北面南向心，有"九沟八堡十八巷，东西大街五

① 魏春羊：《金元以降山西乡村文庙初探》，《田野·文献·社会：晋东南乡村历史文化与当代价值研讨会论文集》，2018。
② 《灵石县志·学校》，1817:19。
③ 张玉立：《灵石县乡村志》，山西人民出版社，2011:159。

里长"之说。村中旧有庙宇 19 座、牌坊 18 座、宗祠 16 座、小石桥 4 座、魁星楼 3 座、文笔塔 2 座。其中,三官庙位居村东,为村庄龙脉之首;关帝庙在村西,村庄出水口即在其下;村北有三元宫、没爷庙、极乐庵等庙宇,村南有商山庙、文昌宫、后土庙、龙王庙等庙宇。静升文庙位居村中,旧时以其为界线划村之东、西二社。

二、静升文庙现状与碑刻遗存

静升文庙坐北朝南,三进院落布局,总占地面积 3500 平方米,中轴线上由南至北依次排列着万仞宫墙、棂星门、泮池、大成门、大成殿、寝殿、尊经阁等建筑,东西排列有廊庑。东南角建有六角四层魁星楼一座。东院建有赈济堂、义仓等建筑,西院为明伦堂、义学,亦单独成院。静升文庙创建于元至元二年,距今已有 680 多年的历史,于 2013 年 3 月 5 日被国务院公布为全国重点文物保护单位。现将考察期间静升文庙的现存状况以及庙中碑刻情况作一介绍。

静升文庙魁星楼一层现被辟为安全保卫站与售票站,在售票站窗户的西侧墙上镶嵌着一通清嘉庆十年(1805)题名为《补修尹方桥道出银碑记》的壁碑(尺寸 183cm×63cm)。售票窗口的西侧即是"德侔天地坊",现今作为静升文庙的入口,门口上方还悬挂着"文庙"的匾额;与之相对的是"道冠古今坊",现今长年上锁不开。从"德侔天地坊"进入后,道路南侧即是"万仞宫墙",又名"鲤鱼跃龙门午壁",是用 50 块青石镂刻拼砌而成,壁心面积达 22.8 平方米,构图有藏有露,有隐有显。据标识牌显示,万仞宫墙始建于元代,笔者详阅静升文庙的创修碑记后,发现确有"楼其门以御中外,子午甚称"[①]的记载,由此可见影壁历史之悠久。道路北侧即为"棂星门",古代传说棂星为天上文星,以此名门,有人才辈出之意。士子祭天先祭棂星,便可得到文星相助,科考顺利。

---

① 张允中:《静升里庙学记》,《灵石县志·文艺》,1672。.

灵石静升文庙示意图

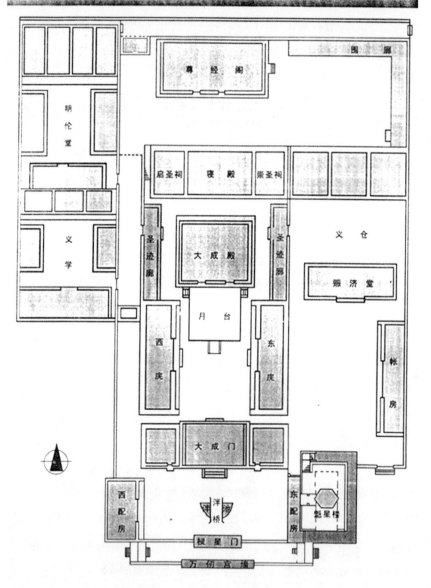

图 1　静升文庙示意图

资料来源：静升文庙外东侧墙壁

穿过棂星门即是泮池与泮桥，二者规模都不大，均为"文化大革命"后复建。现今泮池中的水基本上已经干涸，上面还罩着铁丝网，以防行人跌入。泮池的东面即是东配房①，现今作为安全保卫站的入口；泮池的西面是西配房，房中除了两通壁碑外空空如也。其中，一通位于房内北侧，为清光绪十八年（1892）题名为《奎星楼重建碑记》的壁碑（尺寸130cm×54cm），需要指出的是该壁碑为现代仿制碑，笔者比对《灵石碑刻全集》中的《静升村奎星楼重建碑记》②后，发现现存壁碑并无"木匠""泥匠""铁匠"等信息，应为仿制新碑时未将这部分内容录入。另一通位于房内西侧，立于清光绪三年（1877），题名为《赈济堂地亩碣》（尺寸386cm×77cm），该碑为两通壁碑拼合而成，亦是现代仿制碑。另外需要注意的是，在西配房顶西北角伫立着一柱坊石，上书"矢志雍他贞烈能增青史重"。该坊石为明万历三十六年奉旨为西王氏十一世祖王新命妻翟氏所立的"节著天朝"坊③，可惜牌坊主体现已不存，仅存这一柱坊石。

泮池的北面即为"大成门"，又名"戟门"，因门前插戟而得名，"大成"意为孔子集先贤之大成之意。现今留存的大成门面阔三间，在大成门内东侧墙壁上镶嵌着一通光绪丁亥年（1887）题名为《蓄水池动工碣》的碑刻（尺寸99cm×53cm），亦是现代仿制碑；在大成门内西侧墙壁上镶嵌着一通1985年④题名为《静升庙学进士举人名录》的壁碑（尺寸200.5cm×50.5cm），据随笔者考察的王家大院民居艺术馆顾问张佰仟老师介绍，该碑是其从《灵石县志》中辑录而成⑤。在大成门北侧门廊东侧墙壁上镶嵌着一通光绪庚辰年（1880）题名为《静升邨各会拨文庙银两碑记》的壁碑（尺寸76cm×16cm）。大门东西两

① 实际上就是魁星楼一层的西面，现今改筑成东配房。
② 景茂礼、刘秋根：《灵石碑刻全集》下册，河北大学出版社，2014:1422—1423。
③ 王儒杰等：《王氏族谱乾隆庚戌版续编本》，山西经济出版社，2009:532。
④ 原碑并无镌刻时间，依据《静升庙学进士举人名录碑记》得知。参见景茂礼、刘秋根：《灵石碑刻全集》下册，河北大学出版社，2014:1675。
⑤ 访谈人：魏春羊；被访谈人：张佰仟，75岁，静升村人，现任王家大院民居艺术馆顾问。时间：2018年11月3日，上午10点15分左右；地点：静升文庙大成门内。

侧各有耳房，皆面阔三间，东侧耳房题名匾额为"敬止"，西侧耳房题名匾额为"沐心"，门口木柱上还悬挂着一副对联，"敬贤尊师从位尊未必低下，闻道受教虽冥愚岂无高行"。

　　穿过大成门就来到了主院落，正对着的即是大成殿。大成殿面阔三间，悬山顶，殿内正中供奉着孔子，孔子左右为"四配"，即复圣公颜渊、述圣公子思、宗圣公曾参、亚圣公孟轲；东西两侧为"十二先哲"，即东侧北起为闵损（子骞）、子雍（仲弓）、端木赐（子贡）、仲由（子路）、卜商（子夏）、有若，西侧北起为冉耕（伯牛）、宰予（子我）、冉求（子有）、言偃（子游）、颛孙师（子张）、朱熹。殿中梁柱上还写有一副对联，"屈尊山乡只缘黎庶崇敬，肃主小殿权当杏坛讲学"。大成殿东西两侧为圣迹廊，镌刻有孔子生前各种事迹的图案与文字。大成殿门前为月台，摆放有当代所铸造的大香炉一座。院中载有四棵古柏树，具体栽自何年何月已经无从考证。院中两侧为东西庑，皆面阔五间，硬山顶。两庑中原来供奉着孔子弟子及历代先贤先儒56人，现今庑中东西两侧墙上除了各镶嵌一通清康熙十年（1671）的先儒位次壁碑（尺寸：东庑89cm×58cm，西庑85cm×58cm）外，已经空无一物。东庑廊南北两侧各有碑刻一通，其中北侧为一通康熙十四年（1675）题名为《静升村重修文庙碑记》的立碑（尺寸203.5cm×70cm×17cm，碑座118cm×80cm×46cm），螭首龟趺，其中一面已经漫漶不清；南侧为一通道光三年或道光五年（1823或1825）[①] 施银碑（尺寸167.5cm×80cm×16cm，碑首86cm×81cm×17cm，碑座120cm×78cm×49cm），螭首龟趺，碑阳也已经漫漶不清，螭首阳面题有"缓急有资"四字，阴面题有"协心衷事"四字。西庑廊南北两侧亦各有碑刻一通，其中北侧一通为清同治七年（1868）题名为《戊辰平枭碑记》的立碑（尺寸174cm×80cm×18cm，碑首86cm×82cm×19cm，碑座104cm×81cm×34cm），螭首龟趺，其中碑阳漫漶不清，但依稀可辨认出"戊辰平枭碑记"的题

① 碑阳虽严重漫漶，但落款时间依稀可辨认为道光三年或道光五年。

名；南侧为一通光绪五年（1879）题名为《己卯赈济碑记》的立碑（尺寸174cm×72cm×18cm，碑首86cm×83cm×19cm，碑座113cm×73cm×31cm），螭首龟趺，其中碑阳漫漶不清，落款时间依稀可辨认出"光绪五年"的字样，螭首阳面题有"疏材济荐"四字，阴面题有"凡有同心"四字。

大成殿的北面即是寝殿，面阔三间，平顶，别具静升村"窑洞式"民居特色，殿内供奉至圣先师夫人亓官氏，门前梁柱上题有"至圣乃布衣却修齐治平所师天子王侯所敬，经史如常卷然上下古今多鉴鄙夫志士多依"的楹联。寝殿东侧为崇圣祠，面阔一间，平顶，供奉清雍正元年追封王爵的孔子上五世祖；寝殿西侧为启圣祠，供奉孔子父亲启圣王叔梁纥，母亲启圣王太夫人颜征在。沿着西圣迹廊北侧的楼梯而上，就可登上寝殿北面的尊经阁。尊经阁内原藏有孔子及儒学著述共15种609本，因年代久远，有部分遗失，但仍藏有不同版本的四书五经以及大清典律等著作百余本。在尊经阁的东侧，还修建有围廊一座。

沿着月台西侧的"玉振门"西走即可来到西院的东门，西院为一进院落，四合院结构，原为静升文庙的明伦堂，亦是静升村的义学之一。西院的正殿明伦堂为二层建筑，一层正门上方悬挂着民国十六年八月十五日揭牌，山西教育厅长陈受中题褒"兴学育才"的牌匾，匾额左侧还镌刻有"静升村学务会长兼启蒙小学校长王修齐"等字样。据了解，该匾额是教育厅专门表彰王修齐在静升村兴学有功而颁发，原悬挂于其家门口。21世纪初，静升文庙修复开发，才将该匾悬挂于此①；正门位于院落的东南角，大门口上方镌刻有民国十年六月立石，李镛题"灵石县第二区区立高等小学校"的匾额。

沿着月台东侧的"金声门"东走即可来到东院。东院为二进院落，最北侧建筑为义仓，面阔三间，平顶；义仓南侧为赈济堂，面

---

① 《兴学育才王修齐》，温耀强：《王家大院历史人物纪略》，山西经济出版社，2016:217—218。

阔五间，硬山顶；东南侧建筑为六角四层式魁星楼，始建于清康熙元年，后代屡次修建，民国二十二年重修，将三层改为四层。现今魁星楼二层南侧墙上镶嵌着一通道光十四年题名为《重立灯杆碑记》的壁碑（尺寸 130cm×54cm）。魁星楼东侧为东院正门，正门外西侧则是碑廊，由北至南共有四通碑刻：第一通为清咸丰辛酉年（1861），题名为《辛酉赈饥碑记》（尺寸 169cm×76.5cm×15cm，碑座 93cm×53cm×26cm）；第二通为清康熙元年（1662），题名为《魁星楼记》（尺寸 183cm×63cm×17cm，碑座 88cm×60cm×27cm）；第三通为 1995 年，题名为《整修王家大院魁星楼碑记》，第四通为1995 年整修王家大院魁星楼的捐资碑。

三、地方家族与静升文庙的建筑沿革

（一）南氏与静升文庙的创建

静升文庙的创建可追溯自至元二年，该年静升村中的耆老南塘欲在村中修建夫子庙，于是就将这件事向灵石知县冉大年报告。冉大年得知后欣然应许，并愿意监督管理静升文庙的营建。之后，冉大年亲临静升村查看地形方位，确定"南俯通衢，外薄溪涧"的小水河北岸，紧邻闫家沟西侧"纵六丈四尺与武，横如其纵而加丈六"的地方作为文庙的营建基址，率领静升乡民筹集工料，安排修庙劳役，使木匠、陶匠、铁匠、泥瓦匠各安其工。最终在至元二年建造起坐北朝南，一进院落的静升文庙，其正殿面阔三间，进深四椽，殿内塑孔子像于其中，左右配以颜回、曾参，院中筑起东西廊庑，门外建造有午壁。[①]

（二）西王氏与静升文庙

明代以后，静升村中的南、肥、闫等姓在村中逐渐衰落，现今静升村中更是已经没有肥、南二姓之人。元代末期，东西二王氏开始在

---

① 张允中：《静升里庙学记》，《灵石县志·文艺》，1672。

静升村定居，明清时期逐渐成为静升村中的名门望族，并在东起静升文庙，西至关帝庙一带不断修庙筑堡。这一时期，静升文庙在王氏家族的影响下亦得到不断修葺与扩建。

据现有史料可知，最早对静升文庙进行修葺的是王迪。王迪，字允中，为西王氏九世祖。王迪的曾祖父王贤及祖父王演是西王氏在静升村最早出头露脸的人物之一，景泰三年时，"本乡富家翁王贤同男义官王演等"重修村西后土庙。[①] 到王迪时，他通过到南方贩茶，与北方少数民族进行茶马贸易获取大量财富。回到家乡后，他见到静升文庙"瓦烂木蠹"，遂出资重修文庙[②]。到明万历三十一年，西王氏十二世祖王大纪对静升文庙东西两庑进行增修。[③]

继王迪、王大纪对静升文庙整修后，西王氏十四世祖王斗星对文庙进行了一次大的翻修。王斗星，字拱北，"少事诗书，能识大义，遵信圣道，恶绝淫祠。"[④] 康熙十四年时，静升文庙"时久物坏，栋折楹摧"，村中庠生见而伤之，聚众议修却因费用高昂而中止。见此情形，王斗星"慷慨有节，继祖纪志，费金二百，独力重修。使殿堂门庑，黝垩丹漆，举以就新。其材良、其器备，工善督勤，越三月而告成。"此外，文庙前的旧路原经午壁之内，往来促隘，王斗星又买小水河畔水地四分，把路改到午壁之外，这样行人往来"阔舒称制"。对于王斗星的这种义举，集广村的廪膳生员张尊美在所撰的《静升村重修文庙碑记》中讲道："彼捐财舍施尽力谣祠者，皆星之罪人也。然星亦非为福计，但欲圣人之泽不致湮没，使乡人知庙而后学，行古先王党庠术序之意而已。"[⑤] 时任灵石知县侯荣圭称赞王斗星"义举可嘉"，

---

① 《静升村重修古庙碑记》（明正德五年），尺寸160cm×70cm×25cm，碑存静升村后土庙正殿左侧。
② 《整饬文庙碑记》。
③ 《静升村重修文庙碑记》（清康熙十四年），尺寸210cm×70cm×16cm，碑存静升村文庙东庑门外北侧。
④ 《灵石县志·善行》，1817:4。
⑤ 《静升村重修文庙碑记》（康熙十四年），尺寸210cm×70cm×16cm，碑存静升村文庙东庑门外北侧。

而训导孙进修则赞美其"功在尼山"①。

（三）王氏与文庙魁星楼

静升文庙魁星楼的创建由来已久，早在崇祯年间，村中即有人欲创建魁星楼，"崇祯□□□邻夫无后，欲捐金以旌夫名，愿施银二十两以建魁楼"，然而明代末年战乱频仍，饱经战祸的静升镇各村民开始大规模修筑堡巷以自卫，"明政失纲，寰宇混乱。埋椎者流往往啸聚山林，四出剽掠。山麓村落多筑堡以自卫。"②静升村民亦是如此，"我朝阳堡层峦架阁，水绕山环，由来已久矣。况明末被寇，居民尤多赖焉。"③在这种情况下，议建魁星楼之举只能作罢，"公议银谷兑用，堡置硝磺，庙筑围墙，均济其急，聊修两廊，补其破坏，余银备砖修楼，楼功未举，众借别用。"到顺治年间，政局逐渐稳定，静升村"东截"乡民遂开始议建魁星楼，"蒙孟县宗断东西分会，东在文庙前立会，冬春地铺钱捌两捌钱，乘此公聚，议建魁楼"，并在魁星楼的营建过程中出力尤大，"因查□会原施银两、庙内地租，东截士民仍量力捐助，纠众协力，遂成楼功"④。纵观此次魁星楼之建，静升村王氏族人在其中发挥着重要作用，生员王佐才、王林才、王庆禄等王氏族人担任建楼纠首，众多王氏族人捐施银两。

道光十四年时，魁星楼灯杆竖立已十余年，"日星递谢，风雨飘摇，不克旋灯者已数年。"基于此，乡民聚众公议，重立灯杆。由于魁星楼所存旧资不足用，遂又向村民筹资五十余两，"材则取于庙，制则仍乎前"，公花费银九十余两⑤。从《魁星楼重立灯杆碑》中所列施银

---

① 《灵石县志·善行》，1817:4。

② 《重修西宁堡外门碑记》，刘泽民总主编，李玉明执行总主编：《三晋石刻大全·晋中市灵石县卷》，三晋出版社，2010:651。

③ 《朝阳堡修葺碑记》（清乾隆五十年），尺寸125cm×58cm×11cm，碑存静升村孙家沟孙金明家门外。

④ 《魁星楼记》（清康熙元年），尺寸183cm×63cm×17cm，碑存静升文庙赈济堂门外西侧碑廊。

⑤ 《魁星楼重立灯杆碑》（清道光十四年），尺寸78.5cm×48.5cm，碑存静升村文庙魁星楼二层南侧墙壁上。

情况来看，施银二两、一两、五钱、三钱者共68人，共计32.4两。其中王氏施银者45人，约占总人数的66%；总计施银23.3两，约占施银总数的72%。由此可见，王氏族人在道光十四年魁星楼重立灯杆中仍旧发挥着关键作用。

光绪十七年，静升乡民鉴于文庙魁星楼"彩画凋残"，遂本着"文教者，奎星是也。欲兴文教，敢不崇奉奎星乎？"的意愿，于同年夏天对魁星楼进行了大规模重建，"大兴土木，根基仍旧，栋宇高超，不数月而巨工告竣。"楼貌随之焕然一新，"行见映泮池之碧水，凝眸则金碧辉煌；对介庙之青峰，照眼则丹青显耀。运协珠杓，科甲凭朱衣之兆；时调玉烛，良辰启黄道之祥。"[1]此次静升文庙魁星楼重建的资金主要来源于文庙赈济堂与蓄水池的拨款，虽没有王氏族人的施银，但他们却在魁星楼的重建工程中发挥着重要作用，督工纠首6人中，王氏族人便占4人；管账纠首3人中，王氏族人亦占2人；监工纠首22人中，王氏族人就达19人。

四、静升文庙与乡村教育的社会变迁

（一）静升文庙与乡村庙学的创办

按照历代礼制，文庙一般设立于府、州、县一级。一般乡民为了祭祀孔子，往往在乡村庙宇中辟以配殿，用来在孔子诞辰日举行祭祀，如静升镇旌介村即是这种做法，"圣天子尊师重道，化洽寰区，虽僻址土民，无不仰承□□忘。故文庙不得建于乡，而祭祀隆仪，闾里亦莫敢废焉。余村祭祀之所，旧居关帝庙西北隅，诸前辈于至圣诞辰，虔修祀典[2]。"静升村在元代即建有文庙，这与当时统治者的统治政策

---

[1]《魁星楼重建碑记》（清光绪十八年），尺寸130cm×54cm，碑存静升村文庙西配房内北侧墙上。
[2]《静升镇旌介村建敬圣祠碑记》，景茂礼、刘秋根：《灵石碑刻全集》上册，河北大学出版社，2014:975。

密不可分，金元两朝山西长时期处于少数民族统治之下。出于统治的需要，当时的统治者对于孔子亦是倍加尊崇。明昌四年（1193），金章宗"诏刺史，州郡无宣圣庙学者并增修之。"[①] 元成宗即位后，"诏曲阜林庙，上都、大都诸路府州县邑庙学、书院，赡学土地及贡士庄田，以供春秋二丁、朔望祭祀，修完庙宇。自是天下郡邑庙学，无不完葺，释奠悉如旧仪。"[②] 除了"天下郡邑"建立庙学，金元时期的统治者对于村社之学也是十分重视。至元二十三年，元世祖下令，"今后每社设立学校一所，择通晓经书者为学师，于农隙时分令子弟入学，先读《孝经》《小学》，次及《大学》《论》《孟》、经史，务要各知孝悌、忠信，敦本抑末。"[③] 社学在至元年间发展异常迅速，至元二十三年，全国各地社学已达"二万一百六十六所"[④]，至元二十五年时，又增至"二万四千四百余所"[⑤]。大德四年，元成宗又颁布了设立小学书塾的诏令，这进一步推动了乡村社学的发展[⑥]。可以说，静升文庙正是在金元统治者崇儒重教，大力发展地方学校的背景下，并得到时任灵石知县冉大年的大力支持方能创建。从静升文庙的创建碑文可以看出，静升文庙除了释奠至圣先师孔子，另一方面的功能即是祈盼静升乡民学古道、重儒学，"斯庙学之建，自一里推之一乡，而一邑推一郡，奚啻知祠夫子而不祠淫昏之鬼，学古道而不学异端之教。其自格物致知，诚正修齐治平之学，以明经义、以策时务，裨益于国家者，未必不自此建庙学始。"为此，在文庙大成殿建成之后，特在院中修建东西两庑，以"庥学之师生"[⑦]。

（二）静升文庙与乡村教育的蓬勃发展

静升文庙在至元二年创建之初即有庙学之意，根据《静升庙学进

---

① 脱脱等：《金史》卷十二《章宗纪四》，中华书局，1975:267。
② 宋濂：《元史》卷七十六《祭祀志五·郡县宣圣庙》，中华书局，1976:1901。
③ 陈高华等点校：《元典章》卷二十三《户部九·立社》，天津古籍出版社、中华书局，2011:920。
④ 宋濂：《元史》卷十四《世祖纪十一》，中华书局，1976:294。
⑤ 宋濂：《元史》卷十五《世祖纪十二》，中华书局，1976:318。
⑥ 申万里：《元代教育研究》，武汉大学出版社，2007:91。
⑦ 张允中：《静升里庙学记》，《灵石县志·文艺》，1672。

士举人名录》统计得出：由元至清，静升庙学共出进士 10 名，其中，元代 1 名，明代 2 名，清代 7 名；举人 17 名，其中，明代 6 名，清代 11 名[①]。由碑文可知，静升庙学人才培养成果颇丰。但爬梳史料，很难从灵石地方志、族谱等资料中发现这些进士、举人与静升文庙有直接的联系。因此，统计元至清究竟有多少静升子弟曾经就学于静升文庙则已经无处可寻。从静升村现有的一些资料以及著作来看，静升文庙的庙学功能大致存在这样一条演变趋势：在明代以及清代前期静升文庙还同时发挥着祭祀孔子与教化兴学的功能，《王家大院历史人物纪略》一书中讲到西王氏十一世祖王新命，十二世祖王大纪、王大清，十四世祖王肃都曾就读于静升文庙[②]，但是到了清代以后基本上很难发现有王氏族人在静升文庙求学。这其中缘由与静升村的村落发展密切相关。

清初至清中叶是静升王氏家族发展最为鼎盛的时期，静升村的村落格局也在这一时期逐渐完善并趋向定型。康乾时期，村西的里仁、拥翠、钟灵诸巷基本建筑完成；雍正至嘉庆初年，崇宁、凝固、恒贞、拱极、和义、视履诸堡院也先后创建完毕。此时，村东的孙、曹、程、田、东王等小姓也分居各个里巷。村落中部阎家沟一带在康熙初年时原本少有人定居，但随着村东西两部分的扩张，在嘉庆年间基本上完成了静升村东、中、西三部分的融合。[③] 在静升村落格局发展定型的同时，静升村的乡村教育也悄然发生变化，乡村私塾、义学、书院等在村落的东部与西部开始出现。

在村西，一些有功名的西王氏族人陆续设立私塾。清初西王氏十三世祖王攸宁在钟灵巷老宅之后建舍宇三间，名曰"向一斋"，门额题书"迓天麻"，"教授乡里，门人蜚声胶庠者，不可胜计。"[④] 钟灵

---

① 《静升庙学进士举人名录》（1985），尺寸 200.5cm×50.5cm，现存静升文庙大成门内西侧墙壁。
② 温耀强：《王家大院历史人物纪略》，山西经济出版社，2016。
③ 张昕、陈捷：《画说王家大院》，山西经济出版社，2007:27—30。
④ 康忱：《尔康王公传》，王儒杰等：《王氏族谱乾隆庚戌版续编本》，山西经济出版社，2009:536。

巷口现今还保存有雍正癸卯年拔贡生王绥猷[1]设帐讲学之处，其址名曰"鹤鸣轩"。之后，族侄王福齐亦设帐"鹤鸣轩"，"其设教也，以小学孝经为门户，四子书五经为根柢，而博之以诸子百家之说。口讲指画，夜以继日。故凡受学者，克矫，然自异于俗学。里中人无大小见之，皆知其从王先生游也。"[2]西王氏十九世祖王筵宾绝意仕途后，亦主讲鹤鸣轩，"教授生徒，学者皆奉为儒宗，诸弟子登贤。书食廪饩者踵相接暇。"[3]一些富豪之家多设有家塾。嘉庆十六年，由王汝聪、王汝成兄弟修筑而成的视履堡内设有"养正"与"丽正"家塾，两家还共用"桂馨"书院，专供子侄读书。除了私塾，村西还设有义学。乾隆年间，西王氏十五世祖王梦鹏在拱秀巷西创办义学[4]，自己身兼经师，"成就弟子甚众"。[5]其子王中极继承父志，"复捐金添建义学房屋二十三间，延师以训无力子弟"。[6]西王氏十九世祖王绥来在捐助村东义学后，念及村西子弟与村东义学相隔甚远，便欲在村西另立义学。正当其筹办村西义学之时，突生疾病，遂嘱咐侄子秉彝、儿子丽珍，"村西义学汝等当成吾志，不可忘也"。王绥来卒后，秉彝等谨遵遗命，在村西李家巷买地基建造义学，于道光十二年秋完工，名曰"端本书屋"，费银四千余两。后又捐银八百两，"为馆师束脩之资，又捐银二百两，每年生息，为拾字纸人工食之需，成君志也"。[7]

在村东，道光五年魁星楼修葺之时，社学之立遂起。当时恰有一待售宅院与魁星楼相依，村东乡民聚众公议出资购买，"于宅内旧窑之巅及院之东各构屋数楹，为后来入塾者多，其寓则上以祀神，即下

---

① 孙扬淦：《定宇王公传》，王儒杰等：《王氏族谱乾隆庚戌版续编本》，山西经济出版社，2009:542。
② 何思钧：《凝五王先生传》，王儒杰等：《王氏族谱乾隆庚戌版续编本》，山西经济出版社，2009:544。
③ 《灵石县志·忠孝》，1933:15。
④ 《灵石县志·人物》，1817:11。
⑤ 祝德全：《六嗣王公传》，王儒杰等：《王氏族谱乾隆庚戌版续编本》，山西经济出版社，2009:540。
⑥ 《灵石县志·善行》，1817:14。
⑦ 《怡斋王君墓志铭》，景茂礼、刘秋根：《灵石碑刻全集》上册，河北大学出版社，2014:979。

以造士，事不更举而两有裨矣。"①工峻之后，在其门上书额"养正书塾"。①西王氏王绥来得知村东义学缺少资金，"悉输白金七百两……统计立塾之资，每年权其子母，加以房租，所入充足口用。"②此后，村东之童遂多入书塾就学。

在这种大趋势之下，静升文庙的庙学功能逐渐削弱甚至消失，但其祭祀孔子的功能却始终未曾偏废。道光年间，蓄水池曾拨银八百两，"藉商生息，以给丁祭圣诞之费。"然而光绪年间，由于商号亏折，费用不支，"祀典几至缺如"，后"爰集同仁妥议，邀同本村各会纠首"，酌拨银两，其中"东社：关帝、观音会银叁拾两，八腊庙银贰拾五两，药王会银贰拾五两，桥工会银贰拾两。西社：财神会银叁拾陆两，子孙痘疹会银叁拾两、火星会银拾玖两，药王会银拾两，三项公银伍两，文昌宫银叁百两，赈济堂银伍百两。"以上十一项总计一千两，"权子利以供岁需。"③

（三）静升文庙与乡村教育的近代转型

清末民初，静升村的乡村教育发生了翻天覆地的变化，传统的私塾、义学逐渐被新式教育替代。西王氏二十二世王修齐将王梦鹏创办的义学改造为"启蒙小学"，将村东的"养正书塾"改为养正小学；④民国二年，他又在怀远堂中创办女学。民国二年，静升村成立学务会，王修齐被推选为会长，公议"将东西社各项储蓄提作办学基金，共同议决观音堂每年津贴钱四十吊文，庶几会中学款可以巩固"⑤。在这旧学改新学的浪潮中，静升文庙的命运也随之发生改变。阎锡山执掌山

---

① 《接修魁星楼地址并修社学碑记》，景茂礼、刘秋根：《灵石碑刻全集上册》，河北大学出版社，2014:898。

② 《养正书塾碑记》，景茂礼、刘秋根：《灵石碑刻全集》上册，河北大学出版社，2014:994。

③ 《静升邨各会拨文庙银两碑记》（清光绪庚辰年），尺寸76cm×16cm，碑存静升文庙大成门北廊东侧墙壁。

④ 《兴学育才王修齐》，温耀强：《王家大院历史人物纪略》，山西经济出版社，2016:216—217。

⑤ 《静升村王氏求子还愿碑记》，景茂礼、刘秋根：《灵石碑刻全集》下册，河北大学出版社，2014:1599。

西后，乡村施行"区村制"，静升村当时隶属于第二区属，而区属行政机构又设在静升村文庙之内。[①]民国八年，旌介村前清廪生石廷祯、阎树芝、乔梧凤等人在静升村文庙西院创办"灵石县第二区区立高等小学校"（亦名第二高级小学校），成为第二区等级最高的小学。自此，静升文庙又恢复了旧有的"庙学"功能。据民国二十三年版《灵石县志》统计，从民国十年至民国二十三年，从第二高级小学校毕业的学生共达 139 名[②]。

结语

金元时期，在统治者崇儒重教，大力推行地方教育的熏染下，由静升乡民南氏倡议，知县冉大年督修，全体乡民协力共建的静升文庙最终得以创建。明清之际，随着东、西、中王氏相继在静升村的定居，王氏家族逐渐承担起静升文庙的修缮与扩建工程，其中西王氏出力尤大。就静升文庙的功能而言，其自创办伊始，则兼具祭祀与教育之功能。但在清代以后，静升村日渐走向强盛，私塾、家塾、书屋、义学等形式的乡村教育在村中不断涌现，无形之中消减着静升文庙实际的教育功能，促使其成为静升乡民祈盼文教兴盛的符号与象征。清末民初，新式教育席卷全国，静升文庙又应时势之需改办为"灵石县第二区区立高等小学校"，一度重新成为乡村教育的中心。现如今，静升文庙的祭祀与教育功能已经褪去，转而以独特的乡村文化旅游功能享誉全国。

魏春羊，男，汉族，山西晋城人，中共党员，山西大学历史文化学院 2017 级中国史博士研究生，研究方向为明清社会史。

---

① 《灵石县志·村制》，1933:35。
② 《灵石县志·学校》，1933:21。

临汾魏村戏曲文化产业调研[①]

李煜　史新宇　庞钰　吴昱欣　王格非

改革开放以来，我国城乡发展差异明显。因此，发展农村特色文化产业，对建设社会主义现代化具有重大意义。然而，近年来我国许多地区决策部门在发展特色文化产业时，往往忽视农民乡村建设的主体地位，未能充分发掘当地文化资源，收效颇微。山西戏曲文化资源十分丰富，尤其是临汾市魏村。但因交通不便加之农民主体性作用未完全发挥，导致当地戏曲文化发展单一，未在乡村振兴过程中起到应有作用。该报告在阐释并发掘当地优秀戏曲文化内涵的基础上，结合魏村实际情况，提出了一些发展建议和思考。

一、研究理路

（一）调研背景

改革开放后，我国社会经济发展取得质的突破。然而，依然存在着 2.9 亿农民工，庞大的数据背后显示的是当前我国农村政治、经济和文化发展水平远远落后于城市、农民物质文化需求得不到满足以及全社会对乡村文化的偏见，这些导致了乡村发展的空心化、虚无化、

① 此报告为 2020 年大学生创新创业大赛省级项目"乡村振兴战略下地方特色文化产业发展的现实反思与实践路径——以山西魏村为例"（项目编号：2020279）阶段性成果。该团队在前期文献研究的基础上进行社会调查并撰写此调查报告。收稿日期：2020 年 9 月 13 日。

保守化。因此，推动乡村经济文化振兴、城乡一体化多元发展，对于建设社会主义现代化强国，实现中华民族伟大复兴具有重大的历史和现实意义。

"乡村振兴"战略要求我们把乡村当作一个以农民为主体、农村文化为积淀的独立生态圈，进而探索出一条高质量、全面，以及长远的融合发展之路。发展地方特色文化产业、推进文旅融合便是加快推进农业农村现代化、城乡融合发展、贫困地区脱贫攻坚的重要举措。随着"乡村振兴"战略的提出以及一系列政策的出台，各地陆续开展恢复地方特色传统文化、乡村旅游等一系列建设活动。但是，许多地区在乡村建设过程中，其决策部门往往仅以满足旅游者需求为导向，忽视了农民乡村建设的主体地位，未能充分发掘当地文化资源，导致当地特色文化"概念化、具象化、景观化"[①]，文化产业"同质化"，农民参与积极性不强等一系列问题，效果不佳。

山西是我国的戏曲之乡，其戏曲文化资源丰富，有很大的研究空间和价值。但因其戏曲文化遗存多处于经济发展落后的偏远农村地区，至今无法得到有效开发。故发掘山西戏曲文化资源，发展有地方特色的文化产业，对推动我省乡村振兴和转型跨越发展具有重要意义。

（二）调研意义

当前许多地区在乡村建设过程中，"主体错位"现象屡屡发生，其决策部门往往仅从旅游者需求的立场出发，忽视了农民乡村建设的主体地位。本次调研旨在探索如何发挥农民主体作用，使农民真正参与到乡村建设中来，从而提高农民乡村建设的获得感和对本土文化的认同感，最终推进城乡一体化多元发展的策略。

魏村戏曲文化资源十分丰富，但因交通不便及农民主体作用未完全发挥，导致其戏曲文化发展单一、知名度低，未在乡村振兴过程中起到应有作用。因此，充分发掘魏村丰富的戏曲文化资源，探索一条

[①] 卢世菊、柏贵喜：《民族地区旅游扶贫与非物质文化遗产保护协调发展研究》，《中南民族大学学报（人文社会科学版）》，2017（2）：74—79。

以当地戏曲文化为基础的特色文化产业发展路径，有利于进一步提高和巩固旅游脱贫的质量和成效，帮助魏村文化脱贫，促进魏村振兴崛起。

本次调研着眼于目前学界相关研究者较少涉及的戏曲文化开发策略，可为当地戏曲文化与乡村建设融合发展道路研究做出一个新的探索，丰富相关研究视角。对山西省古老戏曲文化在乡村振兴崛起中发挥持久作用具有借鉴性意义。

（三）研究现状

1. 戏曲文化发展沿革

学界主要从金元和明清两个时段对临汾戏曲文化展开研究。

第一，在元代戏曲文化方面，一些学者对元杂剧的产生及发展进行了研究。如廖奔在《金世宗、章宗时期河东杂剧的兴起》中分析了临汾地区元杂剧的诞生及初期发展状况。[①] 张丽红在《元代临汾杂剧研究》中又从剧目、地域文化特征以及文物遗存等方面考察了元代临汾地区戏曲的发展。近些年来，随着研究的不断深入，一些学者在前人基础上提出了"临汾戏剧圈"的概念[②]。关于这方面的重要著作有姚玉光、赵继红和高建旺三位先生合著的《元杂剧平阳戏剧圈研究》，以及张竹锦的《平阳戏剧圈创作倾向研究》[③] 等。两部著作虽在元代剧作家的创作倾向上有一定认知差异，但都肯定了元代临汾地区作为当时"五大戏剧圈"之一的地位。本文基本认同该观点，并认为所谓"平阳戏剧圈"，就是元代临汾地区的观众、剧作家、戏曲表演者等多个群体在当地文化背景下共同构成的一个戏曲文化产业生态圈。

第二，针对明清时期该地区的戏曲文化，不少学者在明初大规模移民以及明清晋商兴起和发展这两大时代背景下展开研究。这方面的著作有《铁马冰河入梦来——话说晋商与山西梆子戏》《论晋商与山西戏曲的关系》以及《晋商、移民与戏曲——山西祁县谷恋村祁太秧

① 廖奔：《金世宗、章宗时期河东杂剧的兴起》，《中华戏曲》，1986(2)：5—31。
② 参见姚玉光：《元杂剧平阳戏剧圈研究》，中国社会科学出版社，2012。
③ 张竹锦：《"平阳戏剧圈"创作倾向研究》，山西师范大学 2013 年硕士学位论文。

歌调查考》等。

第三，关于临汾地区戏曲文化研究的重要资料和通论型专著有《中国戏曲志·山西卷》《山西剧种概说》①《山西地方戏曲汇编》②，以及《质野流芳：山西民间小戏研究》③等。

2. 戏曲文化遗存

文化遗存主要依托古戏台存在，故学界相关研究也从此展开。现关于戏台本体的研究中，通论型著作有柴泽俊的《平阳地区元代戏台》，廖奔的《中国古代剧场史》，以及薛林平、王季卿的《山西传统戏场建筑》等；此外，还有从戏台外部视角对其进行深入研究的，如冯俊杰的《山西神庙剧场考》考察了神庙对戏台发展的影响④，高琦华的《中国戏台》研究了戏曲演出空间对戏台发展的影响⑤。另外，关于戏曲文物学的研究也进展飞速，这方面代表性作品有山西师范大学戏曲文物研究所编撰的《宋金元戏曲文物图论》、车文明的《20世纪戏曲文物的发现与曲学研究》，以及李众喜的《山西古戏台雕饰风格演变及文化动因》等。

3. 戏曲文化资源保护与挖掘策略研究

学界关于戏曲文化资源保护的研究主要有两种看法：通过弘扬保护、通过开发保护。"通过弘扬保护"的研究，尤以"戏曲文化进校园"为重，如康宇丹在《文化安全背景下的青少年戏曲观众培养——以闽剧进校园为个案的讨论》中提出要在中小学培养有辐射影响力的戏曲潜在观众⑥，而李艳辉在《传统戏曲在地方高校中的传播现状及对策》

---

① 参见山西省文化局戏剧工作研究室：《山西地方戏曲汇编》，山西人民出版社，1982。
② 参见山西省文化局戏剧工作研究室：《山西剧种概说》山西人民出版社，1984。
③ 陈美青：《质野流芳：山西民间小戏研究》，中国戏剧出版社，2017。
④ 参见冯俊杰：《山西神庙剧场考》，中华书局，2006。
⑤ 参见高琦华：《中国戏台》，浙江人民出版社，1996。
⑥ 康宇丹：《文化安全背景下的青少年戏曲观众培养——以闽剧进校园为个案的讨论》，《宁德师范学院学报（哲学社会科学版）》，2014(4)：65—67。

中又对戏曲文化在高校推进的现状以及策略进行了考量①。"通过开发保护"的研究，如李旭鹏在《山西戏剧文化创意及其产业发展研究》中提出应发展特色文创来弘扬并保护山西戏曲文化的观点②。

以上诸位学者的研究成果对我国戏曲文化的发展、戏曲文化遗存调查以及宣传和弘扬戏曲文化做出了很大贡献。但目前对戏曲文化如何与旅游业融合发展的策略研究较少，就今天山西乃至临汾地区如何发掘文化资源并推进"文旅融合"更是一片空白。本文在梳理元代以来临汾地区戏曲文化发展沿革的基础上，通过阐释并发掘其优秀文化内涵，结合魏村实际情况，给出一些促进魏村振兴崛起、临汾地区城乡一体化建设的策略建议。

（四）研究方法

文献研究、访谈、问卷调查以及跨学科的研究方法（如文化地理学、文化传播学以及历史地理学的研究方法等）。

二、报告结构

摘要及关键词：对本文主要内容进行概述并提取关键词。

调研理路：阐释本课题的研究背景、意义、研究现状及研究方法。

报告结构：阐释本文结构框架。

调研过程：阐述本次调研活动的过程。

调查内容：阐述当下魏村经济文化发展现状以及戏曲资源状况。

现状分析及策略研究：根据社会调查结果以及魏村经济状况，提出特色文化产业发展建议。

结语：总结本文内容并进行展望。

附录：展示社会调查问卷、魏村街景图。

① 李艳辉：《传统戏曲在地方高校中的传播现状及对策》，《文教资料》，2019(23):109—111。

② 参见李旭鹏：《山西戏剧文化创意及其产业发展研究》，山西师范大学 2014 年硕士学位论文。

三、调研过程

（一）根据课题进展状况设计魏村调查方案（8月10—14日）

人员分工：李煜、史新宇：主持设计调研方案。

吴昱欣、王格非：汇总课题前期研究成果。

庞钰：联系魏村村委会并制定行程方案。

（二）在魏村展开实地调查（8月15—18日）

1. 8月15日

上午：到达魏村，讨论调查任务、行程安排。

下午：访问魏村镇人民政府和魏村村委会，查找资料，调查了解魏村相关信息（人口数量、村民身体状况、村民年收入、经济发展情况、基础设施建设、民间传说习俗等）。

晚上：整理调查结果，填写登记表。

2. 8月16日

上午：实地调查魏村牛王庙，着重了解其产生发展状况、建筑布局、碑文资料等。

下午：在文管所相关人员带领下，对魏村戏曲文化资源进行考察。

晚上：整理调查结果，填写登记表。

3. 8月17日

上午：对村民进行访谈，进一步了解村落实际状况。

下午：发放问卷，并访问魏村石书记。

晚上：整理调查结果，填写登记表。

人员分工：李煜：带领队员进行实地考察，并审核登记表。

史新宇：发放收集问卷，审核登记表。

庞钰：访谈相关人员，录入登记表。

吴昱欣：发放收集问卷，录入登记表，整理归档文件。

王格非：拍照，拍摄访谈视频。

（三）对魏村实地调查结果进行整理（8月18—24日）

第一，整理分析调查问卷数据。

第二，整理访谈记录。

第三，制作魏村街景图。

第四，核算经费。

人员分工：李煜：整理分析调查问卷数据。

吴昱欣：整理分析调查问卷数据，归档文件。

庞钰：核算经费。

王格非：制作魏村街景图。

史新宇：整理访谈记录。

四、调查内容

（一）魏村经济发展与人居环境现状

1. 总体概况

魏村隶属于临汾市尧都区魏村镇，位于尧都区西北部旱地丘陵地区，距城25公里，东临吴村镇，西邻平垣乡，南接土门镇，北与洪洞县龙马乡为邻。据碑文推断，北宋中期该村就已经存在，发展至今已1000余年。现有人口约398户1808人。村内主要姓氏为张、樊。

2. 经济发展状况

就第一产业而言，村庄耕地面积达1000亩（1亩=666.667平方米），有蔬菜大棚。主要种植玉米、小麦，也有部分村民种植核桃、葡萄等。养殖业以养鸡为主。主要农产品有：透明包菜、芥菜苗、小芋头、卷心菜、茼蒿、菊花菜、白花菜等。

就第二产业而言，魏村煤矿、赤铜矿、芒硝和石灰石资源丰富，支柱产业为采煤业与炼铁业。20世纪八九十年代，该村炼铁厂达到14个，如今因环保要求，大部分已被拆除。现主要企业有：汇通达运业有限公司、津伟实业有限公司、临汾华凌玉华铁厂、海志力煤焦有限公司、京和选煤实业有限公司。

就第三产业而言，路面饭店有60多个，有2个旅店，位于飞翔小区内。魏村每年四月十二有庙会，每月逢二、四、八有集会。近年来，由于青年外出打工人数增多，村内第三产业有些萎缩。

随着机械化种植普及，村民家庭基本生产结构为：老人居家种地，年轻人外出打工，家庭收入以打工收入为主。

3. 人居环境状况

（1）自然环境及排水

魏村位于尧都区西北部旱地丘陵地区，由于干旱缺水，村内给水主要方式为打井抽水，排水则通过下水道将污水排入南北沟内。

（2）道路交通

魏村地势起伏低，交通便利。村内现有主道"三横五纵"（横：西兴街、正阳街；纵：古魏路、屯西线、文苑路、016乡道及一条未命名道路）。周边主要道路：016乡道（村北、村东）、屯西线（村南）及魏坂公路（村中穿过）。该村有两处公交站：屯西线与正阳街交叉口及屯西沿线村口，乘坐101路公交车可到尧都区（45分钟，票价5元，魏村古镇站）。

（3）污水处理设施

魏村污水处理设施落后，主要由道路沿边沟渠将污水引入南北沟内，便不再处理。

（4）垃圾处理

每日上午6：30—10：30会有垃圾车在村内回收垃圾，回收后的垃圾倒入南北沟内，简易填埋处理。

（5）能源

魏村地处偏远，煤气管道难以深入，多年来通过烧煤取暖，2007年完成"煤改电"工程。据村办人员介绍，村内已实现通电50余年，路灯主要通过电力照明。

（6）居住条件

许多村民都已进城买房，村内住房需求不大。房屋主要以四合院和单元楼为主。四合院为一层，北房五六间，东西各有3间厢房；单元楼主要有村北的飞翔小区。

（7）厕所

村内公共厕所较少，主要有魏村牛王庙内公厕（西北角）。近年来，正在推进厕所改造，现大多数已改造为水冲厕所。

（二）魏村戏曲文化发展沿革

魏村戏曲文化是临汾戏曲文化发展不可分割的一部分，由于学界对魏村戏曲文化的单独研究较少，故本文在此通过阐述临汾戏曲文化发展沿革来梳理魏村戏曲文化的发展历程。

1.元代戏剧诞生与发展

（1）时代背景

第一，就经济基础而言。尧都区、洪洞县、翼城县等地处汾渭谷地，地势平坦、气候温和、水源充足、土壤肥沃，自古以来农业发达，史书记载其时"地沃民勤，颇多积谷"[①]。而临汾地区又"东连上党，西临黄河，南通汴洛，北阻晋阳"[②]，是中原的门户，更是我国农牧区的交界处。显要的地理位置为其带来发达的商贸业，有人描述当时的洪洞县城"其始为城者，适当大路津要，骈骖之所奔驰，商旅之所往来，

---

① （元）脱脱等：《宋史·食货志上三》，中华书局，1985：4241。
② （清）顾祖禹：《读史方舆纪要》（卷41），上海书店出版社，1998：283。

轮蹄之声昼夜不绝"①。这些优渥的经济条件是临汾地区戏台、戏班大量出现的物质保障。

第二，从社会环境来看。一个戏剧文化圈的形成和发展，必定离不开稳定的社会环境和民众的支持。金朝建立后，宋金之间的战争主要在陕西、河南、安徽等地进行。此时中原地区虽战火纷飞，而临汾地区却偏安一隅。到了元朝，其又被划入中书省，成为朝廷的"腹里"地区，加之该地有汉族士人管辖，故百姓安居乐业，为戏剧从业者提供了稳定的创作和演出环境。除此之外，重视戏曲演出的社会氛围也是必不可少的因素。自古以来，临汾地区就有"酬神赛社"的风俗，时人记载"惟尚淫祀，村必有庙"②，而庙会的重要活动便是杂艺演出。因此，大量舞厅、露台便应运而生。建国以来，相关工作者在临汾地区挖掘调查出大量金元时代墓葬戏曲砖雕和戏台便是最好证明。

第三，文化因素也必不可少。首先是临汾地区悠久、多元的文化积淀。西周的"桐叶分封"之地便发生在今天的翼城县，而"路当孔道"③的地理位置又使临汾文化既有草原游牧民族的豪迈，又有中原农耕民族的温和。此外，文人创作者的加入也推动了元杂剧的诞生。蒙古人入主中原后，迟滞的汉化以及森严的等级制度，导致大量儒生科举受阻。临汾不少"学而优不仕"的读书人转而开始曲艺创作，为元杂剧的诞生提供了必不可少的"曲"和"词"。最后，该地悠久的戏曲文化传统也不可忽视。战国平阳人韩娥"余音绕梁"、汉代百戏演出以及宋代"诸宫调"的诞生和发展都是见证。

（2）阶段特征

随着元杂剧的诞生和民间演出的繁盛，临汾地区逐渐产生了一个戏曲生态圈，与元大都、真定、汴京、洛阳等地并列为我国的"戏曲文化中心"，成为我国戏曲文化摇篮。本文主要从四个角度进行阐述。

① （民国）韩垧等：《洪洞县志·艺文志上》，成文出版社，1968：335。
② （清）杨延亮：《赵城县志》，凤凰出版社，2005：90。
③ 《清高宗实录》卷1261，转引自张正明、张舒：《晋商兴衰史》，山西经济出版社，2010：17。

第一，杂剧的创作。

首先，量大质优的作家群是元杂剧发展延续的基本保障。《宋元戏曲史》提道："又北人之中，大都之外，以平阳为最多，其数当大都之五分之二。则元初除大都外，此为文化最盛之地，宜杂剧家之多也"[①]，可见该群体数量之大。而赵公辅、于伯渊、狄君厚、孔文卿、石君宝和李行甫等剧作家在此创作，又可见其质量之优。

另外，大量文人的加入，使得杂剧摆脱了"大抵全以故事世务为滑稽，本是戒鉴，或隐谏命"[②]的窘况，进入了"曲本位"时代。此时的元杂剧作品，在语言风格、艺术水准等多方面都体现了文人追求高雅的价值倾向。将汤显祖《牡丹亭》中的"良辰美景奈何天，赏心乐事谁家院"等句与今日戏剧之唱词进行对比，观者便一目了然。

最后，除"文人化"特点以外，元杂剧作品还有"忠君报国""实行仁政""廉洁奉公"等丰富内涵，对当时平阳百姓的社会教化，起了重要作用。

第二，杂剧演出特征。

早在南宋时期，"杂剧色"便在"教坊十三部色"中处于中心位置。随着演员逐渐走向勾栏瓦舍及其技艺的不断发展，杂剧表演故事性不断增强，并产生了明确的脚色分工——戏头、引戏、次净、副末及装旦等。虽然一名演员兼扮两种脚色的情况也时有发生，但分工的出现无疑会带来表演技艺的精专。

第三，临汾地区杂剧圈的时间内涵。

关于杂居圈形成的时间起点，就戏曲文物发掘角度来看，学界多认为是金天会十五年（1137），因为"目前发现的最早的露台形象"便出现在该年所刻的《蒲州荣河县创立承天效法厚德光大后土皇地祇庙像图石》上。[③]到了元末，政治腐败，社会矛盾突出，元杂剧走向衰落。

---

① （民国）王国维：《宋元戏曲史》，上海古籍出版社，1998：77。
② （宋）吴自牧、周密等：《都城纪胜·瓦舍众伎》，上海古籍出版社，1993：7。
③ 黄竹三、延保全：《戏曲文物通论》，国家出版社，2009:109。

明朝建立后，随着政治文化中心的南移，临汾杂剧圈便彻底退出历史舞台。因此，本文认为该文化生态圈的终止便为元明之交的明洪武元年（1368）。

第四，临汾地区杂剧圈的空间内涵。

临汾地区元初为平阳路，后改为晋宁路，其"户一十二万六百三十，口二十七万一百二十一，领司一、县六、府一、州九，府领六县，州领四十县"[①]，大致范围包括今临汾、运城、长治及晋城全境以及晋中东南部。本文认为"平阳杂剧圈"产生于今洪洞、尧都、襄汾、翼城、新绛、闻喜、万荣及永济等地一线，并向周围辐射开来。

2. 明清以来的戏剧发展

（1）南戏传入及发展

明朝建立后，我国政治文化中心的南移，虽加剧了元杂剧的衰亡，却造就了南戏的兴起。随着朱棣迁都北京，南戏也就随之到达北方并进入临汾地区，给当地戏曲文化发展注入新的活力。

首先，就唱腔而言，传入临汾地区的主要是"昆腔"和"弋阳腔"。据相关学者研究，"昆腔"在公元1622年以前便传入山西。到了顺治年间已在临汾地区占据了重要地位，而在乾隆年间更是发展到了顶峰。其时"不仅上层的文人学士争相演唱，而且昆腔演出已经传至乡村茅舍"[②]，对梆子戏构成了挑战。另外，"弋阳腔"大约在明朝中后期传入临汾地区。两种声腔对临汾戏曲文化发展影响深远，至今一些剧目还保留在梆子戏及其他小戏中。

此外，南戏戏文的传入，改变了北方戏剧科介、说白简略的状况，丰富了临汾戏剧的创作。

（2）梆子戏的产生和发展

元明之际，正当临汾元杂剧衰落之时，蒲州与同州及陕州三角之

---

① （明）宋濂等：《元史》，商务印书馆，1958:690。
② 张春娟：《晋商、移民与戏曲》，上海戏剧学院2013年博士学位论文。

地形成了"山陕梆子"。随着时间的推移，其在山西省内逐渐发展成为蒲州梆子、中路梆子、北路梆子和上党梆子四种。其中临汾地区通行的便是西路"乱弹"——以芮城为中心的一派蒲州梆子，即后来的"蒲剧"。我国著名戏剧家孔尚任便于康熙四十六年（1707）在临汾地区听过此戏，并摘录了两段戏文。[①]

（3）阶段特征

随着梆子戏的北上和南戏的传播，两者逐渐融合。至今流传的"折子戏"便是这一融合的代表。

第一，"戏本位"的回归。在经历了"曲本位"的元杂剧后，随着明末折子戏剧种的兴起和发展，"'改戏'遂无形中成为梨园行的一条例则"。[②]一部戏的好坏，不再只取决于这部戏的"词"与"曲"，而更多地在于演员能否展现其高超的表演技艺。

第二，诸脚色同等竞争。随着"戏本位"的回归以及各脚色技艺的分化与专精，净、丑等其他脚色不再甘居次属地位，开始通过展示自己的独门绝技来与"生""旦"在梨园行中一较高低。

第三，演员队伍构成。随着杂剧的衰落，临汾戏曲队伍分为两层——"家班"和"民间艺人"。"家班"即达官显要之家所豢养的优伶。而"民间艺人"，则是指重大节日表演锣鼓杂戏以满足百姓酬神敬天所需的戏剧演员。

（4）发展传播推动力量

明清时期，梆子戏与南戏能够在山西发展壮大，离不开两大民间力量的推动——明初移民及晋商。

第一，明初大规模移民将临汾戏曲文化带至我国许多地区。史载：元明之际"河南全省三千余里，仅存封丘、延津、偃师、登封等三四县，两淮南北，大河内外，燕赵齐鲁旧境，一望荒凉；关陕地区，保全无

---

① 孔尚任：《平阳竹枝词》，摘自《蒲县柏山庙石碑》，转引自《中国戏曲音乐集成·山西卷》，中国 ISBN 中心，1997:47。
② 许强：《"戏"与"曲"的演替——脚色制视阈下中国戏曲表演形态的技艺化进程》，《文艺研究》，2020(4):94—1006。

几。"而"河东一方,居民丛杂,仰有所事,俯有所育。"① 因此,为了促进其他地区经济的恢复与发展,明朝政府将平阳及洪洞等地的民众向周边地区进行迁移。此次迁移,为后来临汾地区戏曲文化在当地的传播创造了语言基础以及文化环境。明清时期,活跃于甘肃地区的"忠义班"便是重要见证②。

第二,晋商为戏曲文化的发展提供了物质、文化等多方面的支持和帮助。

首先,晋商为戏剧的传播发展做出了极大贡献。随着晋商的南来北往,本产生于晋南的梆子戏逐渐进入晋中地区,与当地剧种结合形成"中路梆子",即今天的"晋剧"。昆腔也是通过晋商开辟的商路传入山西地区。

此外,晋商为戏剧的发展提供了经济支持。据史志记载:"府属曲沃县,携赀者多远贩贾"③,孤身在外的晋商经常邀请家乡的戏班进行表演。此外,在修建戏台、组建戏班等方面,晋商也发挥了显著作用。

（三）戏曲文化遗存现状

目前魏村的戏曲文化遗存主要由元代古戏台、民风民俗遗存以及特色曲艺构成。

1. 魏村元代戏台

迄今为止,我国现存元代古戏台 8 座。其中,魏村牛王庙戏台在建筑风格、选址布局和建筑装饰方面最具特色。

第一,戏台平面布局及建筑形制。

就平面布局而言,戏台坐南朝北,与神庙同处于一条南北向的轴线上,神庙中的神殿背北向南,戏台背南向北,正对主神殿。在神殿

---

① 《中国戏曲志》编辑委员会:《中国戏曲志·山西卷》,中国 ISBN 中心,1990:10。
② "高台县宣化乡乐善堡（俗称大寨子）戏班……据当地艺人讲,乐善堡人系由山西迁移而来,因为乐善班是亦农亦艺,以艺为主的江湖班子,故又称为'乐善忠义班'"。参见《中国戏曲志·甘肃卷》,中国 ISBN 中心,1995:12。
③ 参见:（清）孔尚任等:《平阳府志》,山西古籍出版社,转引自张春娟:《晋商、移民与戏曲》,上海戏剧学院 2013 年博士学位论文。

与戏台间，有较大的空旷场地，是演戏时观众站立观看的场所。献亭除供奉祭品外，还供村中有地位者于此喝茶看戏。

戏台采用单檐歇山顶，面阔 7.45 米，进深 7.42 米，面积达 55.28 米，规模宏大。其两边有面柱，后有山墙，三面环绕，整体沿袭了宋代风格，又有很多现代戏台特点，为古今舞亭戏台的发展起了承前启后的作用。

第二，建筑装饰。

首先是戏台上方的八卦藻井。在我国传统社会，藻井显示的是至上的皇权和神权，往往置于宫殿或神殿上方中央位置来体现威严。魏村戏台上藻井的设置体现了元杂剧的酬神功能。另外，藻井还具有聚音的效果。

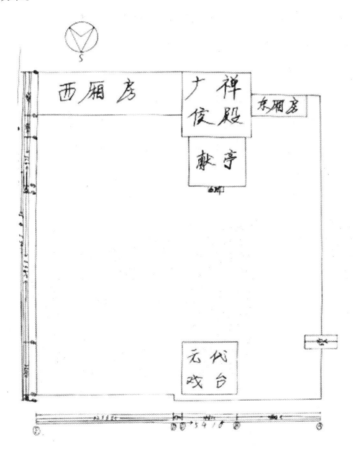

图 1　魏村牛王庙平面图

图2　魏村元代古戏台　　　　　　　图3　魏村牛王庙侧殿

其次是石柱。戏台石柱上刻有"蒙大元国至元二十年岁次癸未季春竖，石泉南施石人杜秀"，此工匠将自己的大名留下，一方面作为自己的质量签名保证，另一方面流露出他内心的自豪[①]。石柱底座还雕有莲座、莲茎、小儿，寓意着"莲生贵子"。

第三，戏台功能。

首先，戏台是公共祭祀的场所。在我国传统的农业社会中，风调雨顺、五谷丰登是普通百姓最大的心愿。邀请戏班唱戏是最重要的酬神方式之一。因此人们对修建戏台之事非常认真，唯恐亵渎神灵，给自己打上道德败坏之恶名，只要经济能力允许，乡绅都会组织民众维修戏台，以使祀神之事延续下去。[②]

图4　魏村元代古戏台石柱　　　　图5　魏村元代古戏台八卦藻井

---

① 翟振宇：《平阳古戏台》，山西师范大学 2010 年硕士毕业论文。
② 参见段建宏：《作为"公共场所"的戏台：对山西神庙戏台的社会史阐释》，《"非物质文化遗产保护视野的传统戏剧研究"国际学术研讨会论文集》（上），2008。

此外，戏台还是公共娱乐的场所。在我国传统社会中，农民"日出而作，日落而息"，民众数十年如一日的生活，十分枯燥。逢年过节举行庙会以及搭台看戏便是他们重要的娱乐方式。魏村牛王庙每年三月庙会期间的戏曲表演盛况非常，时人记载："设供演戏，车马骈集。香霭其氤氲，杯盘竞其交错，途歌里咏，伛偻提携，往来而不绝者，至日致祭于此也。"①

最后，戏台还是教化民众的场所。元代以来，统治者为向民众灌输封建思想，常常将重要的通告、惩罚、警示刻于石碑上放置庙中或戏台壁画上，利用神的权威来教化民众。

2. 戏曲文化民俗遗存

时至今日，戏曲文化在当地仍有深厚群众基础。魏村牛王庙庙会依托牛王庙存在，已经延续数百年。传说农历四月初十是"三王生日"，故魏村村民每年需进行为期一周的庙会为其庆生（以前为 10 天）。庙会活动有：祭祀仪式、戏曲表演、威风锣鼓、戏曲花鼓、少儿花鼓等。其时，周边数个村庄的百姓都来逢会，热闹非凡。2006 年，该庙会被列入山西省非物质文化遗产保护名录。

3. 特色曲艺遗存

本文对目前临汾地区存在的剧种进行了整理，列表如下：

表1　临汾地区现存剧种分布状况②

剧种名称	主要声腔	分布地区
队戏	朗诵体韵白，锣鼓击节	长子、潞城、平顺、壶关
锣鼓杂戏	吟诵体	运城
蒲州梆子	梆子腔	晋南

① 参见《牛王庙元时碑记》碑阴，清光绪二十四年（1898）九月初六立，魏村牛王庙正殿西侧第三块石碑阴，魏村镇牛王庙。
② 本表参考柴国珍博士学位论文《山西戏曲剧种文化地理研究》以及《中国戏曲志·山西卷》《中国戏曲剧种大辞典》《山西剧种概说》等著作进行整理所得。

续表

剧种名称	主要声腔	分布地区
上党梆子	梆子、昆曲、罗戏、卷戏、皮黄	晋东南、晋南
襄武秧歌	襄垣、武乡	晋东南、晋中榆社、左权、和顺
沁源秧歌	民歌小调	晋东南西北部
洪洞道情	曲牌、板式唱腔、民歌小调	晋南
河东道情	曲牌、板式唱腔	运城
晋南眉户	俗曲、民歌小调	晋南
浮山乐乐腔	民歌小调	晋南
曲剧	明清俗曲、鼓子曲	晋南

"魏村花鼓"主要分布在尧都区魏村镇、吴村镇、土门镇和尧庙镇一带。其历史悠久、源远流长,以女演员为"花儿",男鼓手为"鼓",合称"花鼓"。该表演形式主要有行进表演、广场表演和舞台表演三种。近20多年来,其发展迅速,名扬三晋,极具地方特色。2008年,"魏村花鼓"被列入临汾市非物质文化遗产保护名录。村内现有七八位老人传承魏村花鼓,并培养多名中小学生每周进行两课时的花鼓训练。

此外,"道情戏"以其特有的说唱形式广泛流行于魏村及周边地区,其内容广泛触及社会生活,有《龙虎山》《打灶君》等经典曲目,是民间宗教音乐和戏剧的活化石,具有很高的学术价值、艺术价值和历史价值。

五、现状分析及策略研究

(一)问卷:不同人群对临汾戏曲文化的认同感和归属感调查

研究设计:本次问卷调查,旨在探明不同人群对戏曲文化认同感和归属感状况以及对本课题策略的认知。(由于本文篇幅有限,在此只分析了"地区差异"与"民众对家乡戏曲文化的认同感和归属感"的关系，其余数据并未呈现在本文内。）

自变量：人群、地区的差异。

因变量：对家乡戏曲文化的认同感和归属感（看戏频率、与戏曲文化相关的旅游经历、是否应该弘扬家乡戏曲文化）以及对本方案的支持度（是否赞同）。

本次调查主要对魏村及周边地区民众发放问卷 240 份，收回有效问卷 204 份。

以下是数据的展示和分析：

问题一：您平时看戏的频率是?

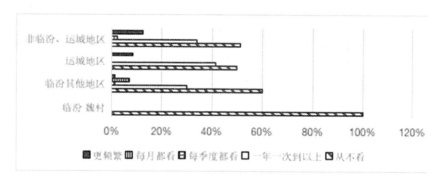

图 6　看戏频率分析

问题二：您去过与戏曲文化相关的景点吗?

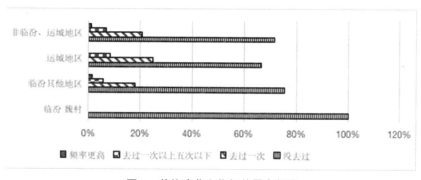

图 7　前往戏曲文化相关景点频率

问题三：您认为家乡戏曲文化有必要传承和弘扬吗？

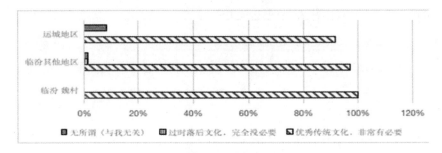

图8　家乡戏曲文化传承的必要性

问题四：您认为影响戏曲文化发展最主要的因素是什么？

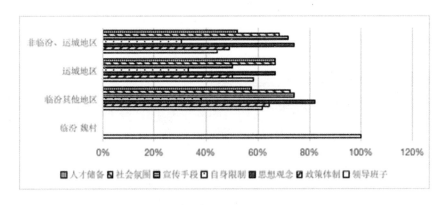

图9　影响戏曲文化发展的最主要因素

问题五：您认为在戏曲资源再开发过程中，主要担负责任的是？

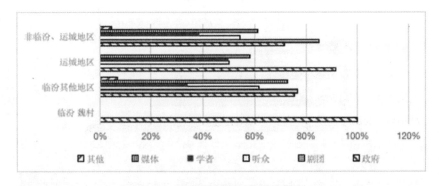

图10　戏曲资源再开发的责任方

问题六：您觉得通过开发戏曲文化资源来推动临汾地区脱贫攻坚是否可行？

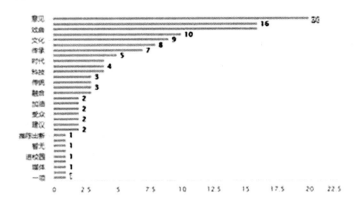

图11　戏曲文化开发对推动临汾地区脱贫攻坚的可行性

问题七：对于戏曲资源保护再开发，您有什么建议？

从问题一、二得知：许多非临汾市、运城市的民众对临汾地区戏曲文化及遗存缺乏了解，这反映出临汾戏曲文化知名度还有待提升。

从问题三得知：绝大多数民众都认为家乡戏曲文化应当继续弘扬和发展，他们对家乡情感深厚。

从问题四、五、六得知：受访者认为"思想观念""社会氛围""宣传手段"是影响戏曲文化发展最主要的因素；而在戏曲文化弘扬和发展过程中，"政府""剧团""媒体"应当负主要责任。此外，一半以上受访者认为，通过发掘戏曲文化、发展特色文化产业来振兴乡村的措施可行性强，体现了他们对家乡文化的热爱以及该措施的出台实施具有深厚群众基础。

从问题七的"建议"关键词分析可以看出，大多数民众倾向于"戏曲文化要跟随时代潮流"，加强文化旅游融合，利用相关科技发展具有当地特色的文化旅游业。

（二）访谈研究

通过访谈得知，村中50岁以上村民多对传统戏具有深厚情感，而 50 岁以下村民则更多地对元代戏台的巨大文物价值具有自豪感。从村民口中了解到，今年受疫情影响，务工人员难以外出务工，村内居民生活水平下降。此外，大多数村民都支持保护前提下发展与戏曲相关的文化产业，从而助力乡村振兴的想法。同时，村民普遍认为在之前的乡村建设中，其参与感不强。

（三）现实反思

发展地方特色文化产业、推进文旅融合是实施乡村振兴战略、加快推进农业农村现代化的重要举措。随着乡村振兴战略的提出及一系列政策出台，各地陆续开展了民间传统文化的恢复、乡村旅游等建设活动。但是，在此过程中，许多决策部门往往仅从旅游者需求的立场出发，忽视了农民乡村建设的主体地位，未能充分发掘当地文化资源，导致当地特色文化概念化、具象化、景观化，文化产业"同质化"、农民参与积极性不强等一系列问题。

魏村戏曲文化资源十分丰富，但因交通不便及以上原因导致了其戏曲文化发展单一，知名度低，未在乡村振兴过程中起到应有作用。

（四）基于戏曲文化发展地方特色产业的建议

第一，自下而上调研、评估和分析魏村戏曲文化资源，将魏村戏曲文化资源与其他地区进行对比，进一步发掘其地域特色。此外，还要通过探寻魏村民间传说、文化习俗等多方面，来了解魏村基本的社会环境，为日后相关政策的顺利执行奠定文化环境基础。

第二，对剧团发展运营进行政府补贴，鼓励相关学者与曲艺从事者共同推动曲学艺术现代化。比如通过设立相关奖项、课题等激励方式，来推动曲艺创作者和表演者新的融合。

第三，保护前提下大力推进文旅融合。创新特色戏曲文化宣传方式，把其核心元素融入日常生活中，如文创、戏曲艺术体验馆等。此外，也可与相关部门及企业开展合作，设计精品旅游专线、开发"智慧旅游云平台"等，鼓励魏村民众参与其中。

（五）注意事项

第一，发挥农民在乡村振兴过程中的主体作用，切实保障农民群众的根本利益，打造让农民参与策划实施的有更长远效益的项目。

第二，挖掘和弘扬戏曲文化资源中的优秀传统文化基因，打造多维度、全方位的地方特色文化培养教育体系，提高村民相关素质和能力，为村民参与决策提供条件。

第三，引导旅游开发商兼顾经济利益与社会效益，探索构建旅游扶贫的利益分配机制与资源保护的监督机制。

六、结语

改革开放以来，我国农村政治、经济和文化发展水平远远落后于城市。因此，在乡村振兴战略下，发展农村特色文化产业，对建设社会主义现代化具有重大的理论和实践意义。然而，近年来，我国许多地区决策部门往往忽视农民乡村建设的主体地位，未能充分发掘当地文化资源。临汾魏村戏曲文化资源丰富，但因交通不便加之农民主体性作用未完全发挥，导致戏曲文化发展单一，未在乡村振兴过程中起到应有作用。

本次调研着眼于前人较少涉及的戏曲文化资源开发领域。在对元代以来临汾地区戏曲文化发展沿革梳理的基础上，阐释并发掘其优秀文化内涵，进而结合魏村实际情况，提出了相应的策略建议。希望对临汾戏曲文化资源的充分挖掘以及魏村振兴崛起做出贡献。

由于疫情原因，本课题在社会调查阶段，未能在魏村长期停留，且一年一度的魏村庙会今年也未举行。不得不说这是本文的重大遗憾，希望今后在社会调查时，可以将此补齐。

指导教师：

谢永栋，男，汉族，中共党员，历史学博士，山西财经大学马克思主义学院副教授、硕士生导师，主要研究方向为中国近现代社会变迁史、中共党史党建。

杨丽红，女，汉族，中共党员，历史学硕士，山西财经大学马克思主义学院讲师。

牛晓未，女，汉族，中共党员，行政管理硕士，山西财经大学团委副书记，太原市时代新人、国家二级心理咨询师、山西省志愿者培训讲师、山西财经大学优秀教育工作者。

作者简介：

李煜，中共党员，山西财经大学2018级人力资源管理专业在读本科生，研究兴趣为中国史、乡村经济与文化。

史新宇，中共预备党员，山西财经大学2018级酒店管理专业在读本科生，研究兴趣为旅游开发与旅游市场营销、银行与金融。

庞钰，中共党员，山西财经大学2018级劳动与社会保障专业在读本科生，研究兴趣为公共管理与社会保障。

吴昱欣，中共预备党员，山西财经大学2018级人力资源管理专业在读本科生，研究兴趣为人力资源开发与管理。

王格非，共青团员，山西财经大学2019级经济学专业在读本科生，研究兴趣为乡村经济。

参考文献

一、专著

[1]（元）脱脱等．宋史·食货志 [M].北京：中华书局，1985.

[2]（清）顾祖禹．读史方舆纪要 [M].上海：上海书店出版社，

1998.

[3]（民国）韩垧等.洪洞县志·艺文志[M].台北：成文出版社，
1968.

[4]（清）杨延亮.赵城县志[M].南京：凤凰出版社，2005.

[5]（宋）吴自牧，周密等.都城纪胜·瓦舍众伎[M].上海：上海
古籍出版社，1993.

[6]（明）宋濂等.元史[M].北京：商务印书馆，1958.

[7]王国维.宋元戏曲史[M].上海：上海古籍出版社，1998.

[8]张正明，张舒.晋商兴衰史[M].太原：山西经济出版社，2010.

[9]姚玉光.元杂剧平阳戏剧圈研究[M].北京：中国社会科学出版
社，2012.

[10]《中国戏曲志》编辑委员会.中国戏曲志·山西卷[M].北京：
中国ISBN中心，1990.

[11]《中国戏曲剧种大辞典》编辑委员会.中国戏曲剧种大辞典
[M].上海：上海辞书出版社，1995.

[12]《中国戏曲志》编辑委员会.中国戏曲志·甘肃卷[M].北京：
中国ISBN中心，1995.

[13]山西省文化局戏剧工作研究室.山西地方戏曲汇编[M].太原：
山西人民出版社，1982.

[14]山西省文化局戏剧工作研究室.山西剧种概说[M].太原：山
西人民出版社，1984.

[15]陈美青.质野流芳：山西民间小戏研究[M].北京：中国戏剧出
版社，2017.

[16]车文明.20世纪戏曲文物的发现与曲学研究[M].北京：文化
艺术出版社，2001.

[17]高琦华.中国戏台[M].杭州：浙江人民出版社，1996.

[18]冯俊杰.山西神庙剧场考[M].北京：中华书局，2006.

[19]廖奔.戏曲文物发覆[M].厦门：厦门大学出版社，2003.

二、论文

[1] 卢世菊，柏贵喜．民族地区旅游扶贫与非物质文化遗产保护协调发展研究 [J]．中南民族大学学报（人文社会科学版），2017(2).

[2] 湖南省艺术研究院课题组．湖南省地方戏曲传承与发展研究 [J]．华夏艺谭，2016(3).

[3] 谭帆．中国古代曲论研究的回顾与展望 [J]．文艺研究，2000(1).

[4] 董上德．"世纪之交中国古代戏曲与古代文化国际学术研讨会"综述 [J]．文化遗产，2000(1).

[5] 廖奔．金世宗、章宗时期河东杂剧的兴起 [J]．中华戏曲，1986(2).

[6] 康宇丹．文化安全背景下的青少年戏曲观众培养——以闽剧进校园为个案的讨论 [J]．宁德师范学院学报（哲学社会科学版），2014(4).

[7] 李艳辉．传统戏曲在地方高校中的传播现状及对策 [J]．文教资料，2019(23).

[8] 许强．"戏"与"曲"的演替——脚色制视阈下中国戏曲表演形态的技艺化进程 [J]．文艺研究，2020(4).

[9] 张竹锦．"平阳戏剧圈"创作倾向研究 [D]．山西师范大学，2013.

[10] 李旭鹏．山西戏剧文化创意及其产业发展研究 [D]．山西师范大学，2014.

[11] 张春娟．晋商、移民与戏曲 [D]．上海戏剧学院，2013.

[12] 翟振宇．平阳古戏台 [D]．山西师范大学，2010.

[13] 柴国珍．山西戏曲剧种文化地理研究 [D]．陕西师范大学，2008.

三、网站

[1] 山西省文化和旅游厅官网：http://wlt.shanxi.gov.cn/

[2] 山西省统计局官网：http://tjj.shanxi.gov.cn/

[3] 临汾市文化和旅游局官网：http://www.linfen.gov.cn/lvfawei/

不同人群对临汾戏曲文化的认同感和归属感调查

　　您好！非常感谢您在百忙之中抽出宝贵时间来填写问卷。这是一份关于临汾魏村戏曲文化的调查问卷，目的是进一步了解人们对当地戏曲文化的认同感和归属感。我们对于所有的调查结果将进行严格保密，且仅用于学术研究，请您不必顾虑，根据自己的真实感受客观作答。感谢您的支持！

　　1. 您的性别 [单选题]*

　　　　○男

　　　　○女

　　2. 您的年龄 [单选题]*

　　　　○ 18 岁及以下

　　　　○ 19~30

　　　　○ 31~40

　　　　○ 41~50

　　　　○ 51 以上

　　3. 您的职业 [单选题]*

　　　　○学生

　　　　○农民

　　　　○工人

　　　　○服务业人员

　　　　○其他 _____

　　4. 您的学历是（包括在读）[单选题]*

　　　　○小学及以下

　　　　○初中

○高中（职高、中专）

○大专（高职）

○本科及以上

5.您所处的地区是 [单选题]*

○临汾魏村

○临汾其他地区

○运城地区

○非临汾、运城地区，地区名称（选填）＿＿＿＿＿＿＿

6.您平时看戏的频率是 [单选题]*

○从不看

○一年一次

○每季度都看

○每月都看

○更频繁

7.您最喜爱的剧种是 ＿＿＿＿＿＿ ，您最喜爱的剧目是 ＿＿＿＿＿＿

[填空题]

8.您去过与戏曲文化相关的景点吗 [单选题]*

○没去过

○去过一次，景点名称（选填）＿＿＿＿＿＿＿＿

○去过一次以上，五次以下，景点名称（选填）＿＿＿＿＿＿＿

○频率更高，景点名称（选填）＿＿＿＿＿＿＿

9.您认为一场戏曲演出的门票价格定为多少合理 [单选题]*

○免费

○ 5 元以内

○ 6—10 元

○ 11—20 元

○ 20 元以上

○ 50 元以上

○其他 _____

10. 您认为家乡戏曲文化有必要传承和弘扬吗？ [单选题]*

　　○优秀传统文化，非常有必要

　　○过时落后文化，完全没必要

　　○无所谓（与我无关）

11. 您认为近年来家乡戏曲文化的传承和保护状况如何 [单选题]*

　　○逐渐好转

　　○相对稳定

　　○继续恶化

12. 您对家乡戏曲资源的恢复及开发持何种态度 [单选题]*

　　○希望得到有效恢复和开发

　　○此事与我无关

　　○不需要再开发

13. 您认为影响戏曲文化发展最主要的因素是什么 [多选题]*

　　□领导班子

　　□政策体制

　　□思想观念

　　□自身限制

　　□宣传手段

　　□社会氛围

　　□人才储备

14. 您认为在戏曲资源再开发过程中，主要担负责任的是 [多选题]*

　　□政府

　　□剧团

　　□听众

　　□学者

　　□媒体

□其他 _____

15. 您觉得通过开发戏曲文化资源来推动临汾地区脱贫攻坚是否可行（临汾地区自戏剧诞生以来，便是我国戏曲文化重心）[单选题]*

　　○完全可行

　　○应该可行

　　○困难大，可以一试

　　○完全不可行

　　○不了解

16. 对于戏曲资源保护再开发，您有什么建议？[填空题]

_____

乡村振兴战略下山西传统村落
文化创新性发展研究

——以沁河流域上庄村为例

樊鑫鑫

传统村落上庄村文化发展的成效有完善保存村落文本资料、极大改善村内生态环境、产权置换开发核心保护区、执行规划整治村内街巷、保护修缮公共建筑、繁荣发展非物质文化遗产等。面临传统民居活态利用率低、文化产品创新不足、代表性的仪式活动欠缺、文化旅游服务创意不足等问题。建设资金缺乏、创新人才不足、村民文化自信缺失、创新观念缺失是其深层次原因。充分落实法规政策、发展特色文化产业、建设一支人才队伍、增强村民文化自信、积极引进社会力量、做好对外宣传工作是切实可行的发展路径。

一、上庄村文化发展现状

上庄村现在还留存完整的古堡建筑，村内非物质文化遗存也丰富，是沁河流域极具代表性的传统村落。本文将上庄村作为实地调研对象，并通过资料搜集、实地调研，对其文化发展所取得的成就，文化创新性发展面临的问题以及问题产生的原因进行了分析。以上庄村为例，通过调查研究来分析探讨山西传统村落文化发展的现状，为进一步探讨乡村振兴战略下山西传统村落文化创新性发展路径打下基础。

（一）上庄村概况

沁河是山西境内仅次于汾河的第二大河流，发源于山西东部太行山区二郎神沟，流经沁源、安泽、沁水、阳城四县，经过太行峡谷进入河南平原，最后在河南武陟县汇入黄河。阳城县属于沁河中游，沁河流域上庄村（见图1）至今约有500年的历史，户籍人口有1060人。

图1　上庄村全境图

资料来源：北京交通大学刘婕团队摄

村内现存建筑大多数是明代建筑风格，简单朴素，装饰较少，如尚书府、参政府等院落。上庄村崇尚文教，产生过许多历史文化名人，如明万历名臣王国光、明末忠臣王徵俊等。2006年，上庄村被公布为晋城市文物保护单位。2007年，上庄村被公布为山西省省级历史文化名村。2008年，上庄村被评为"中国历史文化名村"。2012年列入第一批中国传统村落名录。天官王府是国家AAAA级旅游景区，央视《记住乡愁》入选村落，也是电视剧《白鹿原》主景拍摄地。天官王府汇集元、明、清、民国四个时代的民居于一身，以官宅民居和民俗为特色，有被誉为中国民居活化石的"元代民居"、有华北"蜡梅王"（见图2）之称的明代古腊梅、有民国时期中西合璧风格的樊家庄园，更有"万历改革"的重要操盘手、明吏部尚书王国光家族一门五进士、六举人建造的大型人文府邸。"郭峪三庄上下伏，秀才举人两千五"。"三庄"所指的是润城镇上庄、中庄、下庄。历史上令阳城人引以为荣的"十凤齐鸣"中就有两位上庄村人。

图2　上庄村华北"蜡梅王"

资料来源：作者自摄

上庄村基层组织健全，责任分工明确。现任支部书记是王某军，负责支、村两委全面工作；村委主任王某虎，负责村委全面工作和工程项目管理；副书记赵某余分管党务、老龄、文教卫生、计生、农业、民调、红白理事会；组织委员王某青分管组织、党务、纪检、民乐队、监委会、治保、武装；宣传委员兼村委委员王某祥分管宣传、财务、供电、林业、有线电视；村委委员延某梅分管妇会、统计、土管、自来水、非工结算、两委会议记录；办公室主任王某强分管天官王府主体工作、小型工程结算、文物保护、民政。

（二）上庄村文化发展的成效

上庄村自2012年被评为中国历史文化名村以来，成立了上庄村历史文化名村保护小组，隶属于上庄村村委会，并制定了《上庄村保护古建文物村规民约》，先后在有形文化和无形文化的发展上取得了一定的成果。也曾与康辉旅行社合作开发天官王府景区，有形文化的发展体现在完善保存村落文本资料、极大改善村内生态环境、产权置换开发村内核心保护区、执行规划整治村内主干道等方面。无形方面的发展体现在为八音会、上党梆子、中庄秧歌、王府八八宴等无形文化申报国家、省、市等各级非物质文化遗产。总体来说，上庄村一直在因地制宜探索适合本村实际的文化发展模式，并在乡村振兴战略的具体实施过程中取得了一定的成果。

1. 完善保存村落文本资料

生活富裕是乡村振兴战略的总要求之一。对上庄村而言，利用好本村丰富的旅游资源是村民实现生活富裕的重要途径。自从2002年上庄村决定进行旅游开发，尤其是在实施乡村振兴战略以来，上庄村对相关文本资料的保存很重视，先后修缮了《王氏族谱》（见图3）；辨认并保存碑记、拓片等文本资料；集全村之力，编撰了《上庄村村志》；四处搜集反映村落历史信息的证明资料。

经过将近20年的努力，上庄村保存了大量珍贵的文本资料。这些保存完好的文本资料，既是上庄村历史的记载，也是研究人员的一手宝贵资料。为上庄村的悠久传统文化做了见证，有利于村民了解自己村落的历史文化，增强文化认同感和凝聚力；也为上庄村进一步挖掘本村优秀传统文化提供了有力支撑。

图 3 《王氏族谱》

资料来源：作者自摄

2. 极大改善村内生态环境

生态宜居是乡村振兴战略的总要求之一。村落的生态环境是村落景观的重要组成部分，是中华民族"天人合一"思想的重要体现。实施乡村振兴战略后，上庄村近年来在改善村内生态环境工作方面也取得了很大的成果。

上庄村四面环山，域内有十座山坡，除了"寨上"，其他的九座在平面形态上均呈"八"型，当地人称之为"十山九回头"。由于历史原因，上庄村周边的生态环境破坏严重。2002 年，村委会决定修建天官王府旅游风景区。开发伊始，上庄村实施环村绿化工程，着手改造村域景观。工程实施以来，先后种植了 1200 多亩，60 多万株连翘等景观树种，古建筑的修复工程也开始实施。受惠于当时的退耕还林政策，村干部通过补贴村民植树成本，额外发放补助金的形式调动村民的种树积极性。在政策推动下，村民及村委会的共同努力下，村内几乎所有的耕地转变为林地，极大改善了村落的生态环境（见图 4）。

图 4　村内绿化一角

资料来源：作者自摄

3.产权置换开发核心保护区

产业兴旺是乡村振兴战略的总要求之一。古村现存格局在明代中期基本形成，现仍保存完整。庄河在村内呈 S 形走向，两侧建筑沿河道蜿蜒排列，形成错落起伏的天际线。建筑主要分布于河道两侧的缓坡上，其中南侧建筑较少，而北侧建筑居多。

河道南侧现存有尚书府、新台上、进士第等院落，另在香炉峰上有南庵庙一座；河道北侧沿水街由西向东，依次有茹家院、司徒第、望月楼、参政府等院落；在水街和中街的交会处，是樊家历史建筑群，即樊家庄园；中街两侧现存历史建筑较少，有北庵庙、牛家疙瘩、窦家后、西沟院等，集中体现了古村的历史文化价值。但这些院落在土改之后分给当地村民，村集体并不具备产权，无法做到统一开发。

2002 年做出开发天官王府景区的决定后，村委会对核心保护区的旧房评估作价，对规划保护区内的旧建筑制定了价格，并在集体产权空地上建造了住宅新区，与村民在核心保护区内的房屋进行产权置换，村民的积极性非常高。就这样，核心保护区迁出了 100 多户居民，也为村内集体开发核心保护区的民居打下了坚实基础。

4. 执行规划整治村内街巷

治理有效是乡村振兴战略的总要求之一。实施乡村振兴战略以来，上庄村严格按照制定的规划整治村内街巷，经过一系列的保护修缮措施，维持了街巷的整体肌理，成为上庄村核心保护区重点景观。

以"水街"（见图 5）的改造为例。"水街"（即庄河河道）和"中街"是古村的东西向交通干道，与南北向的龙樟沟、茹家巷、居仁巷、广居门巷等巷道相连，形成村落基本的道路系统，也是上庄村文化旅游开发的核心。水街是全村的意象轴线，贯穿全村，村民的生活也围绕水街展开。水口的永宁闸曾经是全村的唯一出入口，是上庄村的边界；水街中部的滚水泉是饮水、洗衣的重要场所；街边是人们休憩、闲聊的场所。除了东西向的水街外，水街两侧南北向还有十余条窄巷，曲折幽深。

"水街"在修缮之前弯曲狭窄，街道均为土路，每逢雨季泥水横流。上庄村采取了一系列的整治老旧街巷（坊）的措施，对村内老旧街巷进行整治，整治内容主要为修复破损路面、整治建筑立面、保护历史建筑、完善配套服务功能和市政管网设施等；中街和水街及其支巷均改为非机动车道，禁止机动车行驶，还更改了街道的排水设施。

上庄村严格按照制定的规划整治村内街巷，经过一系列的保护修缮措施，维持了街巷的整体肌理，成为上庄村核心保护区的重点景观。

图 5　上庄村"水街"

资料来源：作者自摄

　　经过修缮和改造，目前上庄村的石板路得以修复，部分具有较高价值的古民居、古庙宇得到修缮，古树名木得到保护，村落风貌更加美观，建筑格局更加完整，作为传统村落的基本原始性始终未有改变。在物质文化遗产修缮保护方面取得了重要的成就。

图 6　王氏宗祠牌楼

资料来源：作者自摄

5.繁荣发展非物质文化遗产

乡风文明是乡村振兴战略的总要求之一，也是中国文化建设在乡村地区的总要求。上庄村为本村流传的八音会、中庄秧歌、王府八八宴等申报了各级别的非物质文化遗产，为本村发展提供了丰富的文化资源。

（1）八音会

上庄村的八音会属于国家级非物质文化遗产。传承人有王某青、赵某余、曹某奎等人。八音会每逢村民集体出门烧香赶会，或三庄百姓遇有红白喜事时表演，使用的乐器有鼓、锣、钹、镲、笛、箫、笙、管、弦乐等。村民集体出村烧香赶会时，会员都穿长衫、戴礼帽、颈插三角形的红色"令字旗"，约40人，两路纵队，排列整齐。八音会沿街而过，细吹细打，音乐入耳动听，群众沿街夹巷，争相观看。特别是每年三月都要赴晋城东珏山烧香，此时，上、中、下三庄八音会同往，归来路过晋城街面时，一听说"三庄八音会"，街上的商店，家家都在店前摆一张桌子，挂着桌裙，上放茶、果、烟、酒、鞭炮，八音会每走到一张桌子附近，主人首先点燃鞭炮，表示欢迎演奏，接着敬烟敬酒。这时，八音会就得停住脚步，给观众演奏一段。这样轮转前进，有时天黑还出不了街。每年像这样的集会还有正月二十一屯城会、三月二十一下伏会、三月十五的天坛山庙会等。每个会员都能唱几出围鼓戏（俗称"地摊戏"）；根据不同情况，如婚事即唱"跳花园""巧缘案""酒楼洞房"等，丧事则唱"杀路灵堂""牧羊圈"等，演唱时，八音会成员围坐一圈，自打自唱，不着戏装，角色可互替，主人只用烟、茶、酒席招待。

（2）中庄秧歌

中庄秧歌属于省级非物质文化遗产，传承人是曹继信（见图7）及其搭档曹某功。中庄秧歌作为当地的特色剧种。能够紧跟形势需要，起到良好的宣传教育作用，极易感染观众。曹继信在继承传统中庄秧歌的基础上，把上党梆子的风格融合了进去，使中庄秧歌的表演形式从观众的听觉感受延伸到了视觉欣赏；把中庄秧歌的说事、逗乐用到了抒发人物内心情感上；并把传统戏曲的唱、念、做、打等艺术技巧加入其中。

图 7　中庄秧歌传承人曹继信

资料来源：作者自摄

（3）八八筵席

八八筵席属于晋城市非物质文化遗产，传承人是徐师傅。八八筵席历史悠久、风味独特，是名扬天下的一种古老名宴，属于传统生活方式和传统民间技艺。在实际调研中，分管天官王府主体工作的办公室主任王某强向我们介绍了王府八八宴的典故。王国光在朝廷任刑部尚书时，光禄寺（负责皇帝的饮食起居）的一名金姓官员遭受迫害，王国光翻旧案发现其冤情，并替其昭雪。该官员看到官场的邪恶，不愿意做官，于是随同晚年王国光回到了上庄村，结合其厨艺和当地的食材，创设出了八八宴。此人后改姓王，居住于此。

访谈记录：

问题1：可以跟我们讲讲王府八八宴的做法吗？

王姓村民：制作八八宴是很烦琐的工作。判断八八宴好坏的标准之一是汤的味道，刚开始制作高汤，炖肉、煮排骨、炖鸡，将食材捞出之后在汤内加入杀猪的头刀血，汤就会分成三层，肉渣和骨头在底层，脂肪漂在顶层，清汤在中间。扔掉底层和顶层之后，只取清汤来继续加工。

问题2：那有传承人吗？

王姓村民：传承人就在村内，叫一品居。

问题3：八八宴是本地的宴席吗？

王姓村民：对，是本地的。八八宴是当地招待贵宾的最高礼仪，也是当地村民结婚、祝寿、搬家等喜庆的时候要吃的宴席。使用水煮的烧肉做成的丸子嚼劲十足，整套的八八宴需要十个人来吃。刚开始会上九个凉菜，寓意位列九鼎，尊贵的客人位列九鼎。上凉菜的目的是要先喝酒，酒喝得差不多再上热菜，一共十六碗热菜。上菜有固定的顺序，会穿插四道甜菜，十二碗咸汤。过年过节，家里也会选取几道菜来招待亲友。在20世纪80年代以前，家庭经济状况决定了主人家宴席的规格，最富的家庭宴请时使用八八宴；家境稍微差一点的吃的是六六宴，七碗凉菜，十二碗热菜；再次，是十大碗；比十大碗再次一些的是当地老百姓吃的拼锅，类似铜火锅，下方摆满了菜，上方摆几片肉、肉丸、烩菜，一般上四个凉菜。在菜肴当中使用胡椒做调味品较多，这个与上庄村位于茶马古道有着不可分割的关系。

问题2：那关于八八宴的传说有几种呢？

王姓村民：是说皇帝吃惯了美食佳肴，想尝一尝百姓的家常菜肴，上庄村当地的官员就结合本地食材，制作了本土特色的满汉全席，皇帝吃后赞不绝口，赐名八八宴。

二、上庄村文化创新性发展存在的问题及原因分析

（一）上庄村文化创新性发展存在的问题

乡村振兴战略下，传统村落文化的创新性发展，既是乡村全面振兴的内在任务，也是农业农村现代化的必要条件，振兴乡村文化可以为乡村振兴战略提供强大而持续的动力源泉。上庄村传统村落文化发展这么多年取得了一系列令人瞩目的成绩，交出了满意的答卷，但仍有不少改进空间。在实际调研中我们发现，上庄村存在传统民居活态利用率低，文化产品的供给和游客需求不对应，缺乏代表性的仪式活动，文化旅游服务创意不足等问题。归根结底，这些是文化发展中创新性不足的问题。创新是文化发展的生命，创新度不够，阻碍了上庄村传统村落文化的进一步发展。

1. 传统民居活态利用率低

传统民居是中华优秀传统文化的重要载体。近几年，将传统民居改造为客栈已经成为一个比较流行的方式，如黄土高原上的窑洞。传统民居的活态利用是传统村落文化创新性发展的一个重要方面，也是当今旅游的一个热潮。都市人群住惯了密不透风的钢筋水泥房子时，需要换一个居住环境，追寻乡愁记忆，享受休闲慢生活。传统村落特色鲜明的院落是一个极佳的去处，在这里可以有更多的获得感和幸福感。随着近 20 年的开发，上庄村已经完成了核心保护区的保护修缮工作，也完成了对村落周边生态环境的整治，为其发展旅游奠定了坚实的基础。

在实地调研中发现，上庄村现存较为完好的院落有 40 余座，涵盖了元、明、清、民国四个时代。上庄村的居住建筑以明代官宅为主，其宅院主人多在朝为官。除了樊家庄园和王氏宗祠内设立了史料展，其他院落均没有得到很好的活态利用。上庄村地处晋东南沁河流域，

图 8　上庄村代表性民居"亚元府"

资料来源：作者自摄

和晋中地区的民居明显不同。这些保存完好的院落，无疑是上庄村一笔宝贵的文化财富，如果能够采取打造乡村精品民宿、建立民俗博物馆等活态利用方式，将给上庄村带来巨大收益。

2. 代表性仪式活动欠缺

乡村振兴战略下传统村落文化的创新性发展也要对存续于传统村落中的代表性仪式活动加以传承。公共性仪式活动是打造传统村落文化名片的需要，也是唤醒乡愁记忆的需要，具有增强情感联结和凝聚力的功能。传统村落中大多举办公共性仪式活动，其参与者包括村民、政府工作人员、慕名而来的游客等。

实际调研过程中发现，上庄村有着非常丰富的优质文化资源，依托王国光先后举办过多次乡村活动。比如每到初冬时分，闲下来的乡亲们都会聚在一起，排练古装秧歌剧《天官回家》；2017 年 9 月 22—25 日，在上庄村举办了由中国社会科学院历史研究所和政协阳城县委会主办的"王国光与万历改革"学术研讨会，吸引了 20 多位专家学者聚集；2019年，晋城市阳城县委落实山西省"改革创新、奋发有为"大讨论活动时，专门选择了上庄村作为活动地点。

这样的活动对上庄村来说是一个代表性的尝试，但是也存在相当大的不足，其规模和内容远不能唤起上庄村村民对本村文化的认同，存在主体缺失的问题。对上庄村来说，更需要的是一个融多元主体为一身的代表性仪式活动。

3. 文化旅游服务创意不足

乡村振兴战略下传统村落文化的创新性发展也要积极探索乡村文化产业化发展模式。上庄村自 2002 年以来，着重开发乡村旅游项目，但其提供的旅游服务主要是传统建筑的观光游览，并没有休闲农业、健身、养生、科技等相融合的文化产品。在开发利用过程中没有因地制宜，利用其丰富的乡村文化资源发展乡村旅游。这在很大程度上降低了其吸引力，也对村内文化产业的发展形成了阻碍。

访谈记录：

问题1：请问上庄村除了古建筑的观光游览，还有没有其他项目了？

王姓干部：现阶段就是设计好的两条旅游路线，下一步我们计划招商引资，盖一个天官王府欢乐谷，但还在洽谈中。

问题2：那有没有建设一座实训基地的计划呢？

王姓干部：暂时没有这方面的打算。

在实地调研中，课题组发现与上庄村有很强相似性的 L 村，在文化旅游的服务创意方面做得相对较好。比如 L 村内建成了一座实训基地，可以涵盖大、中、小不同年龄段的学生，实训内容包括短期的素质拓展和亲近自然的青少年项目，还包括从半个月到一个月的写生及拍摄实习等；村里还与北京电影学院、长治学院、山西大学、太原理工大学联合成立专业实践基地；还有一座由商务印书馆捐书建成的公益性项目：田家书院。上庄村类似的创意项目基本没有。

（二）上庄村文化创新性发展存在问题的原因

1. 建设资金缺乏

虽然入选中国传统村落名录的村子都可获得300万元的补贴，中央也为此投入了大量的保护资金，然而，开发建设资金缺乏是我国传统村落在开发利用过程中存在的普遍问题，上庄村也不例外。上庄村建设资金来源主要有自筹和项目申报两部分。自筹部分主要是村委财经预算，每年划拨一定经费用于古建的保养和维修；项目申报主要包括美丽乡村示范村项目的申报、文化下乡项目申报、市级各类专项资金申报等。据负责上庄村文化旅游开发的王姓村干部讲述，政府的资助资金属于减补类资金，比如开发资金花费了500万，政府会减免两三百万。景区的开发是一个投入多、回报少的文化事业，投入产出不成正比，这在很大程度上限制了上庄村的进一步开发。例如，上庄村利用樊家院落制作史料馆，如果请专业的人士来做这项工作需要花费二三十万元，这部分费用对上庄村来说是一笔大数目，因为缺乏建设资金，上庄村村民发挥自己的才能智慧，参照其他博物馆的样式，自己建立了博物馆。建设资金缺乏，是制约上庄村文化创新性发展的主要原因。

2. 创新人才不足

在城乡发展不平衡与资源分配不均衡的大背景下，乡村文化建设普遍存在主体缺失的问题。究其原因，主要有两种：一种是外地求学未归；另一种是外出打工不回。学子不愿意回到村落中的一个原因是学无所用。经受了现代化教育之后的乡村有为青年，他们掌握的知识，是适应现代化背景下城市发展的知识。自身的才华在家乡也并不会得到施展，在村落中从事生产生活，并不需要他们在学校里学到的太多知识技能。另外是家乡的人情世故也处理不来，在外求学多年，这部分群体也长期身处陌生人社会，在与他人交往过程中，信奉的是现代社会普遍遵守的契约精神。回到自己长大的村落，一下子要面对的是一个熟人社会，很难适应。这些原因导致外出求学的年轻人毕业之后，不愿意回到家乡做建设。另一种是外出打工，这是普遍存在于乡村社会的人员流出方式。对传统村落的居民而言，投入乡村建设的热情是有的，传承村落文化的热情也是有的，但是相比于对家乡的热爱，满足自己的经济需求才是更为重要的。虽然在家乡生活成本低，但是子女的教育、医疗费用、现代商业文明主导的消费热潮等，没有一项不需要收入来保障的。

上庄村面临的是传统村落文化创新性发展主体缺失的问题，也就是创新性人才不足的问题。课题组通过实地调研发现，虽然存在人才外流，但上庄村并没有像其他村落一样出现空心化现象。

访谈记录：

问题1：请问村内有多少人？大家靠什么来谋生呢？

王姓村民：上庄村现有416户，1060人。200多位老年人，村中在册人口多在村内，基本留在村中生活。村中年轻人的生活来源主要是农家乐、煤矿、在村中或皇城相府打工以及外出打工等。附近村里曾有一座煤矿，后来整合归晋煤公司统一管辖。

问题2：为什么这里没有像其他村落一样出现空心化现象呢？

王姓村民：留在村中主要还是由于旅游业带来了一定的经济效益，虽然工资水平不高，但家在这儿，乡愁就在这儿。

现代化发展浪潮下，上庄村内年轻人多在外地城市求学、工作，普遍不愿意留在家乡发展，村民也鼓励子女走出去成家立业，谋求更好的发展；留在村里的年轻人，对村落有形文化的保护和无形文化的传承发展少有兴趣。村中愿意从事村落保护开发工作的年轻人很少，缺乏相关专业的管理人才来运营旅游公司。

3.村民文化自信缺失

"文化自信是指文化主体对身处其中作为客体的文化，通过对象性的文化认知、反思、批判、比较及认同等系列过程，形成对自身文化价值和文化生命力的确信和肯定的稳定性心理特征"[①]。传统村落文化自信的主体是"生于斯，长于斯"的传统村落的村民，传统村落文化自信的客体是贯穿在村民日常生活方方面面的，有形及无形文化的综合。

随着我国现代化进程的加快，人民受到的教育程度的提升，以及互联网传媒的发展，产生了前所未有的、深刻的、全方位的文化冲突。正是在这种农耕文明与现代工业文明的冲突当中，上庄村村民选择了融入现代工业文明所倡导的商业价值，对流淌在自己血液中的价值理念、伦理观念等选择性忽视，甚至故意回避。

在实际调研中发现，上庄村村民有城市等于先进，农村等于落后的观念。从经济层面上给城乡关系划定的共识，一定程度上反映了村民对自身文化的不自信。出于发展旅游的考虑，上庄村近些年投入了大量的人力、物力来保护修缮村落中的文物古建，也取得了丰厚的成果。但是，流传于村落中的无形文化却缺场了，比如那些民俗民谚等。这一部分无形文化恰恰是流淌在上庄村村民的血液当中，是村民对自身文化认同和凝聚力的体现，也是中华优秀传统文化在传统村落中的重要体现，蕴含其中的核心价值理念是当代社会主义核心价值观的宝贵源泉。村民文化自信的缺失，在很大程度上制约了上庄村传统文化的创新性发展。

4.创新观念的缺失

创新是文化发展的灵魂，没有创新就没有文化的有效传承。文化

[①] 刘林涛：《文化自信的概念、本质特征及其当代价值》，《思想教育研究》，2016(04):21—24。

创新就是基于传承的创新，运用现代化的价值评判标准筛选继承其优秀的部分，并结合现代化发展要求对其进行新的阐释。从深层次来讲，文化的创新发展对文化主体的素质有着很高的要求，需要文化主体自身的文化自觉。文化创新的客体是文化，可以分为日常生活文化、制度文化、思想文化三个不同的层次。文化创新就是文化主体对三个层次的文化进行整体的筛选和阐释。

上庄村传统文化的继承者们更热衷于接受外来商业文化，优秀传统文化没有得到应有的重视。比如上庄村流传了上百年的修身教育、耕读传家等优秀文化。上庄村的公共建筑"炉峰庵"内保存着刻有"慎独"二字的匾额，正殿门口还保留着一副楹联："缅怀史事任气逞强怎如谨慎深思好，体察民情为人处世还是宽容大度高。"在"存心自有天知"的古训中，村民怀着对先祖的崇敬，坚守着世代流传的精神家园。如何对这些宝贵的精神财富进行自觉创新，使之适应这个不断变化的时代，让其发挥出更大的作用，需要运用聪明才智。很显然，上庄村传统文化的继承者们，需要有契合时代精神的创新观念。

传统村落蕴含丰富的文化资源，为旅游开发提供了丰富的资本。由于缺乏相应的人才队伍以及建设资金等，在传统村落文化创新性发展过程中产生了很多问题。这些问题也是沁河流域传统村落普遍面临的问题。只有清晰地认识到这些问题，才能对症下药，为沁河流域乃至山西省传统村落文化创新性发展提出建设性的建议。

三、乡村振兴战略下山西传统村落文化创新性发展的路径

上庄村传统村落文化发展过程中存在着诸如传统民居活态利用率低、代表性的仪式活动欠缺、文化旅游服务创意不足等问题。这些问题是由建设资金缺乏、创新人才不足、村民文化自信和创新观念缺失等原因造成的。为此，需要充分落实法规政策、发展特色文化产业、建设一支人才队伍、增强村民文化自信、做好对外宣传等，寻求山西

村落文化创新性发展的有效路径。

（一）充分落实法规政策

制约山西传统村落文化创新性发展的原因之一是资金缺乏，为此就要充分落实国家、省、市各级政府的政策，解决这一问题，为推进山西传统村落文化创新性发展注入动力。

自2014年以来，在国家文物局大力支持下，山西省加大对集中成片传统村落的保护和投入力度。2017年，山西省选定晋城市作为沁河流域古堡古民居文物密集区体制改革试点市，在文物本体保护、环境整治、文物的研究阐释、文创产品的开发、文化旅游融合发展上打破保护级别、地域、体制的限制，创新机制，统筹使用文物保护资金，每年安排1000万元用于试点区域内的文物保护维修。晋城市古建筑类文物5447处，宋、金木结构古建筑占全国三分之一，特别是历代形成的太行古堡特色鲜明、随处可见。太行古堡是我国三大古堡群之一，是中国北方防御型堡寨聚落的典型代表，是研究中华优秀传统文化的活化石。

山西省人大常委会2019年底在北京召开立法论证会，组织相关专家就《山西省传统村落、传统院落、传统建筑保护条例（草案）》进行"把脉"。着眼于建立山西省域乡村文化遗产的全覆盖保护体系，将传统村落、传统院落、传统建筑全部纳入保护对象，形成村落＋院落＋建筑的全覆盖保护体系，这是对乡村文化遗产保护的一次创新性探索，在全国也是首次。

通过近些年来的古村落、古街区、古建筑的保护，反映出山西文化自觉意识提高，对历史遗存遗迹的重视逐步在形成合力。

（二）发展特色文化产业

利用资源优势发展村级集体经济，引导社会力量通过捐赠、投资、集资、入股等方式参与保护传统村落，并将保护工作纳入各级地方政府政绩考核。提升村落的造血功能，发展村办企业，是解决创新性发展过程中存在的资金、人才短缺问题的重要手段。需要村内的领导干部带领村民将文化资源转化为文化创新的动力。

要充分发掘优秀传统文化的精髓，融入乡村文化发展过程中。把传统村落与乡村旅游、景区观光结合起来编排线路、产品，吸引人气、聚集财气，解决资金短缺的问题。

鼓励和支持传统村落、民族村寨村（居）民利用空置土地、闲置住房等资源，发展乡村民宿等特色产业。对于传统村落来说，现存经过修缮的传统建筑是其最大的文化资源，在现有基础上对传统建筑、特色民居的日照、通风、采光、节能保温、给排水、环境卫生等生活设施进行内部改造，完善生活功能，但不能破坏村落整体风貌。

各类市场主体依法利用传统村落、民族村寨资源，发展多种形式的适度规模经营，开发休闲农业、乡村旅游、民俗文化等特色产品；利用传统村落、民族村寨的传统建筑、特色民居设立博物馆、陈列馆、传习所、传统作坊、传统商铺、传统工艺示范基地等，开展交流、培训、研究、传承等活动，展示、传播文化遗产。古民居院落维修后一些成了民俗客栈、一些成了研学基地、一些成了民俗展览场馆、一些成了当地老百姓的书屋、一些成了院校的实习基地，文物建筑在新时代重新焕发出生机与活力。

（三）建设一支人才队伍

文化发展的核心是人，传统村落文化创新性发展更离不开一支有想法、有创意、有能力的年轻队伍，知识储备丰富并且能够及时应对文化市场的需求，因地制宜，挖掘好本村的优秀传统文化，并能够适应时代发展的需要，及时有效地探索各种文化的形式，将其转化为市场需要的文化产品。

建设一支创新型人才队伍，既需要培育本地有志青年投身家乡建设，也需要引导企业家、文化工作者、退休人员、文化志愿者等投身乡村文化建设，丰富农村文化业态。上庄村现有文物保护领导小组，可以在这支文物保护小组的基础上，吸纳同村有志青年参与文化创新性发展，还可以与高校、科研机构合作来为传统村落文化的创新性发展注入动力。上庄村此前一直与北京交通大学建筑学院合作，在北交大师生的帮助下，制定了整体格局及核心保护区的规划，取得了令人满意的成效。在此基础上，可以进一步与相关旅游开发公司合作，为上庄村量身定做创新性发展方案。

（四）积极引进社会力量

结合文物认养工程，积极引进社会力量参与传统村落文化的发展是创新性发展的重要方面。2019 年 2 月，山西省政府出台了《山西省社会力量参与文物保护利用办法》。在坚持双方自愿的基础上，大力度地把集体和个人所有的，包括国保、省保和一般不可移动文物，全部纳入社会力量参与保护利用的范围。这是目前国内第一部专门针对社会力量参与文物保护利用的省级政府规章，有利于破解山西文物工作长期存在的瓶颈和难题，促进更多社会力量参与到文物保护利用中来。

2019 年 6 月，山西省文物局和相关部门围绕"文明守望工程"不可移动文物认养、非国有博物馆创设、文创产品研发等重点内容，明确税收优惠、经费补助、人才培训、专业指导等方面 30 条政策，进一步优化社会参与环境，让参与者真正享受到政策红利，使其参与文物保护利用的潜力和动能得到最大释放。

山西省在推进社会力量参与的实践中，选择一批前景看好、条件成熟以及涉旅文物保护单位予以重点支持，首批公布了可供选择的文物点 252 处，帮助参与者按图索骥，择定爱心安放之处，为社会力量参与文物保护利用提供了重要支撑。

文物"认养"为文物保护利用提供了新的思路，解决了文物建筑无钱修、无人管的难题，也为社会力量参与文物保护利用探索了一条途径。山西传统村落文化的创新性发展，也可以结合这一适合山西省情的政策措施，来进行因地制宜的探索。

（五）增强村民文化自信

"文化自信是更基础、更广泛、更深厚的自信"[①]。增强村民的文化自信也是传统村落文化创新性发展的重要方面。文化自信的主体是长期居住在传统村落中的居民，文化自信的客体是村落中有形无形文化的综合。为此增强村民的文化自信也需要从主客体两部分分别着手。

对文化自信客体的着力点在于挖掘传统村落中的传统价值观。传统村落文化是农耕文明的产物。传统村落中保存的民间艺术、手工艺作品、服饰、饮食、礼仪等，都是文化自信客体的组成部分。

对文化自信主体的着力点在于加强引导，唤醒传统村民的文化自觉。以上庄村为例，流传上百年的修身思想就是村民的文化源泉，三槐王氏的家训里便有"慎独"的思想，教育后人要自律、自重、自觉。这些传统的价值观和精神特质的产生都离不开乡村这一土壤，时到如今仍然具有强大的穿透力。

（六）做好对外宣传工作

利用互联网、新兴媒体等现代技术手段，加大传统村落保护政策法规宣传，提高政府和公众对传统村落保护的价值认同；推动农村信息化基础设施建设和信息化应用水平提升，引导各地充分发挥乡村民宿等特色产业发展；将传统村落打造成网红，发动省内广大网络与新媒体内容创作者，通过新媒体形式，记录和传播精彩纷呈的传统村落内容，通过新媒体渠道扩展传播效应。

要积极促进传统村落的国际传播，将传统村落推向世界，提升传统村落的旅游品质。通过加强宣传、打通渠道、完善设施，让传统村落融入世界旅游大循环，也让世界了解中国丰富多彩、数量庞大的农耕文化遗产，了解中国美丽鲜活的传统村落。

乡村振兴战略下，山西传统村落文化创新性发展问题需要紧密结

---

① 习近平：《习近平谈治国理政》第 2 卷，外文出版社，2017。

合时代发展要求，积极探索发展的有效路径。具体而言，既需要政策法规的宏观指导，也需要提升村落自身的造血功能；既需要发展特色文化产业、建设人才队伍，也需要增强村民文化自信；既需要积极引进社会力量，也需要做好对外宣传工作等。只有内外结合、多方努力，才能有效推动山西传统村落文化创新性发展。

四、结论与展望

（一）结论

乡村振兴战略是解决我国"三农"问题的重要抓手。文化振兴是乡村全面振兴的魂魄所在，传统村落作为中华优秀传统文化的载体，是推进中华优秀传统文化创造性转化和创新性发展的重要场域，传统村落文化的创新性发展是乡村全面振兴的重要内容。在乡村振兴战略下，以沁河流域的上庄村为代表来研究山西传统村落文化创新性发展的问题，对于实现农业农村现代化具有重要的意义。

对于山西而言，传统村落文化要想在乡村振兴战略背景下获得创新性发展，需要充分落实相关法规政策，提升村落的造血功能、发展特色文化产业，来解决文化发展面临的资金短缺问题；通过建立相关人才队伍、引进社会力量来解决文化发展过程中存在的人才短缺问题；通过深入挖掘优秀传统文化的内涵、做好对外宣传工作来解决村民的文化自信缺失问题。只有解决山西传统村落文化发展面临的资金、人才、文化自信缺失等问题，才能真正做到乡村振兴战略下的山西传统村落文化的创新性发展。

（二）展望

传统村落是承继中华优秀传统文化的重要载体，实现传统村落文化的创新性发展有利于乡村文化振兴，也为乡村振兴战略的实施提供了精神动力。传统村落文化的创新性发展有利于推进农业农村现代化，有利于推进整个国家的现代化进程。然而，传统村落文化的创新性发展是一个宏观性的系统工程，离不开传统村落的经济、政治、社会、生态等的全面发展。相信对山西传统村落文化的创新性发展问题的研究与探索，会吸引越来越多的专家学者和传统村落的村民参与其中，从理论研究和实践探索两个层面，涌现出一系列的成果。

附录

访谈提纲

访谈地点：上庄村

访谈对象：上庄村村民

访谈主要内容：

1. 上庄村常住人口有多少？大家靠什么来谋生呢？

2. 上庄村的建筑特色是什么？老房子大致是什么时候建造的呢？

3. 村里有王家祠堂吗？在什么地方？

4. 村里的庙有哪些？

5. 上庄村民间传说有哪些？

6. 上庄村村民的宗教信仰情况如何？

7. 上庄村的民俗文化，如婚丧嫁娶的形式是怎样的？

8. 上庄村饮食习惯是怎样的？

9. 王府八八宴是本地特有的吗？

10. 上庄村开发保护资金如何获取？

11. 开发天官王府景区对您的日常生活有什么影响？

12. 平时来这儿旅游的人多吗？

樊鑫鑫，中共党史专业博士研究生，任职于中共中央党校（国家行政学院）党史教研部，研究方向为中华人民共和国经济史。

参考文献

[1] 习近平 . 习近平谈治国理政（第 2 卷）[M]. 北京：外文出版社 .2017.

[2] 习近平 . 深入学习贯彻党的十九大精神 紧扣新时代要求推动改革发展 [N]. 人民日报，2017–12–14.

[3] 习近平总书记系列重要讲话读本 [M]. 北京：学习出版社，人民出版社，2014.

[4] 本书编写组 . 十九大报告 [M]. 北京：人民出版社 .2017.

[5] 费孝通 . 乡土中国 [M]. 北京：中信出版社 .2019.

[6] 费孝通 . 江村经济 [M]. 北京：作家出版社 .2019.

[7] 胡彬彬 . 中国传统村落文化概论 [M]. 北京：中国社会科学出版社 .2018.

[8] 马克斯·韦伯著，王荣芬译 . 儒教与道教 [M]. 北京：商务印书馆，1995.

[9] 明恩浦 . 中国乡村生活 [M]. 北京：时事出版社，1998.

[10] 赵彦民 . 日本满铁调查文献中的中国民俗资料——以《中国农村惯行调查》(1—6 卷) 为中心 [J]. 文化遗产 ,2017(03).

[11]《辞海》编纂委员会 . 辞海 (缩印本)[M]. 上海：上海辞书出版社 ,2000.

[12] 爱德华·希尔斯 . 论传统 [M]. 上海：上海世纪出版集团，2009.

[13] 黑格尔 . 哲学史讲演录（第一卷）［M］. 北京：商务印书馆，2013.

[14] 马永强，王正茂 . 农村文化建设的内涵和视域 [J]. 甘肃社会科学 ,2008(06).

[15] 罗志峰 . 我国现代化进程中的乡村文化建设研究 [D]. 中共中

央党校 ,2019.

[16] 谭同学 . 村庄秩序、文化重建与现代化类型 [J]. 东岳论丛 ,2006(02).

[17] 张世定 . 改革开放以来中国共产党乡村文化建设研究 [D]. 兰州大学 ,2019.

[18] 赵旭东 , 孙笑非 . 中国乡村文化的再生产——基于一种文化转型观念的再思考 [J]. 南京农业大学学报 (社会科学版),2017(01).

[19] 廖军华 . 乡村振兴视域的传统村落保护与开发 [J]. 改革 ,2018(04).

[20] 黄震方 , 黄睿 . 城镇化与旅游发展背景下的乡村文化研究 : 学术争鸣与研究方向 [J]. 地理研究 ,2018(02).

[21] 丁永祥 . 城市化进程中乡村文化建设的困境与反思 [J]. 江西社会科学 ,2008(11).

[22] 吴理财 , 夏国锋 . 农民的文化生活 : 兴衰与重建——以安徽省为例 [J]. 中国农村观察 ,2007(02).

[23] 丁成际 . 当代乡村文化生活现状及建设 [J]. 毛泽东邓小平理论研究 ,2014(08).

[24] 欧阳雪梅 . 振兴乡村文化面临的挑战及实践路径 [J]. 毛泽东邓小平理论研究 ,2018(05).

[25] 罗志峰 . 我国现代化进程中的乡村文化建设研究 [D]. 中共中央党校 ,2019.

[26] 李伟红 , 鲁可荣 . 传统村落价值活态传承与乡村振兴的共融共享共建机制研究 [J]. 福建论坛 (人文社会科学版),2019(08).

[27] 黄春 . 论村落在城镇化进程中的价值 [J]. 学术界 ,2015(11).

[28] 鲁可荣 , 胡凤娇 . 传统村落的综合多元性价值解析及其活态传承 [J]. 福建论坛 (人文社会科学版),2016(12).

[29] 胡慧 , 胡最 , 王帆 , 易臻照 . 传统聚落景观基因信息链的特征及其识别 [J]. 经济地理 ,2019(08).

[30] 杨晓俊 , 方传珊 , 王益益 . 传统村落景观基因信息链与自动识别模型构建——以陕西省为例 [J]. 地理研究 ,2019(06).

[31] 祁剑青 , 邓运员 , 郑文武 , 刘沛林 . 窑洞建筑景观基因的识别及其变异 [J]. 干旱区资源与环境 ,2019(06).

[32] 翟洲燕 , 李同昇 , 常芳 , 罗雅丽 , 石钰 . 陕西传统村落文化遗产景观基因识别 [J]. 地理科学进展 ,2017(09).

[33] 杨立国 , 刘小兰 . 侗族传统村落景观基因认知的空间特征——以贵州肇兴侗寨为例 [J]. 资源开发与市场 ,2017(09).

[34] 薛颖 , 权东计 , 张园林 , 杨扩 . 农村社区重构过程中公共空间保护与文化传承研究——以关中地区为例 [J]. 城市发展研究 ,2014(05).

[35] 盖媛瑾 , 陈志永 . 传统村落公共文化空间与景区化发展中的资源凭借——以黔东南郎德上寨 "招龙节" 为例 [J]. 黑龙江民族丛刊 ,2019(01).

[36] 方永恒 , 张艺 . 试论民族区域公共文化空间功能及其建构价值 [J]. 贵州民族研究 ,2018(05).

[37] 包亚芳 , 孙治 , 宋梦珂 , 李政欣 , 叶馨遥 , 臧德霞 . 基于居民感知视角的浙江兰溪传统村落公共空间文化活力影响因素研究 [J]. 地域研究与开发 ,2019(05).

[38] 王云庆 , 向怡泓 . 从社会记忆角度探索传统村落保护开发新思路 [J]. 求实 ,2017(11).

[39] 刘志伟 . 传统乡村应守护什么 "传统"——从广东番禺沙湾古镇保护开发的遗憾谈起 [J]. 旅游学刊 ,2017(02).

[40] 杨辰 , 周俭 . 乡村文化遗产保护开发的历程、方法与实践——基于中法经验的比较 [J]. 城市规划学刊 ,2016(06).

[41] 陈驰 , 李伯华 , 袁佳利 , 余雯 . 基于空间句法的传统村落空间形态认知——以杭州市芹川村为例 [J]. 经济地理 ,2018(10).

[42] 李军 , 黄俊 , 黄经南 , 周恒 . 中国古代环境思想影响下的云南城子村空间形态研究 [J]. 建筑学报 ,2017(S2).

[43] 李长学 . 论乡村振兴战略的本质内涵、逻辑成因与推行路径 [J]. 内蒙古社会科学 (汉文版),2018(05).

[44] 胡燕 , 陈晟 , 曹玮 , 曹昌智 . 传统村落的概念和文化内涵 [J]. 城市发展研究 ,2014(01).

[45] 万光侠 . 中华传统文化创造性转化创新性发展的哲学审视 [J]. 东岳论丛 ,2017(09).

[46] 李宗桂 . 试论中国优秀传统文化的内涵 [J]. 学术研究 ,2013(11).

[47] 欧阳雪梅 . 振兴乡村文化面临的挑战及实践路径 [J]. 毛泽东 邓小平理论研究 ,2018(05).

[48] 孙喜红 , 贾乐耀 , 陆卫明 . 乡村振兴的文化发展困境及路径选 择 [J]. 山东大学学报 (哲学社会科学版),2019(05).

[49] 刘林涛 . 文化自信的概念、本质特征及其当代价值 [J]. 思想 教育研究 ,2016(04).

[50] 吴理财 , 解胜利 . 文化治理视角下的乡村文化振兴 : 价值耦合 与体系建构 [J]. 华中农业大学学报 (社会科学版),2019(01).

祁县谷恋村文化遗产调查报告

张　茹

　　传统村落是中国传统文化的主要传承空间和物质载体，保护传统村落对发扬我国传统文化，推动历史文化研究有着极其重要的意义。目前传统村落保护逐渐进入人们的视野，并成为关注的焦点，国家出台了一系列有关传统村落的保护措施。但传统村落的保护与发展仍然面临着巨大的挑战。本文试图通过田野考察，并结合文献记载，寻找谷恋村的文化遗产，对村庄的保护和发展提供参考。

一、谷恋村概况

　　谷恋村位于素有"三晋邹鲁"之称的国家历史文化名城祁县县城东北方 8 公里，南临昌源河、108 国道，北为清徐县，四周与塔寺村、吴家堡、姜家堡及小贾村毗邻。谷恋村是中国历史文化名村、中国传统村落，有着十分悠久的历史与文化。谷恋村初名圐圙村，明代嘉靖以后又称圐圙堡，后更名为谷恋堡、谷恋村，俗名北圐圙、北谷恋，素有"银谷恋"之美誉。谷恋村地处太原盆地南部、祁县北部平川，地势平坦、土壤肥沃、水源充足，暖温带大陆性气候使之四季分明、日照充足、农业发达。谷恋村民以高姓为主，约占全村总人口的90%。

谷恋村创建于明初，发展于明嘉靖时期，鼎盛于清代乾隆朝，延续至民国，昌明于当今，历史十分悠久。据清乾隆十七年谷恋村《高氏族谱》记载："始祖奉明命迁居兹土，数百年藤蔓绵延，生生不息"，[①]表明谷恋村最早由高氏仲远公所创，其先祖从礼义之乡山东，经河北南皮、景县一带迁往陕西渭南，后于明洪武初奉命经山西洪洞大槐树迁居到祁县，并在此世代繁衍生息、辛勤劳作，距今已有600余年的历史。

二、谷恋村物质文化遗产

（一）村名演变与村堡兴废

谷恋村初名"圙圐"，四方框内"四方""八面"，与今天所说四面八方的意思相同。从"圙圐"二字推测，谷恋村最初可能建在四周立有栅栏的高地上，房舍简陋，条件艰苦，村名反映了村落创建之初的境况。明代中叶，为了防御来自北方游牧民族的侵扰，祁县大规模筑堡。据《祁县志》记载："谷恋堡，嘉靖二十年筑堡，围五百五十步，高二丈五尺"[②]。

谷恋村堡初建时的形状是凝聚着中华民族智慧的太极八卦图形。村堡的平面形状成四面八角，堡墙东、西两边建有东门和西门。东门上匾额"朝阳"，西门上匾额"挹霞"。东门至西门是一条S形大街，贯穿南北向的大街及十字街。东西两门内各挖掘水井，以供村民用水。两眼水井与东西门约为等距离。从两眼水井与S形大街，四面八角的村堡建设布局，以及初始村名的"圙圐"二字看，先祖建村之始，吸取了《易经》中"太极生两仪，两仪生四象，四象生八卦"之义，把水井作为太极图的阴阳乾坤两个鱼眼，以S形大街将村庄分为南北两

---

① 谷恋村《高氏宗谱》。
② 康熙四年《祁县志》卷之二《建制志》，郭薄等编，武殿琦等点校。

区，四周修筑堡墙成为一个封闭的整体。八卦所表现的宇宙八方位及五行属性，是先民在历史长河中积淀的一种认识成果。这种认识深深影响着谷恋村先民，所以把太极八卦图所含之意融于村堡建设中。

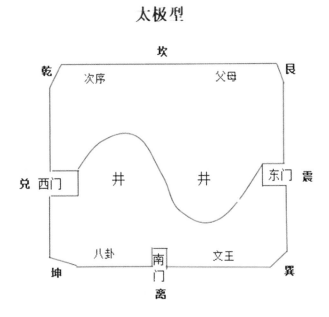

图1 谷恋村堡简图 自绘

清初改称谷恋堡,俗称北圐圙或北谷恋。至于为何改"圐圙"为"谷恋"，据高保谐口述,[①]可能有四个原因：一是"圐圙"两字较为生僻，不便于使用与交流；二是旧名易与祁县东观镇"南圐圙"混淆，改为"谷恋"以示区别；三是"谷恋"与"圐圙"谐音，字形变而音不变，口语称呼容易传播；四是"谷""恋"二字含义美好，"谷"是庄稼和粮食的总称，先民以农为本，民以食为天，村民期盼五谷丰登，"恋"即思念不忘，有毋忘祖宗和常念故土之意。

清中期以后，中国社会迎来了繁荣发展期，社会安定，商业经济

---

① 口述人：张茹；被访问人：高保谐，谷恋村人。时间：2019 年 7 月 11 日，16：15 左右；地点：谷恋村。

发达。谷恋村也由传统农业经济发展为农商结合的经济模式，耕读传家的理念深入人心，不少仁人志士纷纷走出谷恋村，或为官，或经商，村庄发展呈现出繁荣景象。六路财源聚集了二十三户财主和八大商人，总资产约2231万两白银，在祁县颇负盛名，有"银谷恋"之称。乾隆六年辛酉科举人、候选知县罗维为谷恋村《高氏宗谱》作序称："高氏为昭余巨族，善良熏世，耕读传家，由来久矣"[1]。随着农业和商业的发展，谷恋村人口增加，村庄不断扩大，且堡墙逐渐废毁，村民便沿堡墙外环四周又修四条大街，分别叫东马道、南马道、西马道和北马道。后因堡墙损毁，到清末始称谷恋村。蕴含有太极八卦之意的谷恋堡现已不复存在，唯留有西门楼向今人诉说着谷恋的春秋。

图2　谷恋村西门楼旧址　自摄

（二）古建古迹

历史上谷恋村经济实力雄厚，建有明清寺庙8座、清代戏楼1座。这些古建筑别具一格，造型壮观而独特，在山西的农村中被视为特色景观。谷恋村寺庙的木雕及砖雕工艺十分引人注目，左右钟鼓楼对称，台阶石条多层，庙内塑像逼真，个个栩栩如生，有庄严涵雅的美感。

---

[1]《高氏宗谱》，清乾隆十七年壬申春三月，十四世孙廪膳生员高鸿建撰修。

20世纪50年代末至80年代，古庙、祠堂、东门、南门以及戏楼等大多被毁。现存的有关帝庙、古堡西门、大东渠、古井等。

表1　谷恋村庙宇情况一览表

庙宇	位置	修建时间	规模	建筑特色	现状
关帝庙	北马道中段	始建年代不详	占地面积1166平方米，分前后两院	正门造型为宫式门，东厢房三间为求子观音殿，西厢房三间塑阎罗十帝及因果报应刑具	保存完好
戏楼	北马道中段	始建年代不详	前台上为卷棚歇山顶，后台上是单坡硬山顶，高10余米。屋脊尽端陡峻相交之处，坐落一对反卷跃起的鸱尾。鸱尾的体量巨大，高约2米。清光绪八年大修关帝庙后又在戏楼旁建社房40余间	戏楼台口东、西边有两根立柱，前、后台由固定式屏风相隔。屋脊、壁柱、梁枋、门窗、屏风及其他细小构件上均有雕刻或彩绘	20世纪70年代被拆毁，原址现建有新式戏台
三官庙	东马道北端	建于光绪二十年	至1963年，前主殿仍保存		已毁，原址四周已扩建为谷恋学校
文昌庙	谷恋村南街	始建年代无考，光绪元年重修	光绪二十九年，修理院内，栽柏树二；东傍起灰沙圈墙		20世纪60年代初，谷恋村保健站设在庙内
结义庙	西门外	建于光绪六年	主殿三间，歇山顶，规模闳敞；左右偏殿各一间、南北厢房各八间	大门左右钟、鼓各一，庙内塑刘备、关羽、张飞神像	20世纪60年代初拆毁，遗址处现已修建民居

续表

庙宇	位置	修建时间	规模	建筑特色	现状
菩萨庙	菩萨庙街东	建于清末民初	正殿三间，前院左右各设三间偏殿，中间以花墙相隔	正门为两柱支撑式挑角门楼，左右两侧分别为钟楼和鼓楼	20世纪80年代生产队解散时拆毁
河神庙	南马道东	清代早期	正殿三间，供奉河神座像、立像各一尊，东西厢房各三间	庙内坐像、行像二尊，均金妆供奉	20世纪80年代生产队解散时拆毁
财神庙	财神庙街	民国初年			已毁
玉皇庙	村西北	始建年代不详，民国十年重修	面阔五间，进深三间，左右厢房各五间，正殿高20余米	均为砖木结构	20世纪60年代末毁
宗衍堂	始建年代不详，民国元年重修	正厅五间，东西配房各三间，南正厅两侧耳房各一间。院正中建有牌楼一座	正厅五间，内有五院，即十甲、五甲、西院、东院、中院，神主巨幅图，五桌香炉供器	20世纪70年代初被拆毁	
古井（34）	34眼古井分别位于：东门里、西门里、十字街、高家亨宅院门前、菩萨庙门前、影壁巷高家珍宅院门前、高继美家门前、西门外高锡蓬家门前、翰林院"松鹤堂"牛房院内、南园高远忠院门前、荫财主枣树园、高必泰街门前、高德生大门里、高硕阜院门前、王魁院里、介景堂菜园、三老板楼后牛房院、财神庙后、高继华院内、高继裕院内、高执廉院内、学校后、高钟秀谷场院内、门儿巷路南、泰老板宅院东、高太泽牛房院内、马三儿院内、甲年四院内、宗衍堂西高必玉院内、高继贵院内、乐楼西栅栏西巷、二队牛房院内、三队牛房院北以及李虎院内				

资料来源：祁县《谷恋村志》编纂委员会编：《谷恋村志》，三晋出版社，2017年

目前谷恋村唯一幸存且保存完好的庙宇仅有关帝庙一座。关帝庙的前殿供奉关帝，后殿供奉真武帝，二庙一体，因此也称关帝真武庙。关帝庙位于谷恋村北马道中段，坐北朝南，与戏楼相对，占地面积1166平方米，正门前台阶五层，用三米石条砌成，大约两米入门。门前原有大槐树两株，铁旗杆一对，庙对面有古戏楼一座。

关帝庙正门造型为宫式门，以四柱支撑，纵向九尺的挑角门楼高大雄伟。据村民讲，关帝庙正门采用宫式门造型，寓意为谷恋村清官辈出。庙门扇采用四扇折叠式造型，正中上方悬"协天大帝"匾额；东边匾额为万古英风；西边匾额为精义达权。正门两侧依"东钟西鼓"布局，建有重檐四角攒尖顶式钟楼和鼓楼，造型新颖别致。钟鼓楼正面有砖雕两幅，东侧一幅为"丹凤朝阳"，寓意贤才应韬光养晦，学识终有用武之地；西侧一幅为"月下公鸣"，谐音月下功名，寓意勤奋读书，从而建立功名。两幅砖雕内容联系紧密，互为因果关系。谷恋村民风崇尚耕读传家，重视子孙后代的教育，并希望其考取功名，恩泽乡里。关帝庙分前后两院，前院正殿内塑有关帝神像，两边各设配殿，东西厢房各三间。后院正殿正面塑真武大帝神像，周围墙上皆是精美的书法绘画。东厢房三间是求子观音殿，西厢房三间塑有阎罗十帝及因果报应刑具。南面过亭有两柱支撑，左右上方分别雕刻"圣人未见之刚者""大贤难言之浩然"一对七言联。

该庙始建年代无考，据清代《民俗杂记》载："老爷庙于清光绪六年重修，是年九月动木工。第二年二月动土工拆庙，后移六丈许。移神像于结义庙，请诸神牌位于观音堂。七月十一日在庙前献秋报戏，七月末由结义庙请神像回本庙。光绪八年春金妆神像和彩画庙宇，六月修竣，择七月初四日寅时开光献戏。戏楼两旁又盖社房四十余间，正房供奉三官火神，一应修盖开光杂花共费银一万两有零，俱是本庙屡年积存现银，两正殿内俱有名人字画。"光绪六年修缮关帝庙规模颇大。关帝庙和菩萨庙每年正月十五和七月十一要同时唱戏，俗称"对台戏"，有竞赛戏技之意。

（三）古村民居

古民居是凝固着的文化，它见证着谷恋的历史。谷恋村大规模起屋建宅始于明末清初，一直延续至清中晚期。清初，谷恋修建大东渠，农业连年丰收。特别是清乾隆以后，谷恋村不少村民外出做官或经商，出现了很多富裕大户，他们经商所得后多用于在家乡修建房屋。目前，谷恋村基本完好的明清古民居有四十余座。其中包括明代四合院三座和三合院三座；明清两代一体院一座；清代牌楼院两座、闷房院三座、过厅院一座；清代筒楼院一座、明楼院三座；清代四合院三座、三合院十座；牛房大门院十五座。部分民居已被损坏，但古村落格局基本完整，展现出谷恋村的旧貌。

谷恋古民居吸收中国传统民居建筑之长，反映了明清时期中国北方建筑文化。其类型丰富，不仅有明楼院、筒楼院，还有精美的牌楼院。即使是普通的庄户人家，虽以种田为业，生活也很殷实，大多建起小巧玲珑的平房四合院。谷恋村古民居高大古朴，四周以房屋或墙环围，外墙高十余米，有的楼院外墙高达 20 米。究其原因，一是谷恋村先民靠经商致富，具备充足的财力建造高大房舍。二是谷恋村整体比较殷实，村民建起高大的房屋和厚实墙体，可以防止其财物被盗窃。谷恋村内大部分民居大院的墙体较厚，外墙装饰较少，墙顶端设有带垛口的花墙栏，既坚固又可防风防盗，一举多得。

表2　谷恋村现存部分古民居表

名称	街巷	原住户	现住户	保存情况
牌楼院	北马道路北	永福财主	高继本	完好
	十字街南路东巷	东民财主	高在勇、赵广成	大部分完好
二进院	东门里路北	高远烈	高履五	明清两代一体
	影壁巷路北	积善堂	高在明、高在宁	闷房已毁
过厅院	东门里路北巷内	高履谦	高继祥	保存完好

名称	街巷	原住户	现住户	保存情况
闷房院	西门外路西	高履义	高履智	保存完好
	北马道路北五世一堂巷	高联奎	高保昌	闷房完好
	文昌庙街路东	良弼财主	王懋盛	闷房完好
明楼院	东门里路南	大老板	高著林	底层完好
	东门里路南	高执杰	高继新	底层完好
筒楼院	乐楼东二巷西	高家祥	高硕成	底层基本完好
	南马道路北	代三财主	高履盛	底层完好
三合院	北马道路南巷东	高执仁	罗维刚	保存完好
	北马道路南巷西	高著喜、高怀虎	高雅令	保存完好
	南马道路南	七财主	李传义	保存完好
	文昌庙街路西巷内	金蛮财主	高著元	保存完好
	文昌庙街路西巷内	金蛮财主	王治平	保存完好
	文昌庙街路东	良弼财主	高继径	保存完好
	西门里路北	高锡铭	高荫桐	保存完好
	西门里路北	高硕林	高履成	保存完好
	西门里路北巷东	高远耀	高锡亮	保存完好
	东马道路西，东门西北角	王老板	高仰斋	较完好
	十字街东南角	八财主	高继宾	较完好
	河神庙街路南，坐北向南	高硕彦	高著映	保存完好
	菩萨庙街路南	合林老板	高硕望	保存完好
四合院	北马道路北	高执瑜	高保胜	保存完好
	北马道路北	高继孔		保存完好
	北马道路南巷西	李茂	李占全	保存完好

续表

名称	街巷	原住户	现住户	保存情况
大门院	南马道路南	魏子英	魏文全	大门完好
	菩萨庙街路北	高保相	高太泽	大门完好
	学校东街路北	高继华	高保龙	大门完好
	东门里路南	高执杰	高继新	大门完好
	北马道路北	悦嘉老板	温宝	大门完好
	南马道文昌庙街	高执麃	高继径	大门完好
	河神庙街路南	高履瑞	高执勇	大门完好
	河神庙街路南	高德生	高德生	大门完好
	河神庙街路南	高家古	王懋盛	大门完好
	河神庙街路南	杜马林	高家虎	大门完好
	辘轳把巷路北	高家桐		大门完好
	影壁巷路北	高家榆	高在贵	大门完好
	东马道路东	高继桐	高金钢	大门完好
	菩萨庙街路北	高执翻	高继勤	大门完好
	东门里路北	四老板	唐志生	大门完好

资料来源：祁县《谷恋村志》编纂委员会编：《谷恋村志》，三晋出版社，2017年

三、谷恋村非物质文化遗产

（一）高则裕与《谷恋村志》

高则裕，生于道光六年（1826）十二月十九，卒于民国五年（1916）九月初九，耄寿91岁，祁县谷恋村高氏家族西院三支十九世孙，字顺理，号成章。高则裕出身于书香门第，祖父高敷邦是乡饮耆宾，父亲高士显曾为朝廷九品官员。高则裕于光绪年间担任谷恋村执事十余年，多次参与村庄公共事务，于光绪十八年（1892）将其所见、所闻、所历之事编撰成《民俗杂记》。《民俗杂记》为7万多字的手抄本，该

抄本长 20 厘米，宽 13 厘米，共 136 页，包含丰富的史料，其内容涉及天时、地理、民俗、政治、经济、生活常识以及谷恋村的大小事件，详细记录了村中庙宇名称、祭祀仪式、生活习俗，以及婚丧嫁娶等方面的知识。丁戊奇荒时期，谷恋村民组织救荒社，采取以工代赈等措施应对灾害，《民俗杂记》中对旱灾情况、村庄活动和救荒效果都有详细记录。

高则裕同时是个商人，因此他所关注的区域还涉及其他地方。他曾多次到达沁县从事商业活动，并将其熟知的祁县至沁县的路程做了详细记载。该段路程途经祁县、太谷、灵石、武乡 4 县共 34 村。不同于对沁州路程的简单记载，高则裕将其在归化城的所见所闻做了详细说明，包括街道名称、牌坊等内容，归化城的建筑布局跃然纸上，可见高则裕对归化城较为关注和了解。《民俗杂记》载，高则裕于光绪六年八月初从祁县出发至陕西眉县，并于次年九月十九日返回谷恋，在眉县停留的时间超过一年，应该是有业务需要处理。至少可以得知，高氏家族在陕西眉县齐家寨确有产业。

区别于传统的乡绅，高则裕的经商经历，使其具有更广泛的视域。作者关注的范围不仅限于脚步所到之地，其对未曾涉足的外国也做了记录，对周边国家与中国的方位关系进行了说明。《民俗杂记》记载内容之翔实、涉及区域之广泛，对了解清末谷恋以及山西乃至于全国的历史都极具价值。

（二）家族谱系

谷恋村共有 53 姓，但形成较大家族且传承较久者主要是高姓、王姓、段姓和李姓。其他诸姓多为新中国成立前后迁入，现未见完整宗谱形成。高姓等家族在谷恋村发展建设中发挥过重要作用，可传可颂。家谱是记载家族世系和重要人物事迹的图籍，其中有许多珍贵的人文资料，如家族人口的世系传承、数量、迁徙、分布、婚姻状况等，对研究一个地方的历史、文化、民俗、社会等具有重要意义。谷恋村高氏家族的发展史，记载较为详细，且传承有序。

高氏自迁到谷恋村起，便重视耕读传家，世世代代都培养出人才。清中期以后更盛，其后代或读书致仕、或外出经商、或坚守故土，被村民所敬重。撰修宗谱不仅能够追溯祖先的源流，彰显祖先的贤德，同时也激励子子孙孙继承前贤的优良品德。《高氏宗谱》是高氏家族尊敬祖先、重视宗族团结的体现。谷恋村的《高氏宗谱》，从乾隆十七年壬申春三月由十四世孙廪膳生员高鸿建编纂之后，于嘉庆十年由东院十六世举人高希曾编修；道光二十六年再修；光绪十八年七月，由西院第三支十九世高则裕、高必昌、高锡璧等修撰；民国七年由五甲第一支十九世清代翰林高锡华主持编修；2005年由西院第三支二十二世高著玉先生简修。据旧谱记载，谷恋村高氏自明朝洪武初年，始祖高仲远公迁居兹土，至三世分五院：曰十甲、曰五甲、曰东院、曰西院、曰中院。高氏耕读传家，历数百年，瓜瓞绵延，至十世又分为四十六支。其中十甲三支，五甲十一支，东院七支，西院十五支，中院十支。至2015年，十甲传至二十二世，五甲传至二十三世，东院传至二十六世，西院传至二十六世，中院传至二十四世。

《高氏宗谱》的编纂工作，历来坚持述而不论与秉笔直书的原则，家族成员均真实地记录在册。续修的新谱门类比旧谱丰富，体例、家记亦比旧谱明确且完备。编修宗谱不仅将祖先的优秀品德发扬光大，同时可以稳固宗族情谊，并且为后辈高氏族人做出表率。高氏家族在这片沃土上世代耕耘，建设谷恋更加美好的明天。

（三）易俗社

祁太秧歌因形成于晋中市祁县、太谷而得名，2006年被确定为山西省非物质文化遗产。秧歌起源于农业劳动，农民在田间劳动时唱歌，一方面可缓解农耕的疲劳，一方面也表达祈盼丰收的诉求。秧歌的形式，起初是个人独唱，后配以鼓乐，三五人组唱，再后来发展为班或社演唱。秧歌在舞台表演之前，经历了踩街阶段，逢年过节，就在村内人员集中之处进行演唱，有时边走边唱，有时在地摊演出。剧目多为小段，情节不甚完整。用祁县和太谷方言土韵，是祁太秧歌的特色之一。数百年来，祁太秧歌虽然属于地方性小剧种，但其源于劳动人民的生活，且有着深厚的社会基础，因而盛传不衰，直到20世纪六七十年代，祁太秧歌在农村地区仍然非常盛行。谷恋村是文化名村和秧歌之乡。明清以降，随着经济的发展，尤其是商业的繁荣和教育的兴起，各种民间文化随之而起，秧歌在这一时期也得到发展。谷恋秧歌，于清光绪初年兴起，是祁太秧歌的重要组成部分。其内容贴近生产生活、唱词通俗易懂、形式活泼多样、曲调优美动听，集音乐、舞蹈及唱、念、做、打于一体，深受广大群众的欢迎。

易俗社，是谷恋村秧歌班的班名，1923年由本村金蛮财主高硕猷创办。祁太秧歌作为一种民间艺术，在其发展过程中一直受到传统封建礼教的束缚，同时也受社会上庸俗风气的影响。辛亥革命后，特别是在五四运动和新文化运动的推动下，民主自由的观念开始深入人心，中国社会的风气逐渐开放。在此影响下，在陕西眉县经商的谷恋村人高硕猷产生了改良家乡秧歌的想法。他的想法得到了闻名三晋的中路梆子泰斗狗蛮师傅高锡禹、致仕回乡的清代翰林高锡华和极具乐理天赋的山西梆子曲牌传人高锡铭的支持，遂将陕西眉县齐家寨下龙王庙的数百亩土地变卖，筹集9000余两白银在谷恋村创办易俗社，并负责秧歌班的日常开支。

易俗社对传统秧歌的题材进行更新，使其更符合时代特点。易俗社的成员或革新、或改编、或创作出反映当时社会生活的作品。整体而言，秧歌题材比较广泛，根据其演出的剧目分析，主要涉及四个层面。首先是禁毒，鸦片残害人的身心健康，使人家破人亡，所以剧目《违法报》的主题便是劝诫人们远离鸦片。传统农耕经济在村庄的作用不言而喻，谷恋村民十分重视农业生产。因此，歌颂农民辛苦劳作，勤劳品质的作品不胜枚举。此外，还有体现晋商特色的秧歌剧，清代谷恋村经商人口众多，安土重迁的商人发迹后大多修屋造房，秧歌届极具盛名的《算账》便反映了这一社会环境。所谓易俗，便是不拘泥于传统的封建纲常，易俗社创作的作品中，不乏为女性抱不平的曲目，在当时难能可贵。

高锡禹是著名晋剧鼓师，具有极高的艺术造诣。高锡禹创作了结构多变、旋律优美的秧歌唱腔，并将晋剧音乐的击乐曲牌、丝弦伴奏、表演程序运用到秧歌中，大大提高了秧歌艺术的表现力，为谷恋秧歌乃至祁太秧歌的发展做出了突出贡献。1936年和1937年，高锡禹曾先后两次赴上海录制晋剧和秧歌唱片。谷恋秧歌在祁县乃至周边区县都颇有名气，这源于秧歌班人才济济，阵容强大。高锡禹、高锡铭、高硕鹏等艺人曾对秧歌进行改革创新。高锡铭也是秧歌艺人，他不仅能编能导，又擅文武场。新中国成立后，高锡铭联合西高堡郝学忠在谷恋村组织秧歌班，与阎维藩合作编排《金玉缘》《报仇雪恨》《捉道首》《采棉花》等秧歌，并培养了王昌明、高硕俊、高硕泰等多名秧歌艺人。著名旦角高硕鹏极具艺术天赋，高锡禹创作的秧歌大多由他首演。20世纪60年代，高硕鹏在谷恋村和清徐县等地任秧歌教师，为祁太秧歌发展做出了贡献。谷恋秧歌名演员还有"八成旦"高远康、"四来则"高执喜、"二杯则"高锡章、"吉奴儿"高云山、"朱年则"杜跃、"喜儿"王昌国等。新中国成立后，谷恋村的秧歌仍旧远近闻名，每遇重要节日，村庄都有秧歌演出，且连唱三天无重复剧目，此习俗一直延续至"文化大革命"时期。

（四）民居匾额

匾额，也称门匾或门额，是民居建筑中颇具内涵的一种文字点缀。它集文学、书法、雕刻、装饰于一体，不仅有画龙点睛的装饰美化作用，同时也表达人们的义理追求，从而形成独特的匾额文化。谷恋村现有古民居匾额80余处，不仅数量庞大，而且题材广泛、寓意深刻。这些匾额体现并潜移默化地影响着谷恋村的民风民俗。1980年以后，谷恋村民新建房屋的匾额多为瓷砖质地。新式门匾更加富丽堂皇，相比旧时匾额，却缺少独特匠心和历史韵味。新民居匾额主要是：安居乐业、福寿康宁、凝祥聚瑞、鸿福吉祥居、居之安、福泰安康、鸿福居、吉安祥、紫阁生辉、天赐百福、逾显世荣、秀毓英钟、吉迪老谦、宝为镇、华夏腾飞、钟灵毓秀、随遇而安、乐在其中等。

总体来看，谷恋村古民居匾额充分体现了尊儒尚道并兼顾吉祥的特征，大多善用典故且耐人寻味，具有极强的文学艺术感染力。纵观谷恋村古民居各种匾额，无不表达出村民对美好生活的向往和追求，也把民居中的门文化提升到更高的境界。

表3 谷恋村古民居匾额表

匾额词语	现住户	原住户	街巷
养天机	高仰俊	高锡镜	菩萨庙街
修齐志	武学明	高履康	菩萨庙街
大夫第	孙金锁等	高硕猷	菩萨庙街
鸢飞鱼跃	孙金锁等	高硕猷	菩萨庙街
法古居	王懋兴	王凤翔	东门口东马道
耕读传家	卢义	高康熙	门儿巷
宁静处	高宗湖	高著贤	财神庙街
寿而臧	高太湖	高执伍	财神庙街
臧而昌	高保球	高执伍	财神庙街
居之安	大杂院	高必明	财神庙街
德星聚	高在富	高家宜	影壁巷
松竹秀	马秀彪	马二奴	影壁巷
康宁屋	高怀林	高著声	东马道
彤云绕	高怀魁	高履方	北马道北小巷
兰桂腾芳　庆有余	高保胜	高执瑜	北马道
屋缊辉	高保胜	高执瑜	五世一堂巷

续表

匾额词语	现住户	原住户	街巷
笃前烈	杜习凤	高履晟	五世一堂巷
固荣居	高仰霞	高履晟	五世一堂巷
承启第	高仰霞	高履晟	五世一堂巷
宪六行	高保德	高继孔	关帝庙东巷
福寿康宁	史天亮	高必达	北马道
桂兰丛 缉熙轩 嘉祥集	高继本	高执枢	北马道
德星聚	高硕仁	高钟美	北马道当铺巷
振家声	高怀聪	高著官	东门里
介景福	高康永	康年财主	东门里
寿而臧	高起祥	高执芳	乐楼东巷
履中蹈和	高康俊	高哲利	乐楼东巷
锄经种德	李占全	李茂	乐楼西巷
世德文明	高履贵	高锡俊	西门里
寿而臧	高锡亮	高远耀	乐楼西二巷
谦受益	高锡福	高远来	乐楼西二巷
维德之福	高硕义	高则贞	西门里
寿而臧	高仰宏	高履智	西门外
庆有余			
敦仁处	高仰杰	高锡禹	西门里
寿而臧	魏芝豹	王凤仪	西门里
留余地 谦受益 寿而臧	王昌玉	王昌明	西门里
寿而臧 谦受益 耕读第	高荫兵	高锡铭	西门里

匾额词语	现住户	原住户	街巷
养天机 参军第 映奎轩	李川义	高康恩	南马道
凝瑞处 福寿康宁	高著元	高硕猷	文昌庙街
慎乃德	高继虎	二老板	乐楼东巷
勤补拙	高继林	高锡华	翰林院里院
职思其居　鸢飞鱼跃	宋金锁	金蛮财主	菩萨庙街
松鹤堂	高继林	高锡华	翰林院大门

资料来源：祁县《谷恋村志》编纂委员会编：《谷恋村志》，三晋出版社，2017年

四、谷恋村文化遗产的保护

2006 年，谷恋村经山西省人民政府审查，成功入选山西省历史文化名村。2012 年 4 月，住房和城乡建设部、文化部、国家文物局、财政部联合下发了《关于开展传统村落调查的通知》，其中对传统村落的界定是："传统村落是指村落形成较早，拥有较丰富的传统资源，具有一定历史、文化、科学、艺术、社会、经济价值，应予以保护的村落。"传统村落的概念主要用"传统"一词修饰村落，从而反映村落的历史延续性和农业文明的特性。传统村落的文化内涵体现在现存传统建筑风貌完整、村落选址和格局保持传统特色和非物质文化遗产活态传承等方面。谷恋村凭借其丰富的文化遗产，于 2013 年被住建部等认定为国家级传统村落。

传统村落是中国传统文化的主要传承空间和物质载体，保护传统村落对发扬我国传统文化，推动历史文化研究有着极其重要的意义。目前传统村落保护逐渐进入人们的视野，并成为关注的焦点，国家出台了一系列有关传统村落的保护措施，主客观层面的局限，导致措施

的落实存在一定难度。因此，传统村落的保护与发展仍然面临着巨大的挑战。经研究发现，传统村落保护的重要意义与传统村落景观价值取向等方面已经较为成熟。而如何有效保护传统村落景观，保证传统历史文化的进步、传承与发扬，是目前传统村落保护工作中亟须解决的问题。下面对谷恋村文化遗产的保护与发展进行分析，并针对不同主体提出建议，以期作为参考。

（一）村庄面临的问题

谷恋村传统村落景观保存相对完整，但仍然存在诸多问题。主要包括：不可移动文物与传统建筑多出现老化的现象；传统民居建筑缺乏保护；历史人文要素因忽视缺失严重；缺少对水旱等灾害必要的防范手段四个方面。

1.村落传统建筑老化

随着当前中国经济的飞速发展，城镇化的进程进一步加快，这于村庄而言既是机遇，也是挑战。村民无法完全依靠传统农业生产来维持生计，因此谷恋村诸多村民选择外出工作，造成村中人口急剧减少。传统村落的空心化导致了传统建筑少有人居住或无人居住，随着时间的流逝，很多传统建筑缺乏人为管理及修缮，以至于不可移动文物与传统建筑的损坏速度加剧，严重影响传统建筑的安全和风貌。传统建筑的修缮工作权责不清，古院落主人与政府之间相互扯皮，因而造成建筑日渐破损，最后消失的现象。古建筑的保护需要更专业的技术水平，而非简单的修补，因此政府应当与村民协调，共同肩负起保护村庄文化遗产的责任。

2.村落特色流失

目前国家将新农村建设作为发展农村经济的重要途径，旨在将农村建设为"生活富裕、村容整洁、民风文明、管理民主"的新农村。随着经济的不断发展，人们生活水平不断提高，传统村落的建筑结构、基础设施以及村落格局等各方面都难以满足现代人的要求。如谷恋村的清代民居是当地民居建筑的典范，是祁县高水平建造技艺与建造理论的代表。但传统院落的居住条件已经无法满足现代居民对生活质量的要求。近年来，居民新建造的房屋多为砖混结构的新式建筑，这对当地传统民居特色文化的传承产生了极大的阻碍。新建筑缺少统一规划，缺少政策引导和强制性要求，其新建筑风貌与传统村落的整体风貌存在较大的冲突，严重影响了传统村落的整体风貌协调与历史建筑特征的传承。此外，新建筑的选址，主要由村民的个人意愿决定，无意之中破坏或影响到村落的传统道路肌理和格局，显得不伦不类。

图3　谷恋村北大街15号的民居　自摄

3. 乡土文化遗产被忽视

传统村落衰败的一个重要原因是村民的自鄙心理。村民受教育的机会少，生活较艰难，社会地位较低，因此村民是缺乏自信的群体。村民由于受自身教育水平、自卑心理等多方面因素的影响，保护意识比较薄弱，没有正视其作为村庄主人的地位，不能正确地意识到保护传统村落本身的意义与价值，不惜拆毁古建筑，盲目追求新式房屋的建造。由于缺乏对历史人文价值的认识，导致村民对文化遗产要素熟视无睹，致使很多极具艺术价值和历史价值的要素缺失严重。这正是造成乡土景观遗产被破坏和传统村落景观加速消失的重要原因之一。

4.缺少灾害防范措施

明清建筑作为传统村落风貌特征的重要组成部分，作为历史文化的主要载体，作为谷恋村的核心要素，有着极为重要的研究意义与价值。谷恋村的传统建筑屋顶大多为木结构，而且房屋大多形成连片的建筑群，主要集中在西门里、乐楼西巷等处。调研发现，传统建筑大多缺少必要的安全设施和防范措施，一旦发生火灾，众多传统建筑将暴露于危险之中。此外，谷恋村还缺少对水灾隐患的防范措施，木结构的庙宇等建筑容易受到水患的影响。象征昔日辉煌的古建筑如今只剩一个个冰冷的铁锁，将村庄的历史与其载体一并尘封。

（二）保护策略

为继承和弘扬民族优秀传统文化，保护谷恋村传统村落的人文环境和自然环境，改善和提高村落的生活环境，保持和延续其独具特色的建筑风貌景观，提出以下策略。

1.建立保护系统

在谷恋的保护工作中，作为传统村落的核心景观和非物质文化遗产的载体，传统建筑是重点保护对象。政府应积极制定保护发展规划，建立传统建筑的保护档案和信息管理系统。另外，鼓励村民和公众参与，将空巢房屋的巡视、修葺工作落实到个人。村民是村庄的主人，是村落文化遗产保护和传承的主体，要激发其保护意识。资金的管理也应当设立村落保护专门款项、培养专业人员，通过专人、专款、专业管理，避免传统建筑的无管理状态，进而延缓传统建筑的受损速度，延续其生命力。

2.加强规划管控

传统村落的生活条件与人们日益增长的美好生活需求存在一定的冲突。随着经济的发展，谷恋村民翻修房屋的现象时有发生。村民自发的建设行为，因缺乏科学指导，对传统村落格局及传统风貌造成严重破坏。因此，传统村落景观的保护与发展，需要进行科学的引导和严格的管控。政府要严格管控特色建筑，重点关注建筑肌理的梳理和延续，避免村落整体布局与风貌遭到破坏。只有严格执行各区域的控制策略，限制影响传统村落平面格局、视廊感官、道路肌理的行为和活动，才能保持区域内风貌的协调，提升区域景观品质。

3.提高村民保护意识

目前政府层面已经十分重视对传统村落的保护，但村落的保护工作是建立在公众对传统村落价值的认知和保护意识之上的，并非只依靠政府的力量就可以实现。谷恋的保护与发展需要地方政府积极组织村民，在政府相关部门的指导下共同参与村庄保护活动。另外，需要加强对传统文化、重要人文要素价值及保护意义的宣传工作，增强村民的自豪感，使民众意识到其宝贵价值，并积极主动地投身到村庄的保护工作中。谷恋传统民居和易俗社所改良的祁太秧歌等文化遗产的继承和发展离不开村民的努力。激发村民的主人翁意识，将使谷恋村文化遗产的保护工作达到事半功倍的效果。

4.完善灾害预防措施

传统村落景观多处于较为脆弱的状态，对灾害的抵御能力相对较弱，需要人们对各类灾害的预防措施进行完善。谷恋传统民居建筑保存较为完整，但多为木质结构，极易损毁。依据谷恋村当前的文化遗产特点，应编制相应的综合防灾规划。同时，做好充足的准备来应对突发事件，包括工具及人员的配置等，从而对火灾、水灾、地质灾害等公共灾害起到必要的防范作用，进而保证传统村落物质文化遗产及非物质文化遗产的安全存活及有效繁衍。

结语

　　传统村落作为农业文明的载体，保留了不胜枚举的文化遗产，是中华民族繁荣发展的根基所在，其重要性不言而喻。中国大多数传统村落地处偏远，部分声名在外，得到很好的保护和开发，而有些至今依旧鲜为人知。随着国家对传统村落的日益重视，传统村落的价值逐渐得到各界的认可，但村落保护和发展的问题依旧亟须解决。传统村落既包含传统民居、空间街巷、寺庙祠碑等物质文化遗产，也包含宗法族规、节日习俗、方言戏剧等非物质文化遗产，是中华千年优秀传统文化的物质载体。谷恋村的文化遗产独一无二，蕴含着不可估量的建筑价值、历史价值和文化价值。目前谷恋村的保护与发展工作正如火如荼地进行，虽已显现出成绩，但仍面临一些棘手的问题。村民的保护意识薄弱，村庄建设资金不足，古建筑的保护缺乏科学的技术手段，村庄的新式发展与旧民居的保护之间的矛盾等问题层出不穷。传统村落是祖先赐予人类的宝贵财富，对其进行保护和传承也并不只是当地政府及村民的责任，还应广泛调动外界的力量，共同建设村庄的明天。总之，保护传统村落是要让身为村落主体的村民能够安居乐业，使传统村落历久弥新。

　　张茹，山西大学历史文化学院硕士，研究方向为中国近现代史、历史地理学、民间文献。

瓦岭民居的变迁

李林柱

瓦岭村属于第七批中国历史文化名村，位于山西省阳泉市平定县冠山镇，群山环抱、古木苍翠、石屋古朴，山乡风光美如仙境。该地民居经历了一个漫长而复杂的演变过程。在 2020 年 8 月，山右传统村落保护与发展研究中心主任李林柱，带领中心研究员赵计平、赵同柱、蒋晓峰、李旭智一行人运用实地考察、访谈等方法对瓦岭村的民居进行了初步考察，对该村独特的民居建筑及习俗有了进一步认识。

一、瓦岭村及瓦岭窑洞的历史与现状

（一）瓦岭村历史与现状

古人逐水草而居，瓦岭处于"水绕龙虎""盘龙卧凤"之地。虽为山区，但河道密布，其中有许多水潭，清澈见底，四季不涸。乡民习惯把水潭称作水清。沿村西十多里长的西河两岸较大的水清就有元宝清、葫芦清、长条清、淹和尚清、阳阳清、酒钵（瓶）清、石槽清、和尚清、把把清等，小一点的更是星罗棋布。这些大大小小的水清，就像一串串熠熠生辉的珍珠，那阵势分明是天河降临人间，成了赤日炎炎的三伏天村民们避暑纳凉、数九寒冬的腊月里孩子们滑雪溜冰的胜地。坐在阴凉处的水清边上，看着清澈的水底倒映着的蔚蓝天空，朵朵白云悠闲地飘过，等着炽热的阳光把水清里的水晒热，然后一头扎进去，其中的乐趣只有身历其境才可意会。阴暗潮湿的河道和沼泽是鱼虾、蛙类繁衍生息的天然家园。西河两岸树木葱茏，山桃野果、鲜藻嫩菜，取之不尽、用之不竭。茂密的树林，成了禽鸟们栖息的理想之所；葳蕤的树丛，成了动物们嬉闹的逗意之地；凋谢的树枝树叶可供烧烤食物，御寒取暖。

充足的水源、丰富的食物，是人类繁衍生息的必要条件。西河两岸就是瓦岭及周围村庄先民的居住之地了。根据碑记和实物推断，瓦岭现在的村落轮廓应该在明朝就已奠定，在清朝则得到了繁荣和发展。

（二）瓦岭窑洞的历史与现状

1. 瓦岭最早的窑洞——天然窑

西河沿岸有三处较大的天然石窟（窑），一处叫草窑地，一处叫滴水窑，另外一处叫打破窑，均有早期人类活动的痕迹。

图1　草窑地石窟

图 2　滴水窑石窟

图 3　打破窑石窟

草窑地，直立的青石河岸上，一处天然洞口，负阴抱阳，两端各有近一米宽的路通向外面，藏风聚气，乃一处离巢穴居的理想场所。

滴水窑，向阳避风，虽然洞穴不很大，但挺直的石岸上灌木丛生，一年四季清泉潺潺，永不干涸。

打破窑现在空有其名了。先人命名，或因地形特点，或因历史事件。之所以称打破窑，很可能与争抢食物或争夺地盘有关，破坏了原来的聚居环境，如果判断正确，那就是名副其实了。

或许是为了追忆先民的足迹，或许是为了缅怀先民的历史，乡民把草窑地、滴水窑这两处古老的洞穴辟为祭祀神灵的场所，香火绵延不绝。滴水窑的那股山泉水，一年四季，无论雨量丰歉，均节奏均匀，滴滴答答，不多不少、不快不慢、不涸不溢，绵甜可口、沁人心脾。

　　这些地方极有可能就是瓦岭的先人们最早聚居的窑洞了。这三处石窟附近都逐步发展成聚居相对集中的自然村落。

2. 瓦岭窑洞的变迁

　　窑洞的历史大概可以追溯到4000年前。瓦岭的先民选择这里作为落脚之地，利用黄土特殊的结构取穴构屋，建设村落，发展生产。

　　《诗经·大雅·绵》称："古公亶父，陶复陶穴，未有家室。"陶复，就是坡崖半敞式庄院，也叫明庄窑。一般是利用地形，先将崖面削平，再冲崖面挖窑。陶穴，就是下沉式的地坑庄院，也叫地坑窑，俗称谷洞院。先在平地挖一个长方形大坑，坑深5—8米，再将坑内四面削成直立的平面，然后冲平面挖出窑洞，在一角修一条人行通道，与地面相通。

　　毫无疑问，瓦岭最初的窑洞都是土窑洞。土窑洞构造简单，无须砖瓦、石头，只要有足够的崖面，在崖面上挖造即可。窑洞建筑材料几乎只有黄土。土窑、土炕、土灶台、土家具均就地随形而制。只有门窗用木料制作，还是本土生长较多的杨树、柳树、椿树、槐树等。土窑洞当是最省钱财、最省地盘、最省力气、最实用、最环保的民居建筑形式了。

图4　残破的土窑洞

据有关文献记载，春秋时狐突曾经在此运筹帷幄，至今应该有2600余年的历史。据此推断，至少在当时就应该有人在瓦岭定居。

据考古资料显示，到了西汉时代，窑洞的造型空间和内部陈设就更适合人们居住了。比如烟道、灶台都很讲究，利风利烟，室内不再被烟尘熏染。到了唐宋时期，窑洞种类增多，各个窑洞有了明确的分工。就一个窑洞院落来讲，便有客屋窑、灶房窑、畜圈窑、柴火窑、磨窑、井窑、车窑等。

窑洞一般在避风向阳的地方修建，避湿就干、避阴就阳。火炕是窑洞民居的又一特色，火炕的出现是窑洞具有划时代意义的改观。

窑洞最初都是独孔的。独孔窑洞开一门一窗和一高窗。门窗和高窗便于上下空气对流和采光，也可随时关闭保暖。窑洞的保温隔热、冬暖夏凉则得力于黄土层的保温隔热性能，窑内冬夏温度保持在15℃～20℃之间，湿度在35%～50%之间，非常适合人类居住。古人赞之曰："远来君子到此庄，莫笑土窑无厦房，虽然不是神仙地，可爱冬暖夏又凉。"

古人把礼仪作为衡量人们行为的标准。窑洞的布局安排，也都在礼仪的规矩之内，尊卑关系昭然。如窑洞正面多挖三孔或五孔，人称"一主二仆"或"一主四仆"，中间为家中最长者所居，两侧为子媳和儿孙所住，而且中间窑洞的尺寸比两侧的总要略高大一些，中间的门脸装饰，根据条件总要复杂或者讲究一些，而两侧的门脸装饰却不敢僭越，处处体现尊卑规范。

传统观念，南面为尊。因此，主窑大都"坐北朝南"而挖，处于尊位。东西两侧的窑洞（偏房）地位较低，大多用来囤积粮食和圈养牲畜。鸟瞰窑洞院落整体，中轴对称、布局均衡、造型规整，印证了古人"正位一统"的思想观念。

古人的模仿意识和能力是极强的，体现在瓦岭的窑洞结构上，也是活灵活现的。乍一看，非常简单朴拙，一方一圆几乎囊括了所有造型样式，但在简单中蕴含着复杂，朴拙中见其精巧。古人在与自然的漫长磨合中，往往被碰得头破血流而不知其所以然，进而产生敬畏之心。不经意间的碰撞，让他们发现，只要模仿、靠拢大自然，便会得到无穷的生气和能量。

　　窑洞便是原始穴居的自然延伸。窑洞方圆结合的造型设计源自古人"天圆地方"的宇宙观，最终形成窑洞"上圆下方"的结构造型。古诗"天似穹庐，笼盖四野"反映的就是这一特征。现在看来，这种拱顶造型也是非常符合力学原理的。拱顶式的结构，使来自顶部的压力一分为二，分至两腿，重心稳定，分力平衡，体现了极强的稳定性。现代的桥梁设计，拱形堤坝的构筑，都是借助了这一力学原理。古人在与自然的不断碰撞、不断认识、不断磨合，进而改造的过程中，很早就认识到了这一点，体现了先民们不屈不挠、锲而不舍、孜孜以求，追求利用自然为人类服务的高超智慧。

　　在窑洞内，拱顶占主导地位，其余一切均向它靠拢。拱形屋顶的曲线与两侧墙壁的直线过渡平滑、自然、舒展，给人向上的力量感。

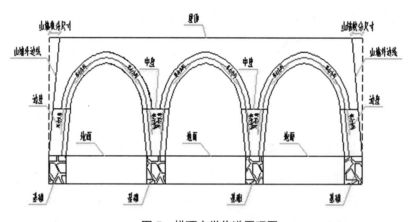

图 5　拱顶力学传递原理图

　　在院落布局上，瓦岭的窑院多为三合院的形制。正面为主窑，两侧为偏窑，前面堆砌土墙合围，一角留门，使整个院落形成一个方正、闭合的空间。这在一定程度上反映了古人修建房舍时所追求的保守性和防卫性。窑洞室内空间长 4—6 米，宽 2—3 米，造型修长，是标准的长方形，给人以贯通之感。虽有"嫌（棺材头）"应避，但在实践上有些窑洞在挖掘时往往做成肉眼不易察觉的外宽内窄、外高内低的模式，使室内造型成为长方形的变体——梯形的形式，以便窑洞空气得到更充分的流通，室内得到更充足的光照。窑洞的门、窗、窗格子的装饰也都是方形的代表。一方一圆，刚柔相济，将窑洞建筑的中规中矩之美表现得淋漓尽致。

标准的地坑庄院（谷洞院）在瓦岭已经无法找到，现在留存的明庄窑却有好几处。最早的就是李虎卫、李九柱、李建平的三处院落，后来还有南场的侯金元院落等。这几处院落为防止雨水倒灌，在院子里都开凿了较大且深的水井，足以储存雨季落在庭院和窑顶的积水。

最让人不可思议的是地处五道口的蔡小驴谷洞院。院子东南角有一个磨盘大小的自然形成的坑。外人进到院子里根本不会注意。只有经过雨水袭扰的主人才知道它的妙处。原来，无论下多大的雨，庭院以及窑顶上的水都从这个小坑流走了。据庭院曾经的主人蔡小驴回忆，百十年来，只有一次，是因为雨水来得太急了，院子里积了较多的水，眼看就要淹过门石了，家里人煞是着急，齐刷刷瞅着院子里的水，只想万一雨水倒灌进窑洞里怎么办？正在全家人揪心之际，只见那个小坑上的水面打了个漩涡，眨眼之间，庭院里的水流了个一干二净。

从直观上看，这个坑根本没有明显的水沟，其地质结构与庭院的其他地方并无二致，只是略低那么一点而已。旧时庭院里居住的人家都是穷光景，为此人们把这个小坑形容成一把"筛子"，说财富都从这个"筛子"流走了，所以光景一直过不起来。现在，院子里的人家虽不是大富大贵，但也都是小康殷实人家。透过这个"筛子"，人们不由得不惊叹造物主的神奇幻妙，个中原委直到今日仍然是个谜。

二、瓦岭民居的石碹窑洞

农家修房盖屋不仅是受苦的事，更是花钱的事。乡民有"穷不修盖、富不拔坟"的习俗。在漫长的时间里，乡民无论富裕还是贫穷，有了钱以后的第一要务便是盖房置地。这是农民的一种情结，也是一辈子最为重要的生活追求。

（一）石碹窑洞的碹修程序及规矩

修建一座完整的院落必先择地。理想之地当然是负阴抱阳，朱雀、玄武、青龙、白虎相得益彰为上好。然后是筹资、备料、规划、定向、放线。

院落的规划当然是以人为中心展开的。传统的农业社会，规划往往贯穿"万事不求人"这一理念，是全封闭的、隐秘的、排他的、保守的和防卫型的。

"万事不求人"是封建社会小农经济条件下人们的一种最高追求。一处完整的院落就是一个"五脏俱全"的小社会。由于受地理条件限制，瓦岭的传统院落布局一般以四合院为标准。正窑以三孔、五孔、七孔为主，配窑以一孔、两孔、三孔为主。大门一般在正窑的对面、两厢配窑前墙延伸线中间或者两侧。与乡民的生活直接相关的吃喝拉撒睡都得考虑到。因此，水井、厨房、厕所、驴圈、牛圈、猪圈、羊圈都得预先规划好位置。对房屋周围的来水、走水、来路、去路也得预先规划好路线。

定向就是在择定的区域内，根据地形特点，选择正窑最为理想的朝向。放线则贯穿于修盖的全过程。用现在的眼光看，放线其实就是设计绘图。只不过现代的设计是理论联系实际，预先绘制在图纸上，乡民则根据需要从实际出发把石碹窑洞的图纸全部描绘在自己的头脑里，心营意造，就地随形随性，灵活多变、不拘一格。

第一次放线是根据规划确定窑洞的大小。正窑的尺寸普遍是进深2丈，宽1丈，高1.15丈。配窑的长、宽，根据地理位置灵活运用，但都不能超越正窑的尺寸。

放线结束，接着就是下壕夯跟打地基。根据土质的密实度，决定地基的深度。土质结构紧密，下1.5尺，土质松软至少下3尺。然后按"握手成团、落地开花"的要求把三成白灰土和七成经过筛选去除杂质的黄土搅拌均匀，每层虚铺 0.3—0.4 尺，逐层夯实。

地基打好，接着就是垒座（俗称打座）。座的长度、宽度虽然在放线的时候已经确定，但打座的时候为了规范和便于操作仍然要按尺寸放线，宽度一般中座 1.8—2.2 尺，边座 3 尺，高 5—5.5 尺。

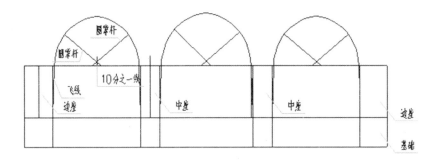

图 6　窑洞发碹放样图

打座，看起来垒的是直墙，其实不然。除放直线和垂线外，还要放飞线。先按每条座的长度和宽度确定四个端点放下垂线，也叫立线，在垂线下面的四个端点不动的情况下，上面的四个点各自向窑洞内侧移动 1.5 寸，形成一个肉眼看不出的微小弧度，从而使垒起的石头座向拱券的过渡自然流畅，其余依次类推。这个线段的变化，就叫飞线。边座内侧也要放飞线，而外侧则放收分线，收分线的跨度也是向内侧收缩 1.5 寸。以三孔窑洞计，其两条中座、两条边座，就像四根柱子一样承担整个窑洞的重量。

打座结束，接着就是放圆掌，就是给窑洞拱券做个样，学名放样。

放圆掌的第一个步骤是找开心。先找出两条座之间的中点，然后按两条座之间宽度的十分之一，再以中点为基点将其（十分之一线）一分为二。这个以中点将十分之一线一分为二的线段就是开心。

第二个步骤是定开心。

传统的做法：用超过座高的木桩埋在两座头之间的中点上，在木桩上端固定一块长 2 尺、宽 5 寸、厚 1 寸的木板。在木板上划出与两座高度一致的平行线和两座头之间的中点的交叉点。这条平行线和开心是重合的。在开心的两个端点各固定一根能交叉达到座内墙边的杆子，叫圆掌杆。同时扶起两根圆掌杆形成的圆，就是圆掌。

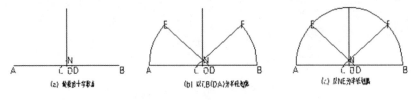

图7　半圆券放样图

现在的做法：一是先以券底为准作垂直十字线，在十字线上以中心点向外分别取点：AB＝跨度，CO＝DO＝NO＝5%AB（起拱度）；二是以C（D）为圆心，CB（DA）为半径画弧，与CN（DN）延长线相交于F（E）；三是再以N点为圆心，NE（F）为半径画弧至F（E），则AEFB弧即为券线；是为半圆券放样。

每个窑洞要定两个开心。座头定一个，座尾（窑掌）定一个。座尾（窑掌）的圆掌要比座头的圆掌平行降低3—4寸，称为虎座。最后碹出的窑洞，窑掌口比窑口缩小3—4寸。虎座的作用一是利于窑洞整体的采光和空气流通，二是符合力学原理，增强窑洞稳固性。

放圆掌结束，接着就是修土牛，也就是制作窑洞的实体模型。旧时物资短缺，修土牛就是按着两根圆掌杆形成的空间模型，用废弃的石头砖瓦和泥土先做成窑洞的实体模型。20世纪80年代之后，乡民物资逐步宽裕，修土牛变成了支箍。支箍就是按着座头、座尾两个圆掌杆形成的模型，支起几道铁箍，在铁箍上放架板，做成窑洞的实体模型，既省时又省力，而且模型规范。

修土牛结束，接着就是碹窑洞。分别沿两边的座在窑洞的实体模型上砌石，直到合拢。

合拢之后是碴券、甩券、蒙土、垫顶。碴券就是把众多的小石片，用锤子锲在石券上的缝隙，其作用是增加窑洞的稳固性。甩券就是用七成黄土搅拌三成白灰土合成的泥，甩满刚碹起的窑洞的石茬，其作用一方面是增加窑洞的稳固性，另一方面是避免往窑洞里溜生土，将来抹家时不好操作。蒙土就是用经过筛选除去杂质的黄土蒙住刚甩满泥的石券,其作用是防止泥泞。垫顶就是在刚蒙的土之上垫经过筛选除去杂质的黄土,其作用是防水。一般在石茬以上先垫一尺,然后赶平、夯实;再上垫一层半尺厚的用七成黄土、三成白灰土搅拌成的"三七"混合土,夯实;最上一层垫六寸,用纯粹的黄土夯实,叫作皮。至此,一孔窑洞碹成。

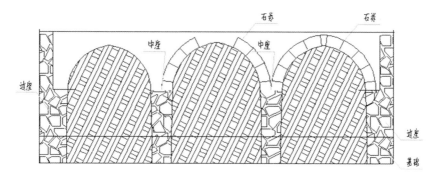

图 8 土牛模型

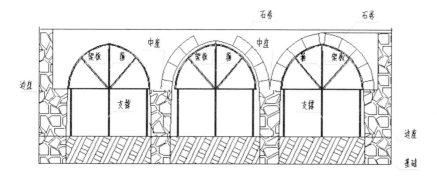

图 9 支箍模型

窑洞碹成之后,如果是土牛,需先清理干净,俗称掏券。如果是铁箍,退出即可,叫打箍。

掏券完成,接着就是修窑脸(俗称挂前墙)。前墙宽度 1 米,标准的长度按三孔窑洞计,为 4.2 丈,高度一般为 1.4—1.5 丈。

挂前墙的第一步是铺卧阳。卧阳就是前墙的石头基础。卧阳之下同样要按规矩用"三七"灰土逐层夯根,然后砌石,垒出一个平面。

这个平面就是卧阳，随后，在它上面放线支框。

挂前墙的放线相对比较复杂。以三孔窑洞计，一是在卧阳上面沿卧阳前边线后退 1.5 寸放底线。既要确定两端的端点，又要确定中点；二是在窑顶上垂直下放与卧阳上两个端点和中点垂直的立线。仅卧阳上两个端点就挂三条线。一条是立线，自始至终不动。其余两条是收分线，就是管前墙正面的立线的两个端点在卧阳上的点不动的情况下，上一个端点内移 1 寸或 1.5 寸；管前墙侧面的立线的两个端点在卧阳上的点不动的情况下，上一个端点各向内侧移 1 寸或 1.5 寸，是谓收分线。卧阳上的底线的中点向内平移 1.5 寸，是谓凹线。按凹线和收分线垒出的前墙在 600 多平方尺的范围内，上边的边线比卧阳上的边线向内自然倾斜 1.5 寸，前墙两侧自然向内收缩 1 寸或 1.5 寸，整体墙面自然向内凹进 1.5 寸。这些变化肉眼是看不出来的。最明显的当属 20 世纪 60 年代村里新修的十眼窑，站在近处看不出什么，如果站在远一点的高处看，其前墙的凹线应该在 0.5 尺左右。这些措施都是为了增加前墙的稳固性，是符合力学原理的。这些都是千百年来劳动人民经过一锤一錾的辛苦总结的经验。

支框是紧挨着放线的一道工序。瓦岭的窑洞多数是一门一窗。门、窗的净宽度一般为 3 尺，门框的净高度一般为 7.2 尺，窗的净高度为 4.2—4.4 尺。

这几个看似信手拈来的数字，是匠人们千百年来按门光尺选取的"吉门口"的数字，乡民修房盖屋除实际用途外，还必须图个吉利。因此，瓦岭的匠人们从来没有随意僭越过。梁思成先生在《营造算例》中也讲道："门口的高宽按门光尺定高宽，'财、病、离、义、官、劫、害、吉'，每个字一寸八分。"

门光尺不同于现在的尺子，它没有十进制刻度标志，而是刻有"财、病、离、义、官、劫、害、吉"等字代表吉凶的尺寸范围，"财、义、官、吉"为吉，"病、离、劫、害"为凶，每个字的范围按一寸八分计算。这种规定看起来带有一定的迷信色彩，但实际上类似于现代建筑所规定的一种门窗模数制，是古人取尺的一个基本要求。

实践上，门口尺寸的取定，古往今来没有硬性规定，一般都是根据窑洞的用途和进出需要进行拟定，当高宽尺寸拟定之后，再按门光尺的要求，确定吉凶尺寸。但一般情况下，口宽与口高之比为 1：1.2—1：2。

门光尺其实就是鲁班尺，是我国古代民间广为流行的建筑工具之一，用来确定门窗洞口尺寸。门光尺（鲁班尺）的应用，最早在南宋《事林广记》中有记载："用尺之法，从财字量起，虽一丈、十丈皆不论，但于丈尺之内量取吉寸用之，遇吉星则吉，遇凶星则凶。"意思是说，用门光尺丈量时，从财字量起，无论是量的一丈还是十丈，均不作为取定依据，而应以丈尺之内的寸数来确定吉凶，若寸落在吉星上，则该丈量数为吉，可用；若寸数落在凶星上，则丈量数为凶，不可用。由此可知，门光尺应用的基本方法是按丈量出尺数以后的尾数寸来确定吉凶的。

古建工程丈量用的是营造尺，丈量出尺寸数后，再以门光尺定吉凶。营造尺是十进位，即 1 营造尺 = 10 营造寸；门光尺是八进位，即 1 门光尺 = 8 门光寸。1 营造尺 = 1.44 门光尺，1 营造寸 = 1.44÷0.8 = 1.8 门光寸。由于只用尺后的尾数寸，因此，将营造寸换算成门光寸的公式为：门光尺尾数寸 = 营造尺的总寸数 ÷1.8 —其中符合整门光尺的寸数。

将换算后的寸数，从财字起，对照图 10 即可算出吉凶。从图 10 可以看出，以 4 为中点，八个字的吉凶均是对称的。因此，无论从财字还是吉字开头，都可以取得一致的结果。

【例 1】设一门口高 7.8 营造尺，宽 5.8 营造尺，测算吉凶。

依据题意，高为 78 营造寸，宽为 58 营造寸。换算门光寸为：

高：门光寸 = 78÷1.8 = 43.3，在 43.3 门光寸中含有整数门光尺 5 个，即 5×8 = 40，因此，去掉整尺数的尾数为：43.3–40 = 3.3。对照图 10，从"财"字起，3→4 寸为"义"字，从"吉"字起，

3→4寸为"官"字。

宽：门光寸＝58÷1.8＝32.2，在32.2门光寸中含有整数门光尺4个，即4×8＝32，因此，去掉整尺数的尾数为：32.2-32＝0.2。对照图10中0→1寸为"财"或者"吉"。

所以高宽尺寸都为吉数，可用。

【例2】设一门口高为5.5营造尺，宽为2.44营造尺，测算吉凶。

依据题意，高为55营造寸，宽为24.4营造寸。换算门光寸为：

高：门光寸＝55÷1.8＝30.6，在30.6门光寸中含有整数门光尺3个，即3×8＝24，因此，去掉整尺数的尾数为：30.6－24＝6.6。对照图10中，6→7寸为"害"或者"病"。

宽：门光寸＝24.4÷1.8＝13.6，在13.6门光寸中含有整数门光尺1个，即1×8＝8门光寸，因此，去掉整尺数的尾数为：13.6-8＝5.6。对照图10中5→6寸为"劫"或者"离"。

所以，高宽尺寸都为凶数，不可用。

图10　门光尺

虽然门光尺规定"财、义、官、吉"四字为吉，"病、离、劫、害"四字为凶。但在实际应用中，古人认为鲁班尺的这八个字又各有所宜，如"义"字门可以安在大门上，但不宜安在廊门上；"官"字门适宜安在官府衙门，却不宜安于一般百姓家的大门；"病"字门不宜安在大门上，但安于厕所门反而"逢凶化吉"。《鲁班经》认为，一般百姓家安"财门"和"吉门"最好。

为了便于取定门口尺寸，清代《工程做法则例》，载有一些符合吉数的门口尺寸，称之为"门诀"，分别选编为：财门31个，义顺门

31 个，官禄门 33 个，福德门 29 个，共计 124 个吉数，供确定门口吉凶使用，它们都是从"吉"字起量到"财"字。

无论其"门诀"多么纷繁复杂，瓦岭的匠人就认准这两个数字。根据瓦岭的地形特点和乡民的实际需要，3 尺的宽度按门光尺推算，正好是"财"字，7.2 尺的高度按门光尺推算，正好是"吉"字，这两个数字就是最好的选择了。

除尺寸的要求外，门框和窗的布局也是大有考究的。以主窑为例，坐北向南的窑洞总是靠西一侧安窗户，靠东一侧支门框，这是为了早上第一缕阳光先照在西边，故炕也盘在窑洞的西侧，炕在窑洞中占主角的位置。炕的宽度以 5.5 尺为宜。除去炕的宽度，再向东延伸 3 寸，前墙线往里 9 寸支框是通行的做法。其实，在垒卧阳的时候就已经把门框的位置确定好了。因为在垒卧阳的时候就要安前过门石和里过门石。窗户的框要在安好前后窗台后再支，窗户框外边框离墙的尺寸与门框外边框离墙的尺寸是一样

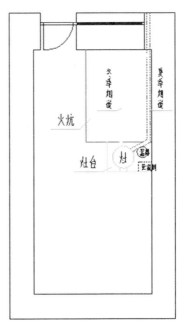

图 11　窑洞火炕、灶台平面图

的。窗户框的高度，乡民有"尺七二尺七，坐下刚合适"的俗话。意思是地面到炕沿的尺寸是 1.7 尺，炕沿到窗台的尺寸是 1 尺。一个成年人站在地下往炕上坐，1.7 尺的高度正合适，其小腿既不憋屈，也不会有吊起来的感觉；坐在炕上在窗台上写字的高度 1 尺也正合适。不过，现在通行地面以上 2.8 尺支窗户框。

门框和窗户框虽然起点不一样，但顶点是一样的，它们上面的边线是一条直线。所用前墙石材都是经过计算的。用石材与门框、窗框

的上边线垒齐，俗称"赶平框"。根据石材的尺寸，有的是 7 行赶平框，有的是 6 行赶平框，有的是 5 行赶平框。

赶平框之后，接着就是碹小券。碹小券的第一步是放小券的圆掌。小券的圆是单心圆，不找开心，是以小券的中点为圆心向上画半圆，也就是以半径 1.5 尺画圆，用土块或石块做土牛（半圆模型），然后在土牛（半圆模型）上砌料石。

小券的脸，学名碹脸石，乡民俗称网圈石。它是门窗洞顶的拱形石过梁，处在最外层的称为碹脸石，里层的称为碹石。标准的碹脸石由七块料石砌成。其中四块较大的带弧度的料石俗称"网石"，分别是第一路对称的"网石"两块、第二路对称的"网石"两块（俗称"爬爬石"），砌合四块"网石"的三块小料石称为"箭"。做这七块料石的时候，石匠同样要按规矩在平面上按尺寸放小券的圆掌。小券圆掌的内圈边线 4.7 尺，外圈边线 6.9 尺，其中第一路"网石"的内圈分别长 1.1 尺，第二路"网石"的内圈分别长 0.85 尺，三块"箭"石的内圈分别长 0.3 尺。"网石"的宽度一般为 7 寸。七块料石的内圈长度加起来是 4.8 尺，比实际多出来 1 寸。这多出的 1 寸其实是为了垒墙的匠人在垒墙时对料石的再加工留下余地。匠人们有"圆三进一不进一，冒尖一寸"的术语。垒墙的时候，还要放叉线。叉线就是在圆心上挂线，分别对"网石"和"箭"的衔接面进行规矩剪裁的规矩线形。

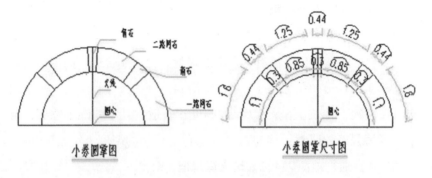

图 12 小券圆掌图标

小券之上垒一行 1 尺高的石墙。小券顶上的那块料石的下边线与小券砌合时略有弧度，称为马鞍石。马鞍石以上垒排水，排水石厚度3—3.5寸，根据石料实际，一般要闪出前墙外5—7寸。拍水以上直墙一直垒到顶，一般为3尺高，石工的工序就基本结束了。

瓦岭石碹窑洞的碹脸石又不拘泥于一个尺寸，除七块料石组成外，还有五块料石组成，九块料石组成。在明清之际遗留下来的老式宅院的前墙，有将军柱、罗汉网的建筑式样，更具特色。将军柱，就是门框两侧的前墙直接竖两条7.2尺高的石条；罗汉网就是在将军柱上垒两块"网石"加一块"箭"石的小碹。窗户也是按赶平框4.2—4.4尺高的石条直接竖起，在其上如法炮制，垒两块"网石"，安一块"箭"石。总体上，五块石头组成一个门口，五块石头组成一个窗口。而有的则只垒两块网石，就是四块石头组成一个门口或者窗口了。将军柱和罗汉网上均依着主人的意愿，起边、铲青，边线内部雕刻有吉祥的花鸟图案。由于其单块石料的体形硕大，取材困难，加之又雕又饰，要求较高，很少有人家采用这种式样了。谷洞院李仁和、官坊穆罗小的窑洞前墙都是这种建筑式样。

侯元贤老宅、现穆四吧住宅前墙的将军柱、罗汉网则更有特点。他家的罗汉网由三块硕大的石材组成，网圈上还镌刻着莲花，村里人称之为莲花网，其将军柱则由几块较短的料石组成。究其原因，是受到了材料的制约，只好勉为其难了。

在对瓦岭窑洞院落的考察过程中，官坊西侧原侯健老宅，现侯玉祥院落每孔窑洞前墙靠上正中的位置，都有一个巴掌大小镂空雕刻的图案，问其原委，均不得而知。无缘无故怎么会有这么一个雕饰摆设在当眼的地方？在反复对比和考证之后，我们认为这是土窑洞时期高窗的变体，其功能就是透气。特别是窑洞拱顶的高度超出正常尺寸（这是有钱人家才能办到的事），而前墙小碹仍然维持传统尺寸的情况下，有利于把窑洞内部积存的污秽之气排出屋外，同时使屋外的新鲜空气随时可以流通到屋内来。与此同时，还在屋内设计了一个机关，平常需要时开启，如遇刮风天气或者不需要时关闭。

图 13　将军柱罗汉网样式

图 14　前墙气眼

此外，石碹窑洞石材的备料和加工也是一项无穷无尽的技术活。比如前墙所用石料，以标准的三孔窑洞，六行赶平框计，除去内墙填充所需料石，仅窑脸石就大约需要 373 块。

第一行 1.4 尺高，约需 22 块，其中包括 8 块格角；

第二行 1.3 尺高，约需 24 块，其中包括 8 块格角；

第三行 1.2 尺高，开始分垛，约需 17 块，其中包括面格角 6 块，双头格角 3 块；

第四行 1.1 尺高，约需 24 块，其中包括头格角 3 块，面格角 9 块，镶石 12 块；

第五行 1 尺高，约需 20 块，其中包括头格角 3 块，面格角 9 块，镶石 14 块；

第六行 1 尺高，约需 21 块，其中包括双头格角 3 块，头格角 6 块，镶石 12 块；

第七行 1 尺高，需第一路网石 6 对 12 块，尾头 6 块，羊脸石 3 块，面格角 2 块，镶石 14 块；

第八行 1 尺高，需侧箭石 12 块，第二路网石 6 对 12 块，单爬石 6 块，双爬石 6 块，头格角 2 块，镶石 14 块，脑箭石 6 块；

第九行 1 尺高，约需 35 块，其中包括 6 块马鞍石，2 块面格角；

第十行是安置拍水的位置。拍水的总长度为 38 尺，单块拍水的长度以长为好，最少也得 18 抬，厚度一般为 3.5 寸，凸出墙面部分根据料石的实际，一般为 5—7 寸。拍水两边全 4 抬 1.4 尺高的料石，拍水以上的空隙照样用 1 尺高的料石填充砌筑；

第十一行和第十二行相同，均高 1 尺，需 33—35 抬，其中包括 2 抬头格角；

第十三行为压面石，6 寸高，需 24—28 抬。

窑脸石的加工可以细致到天衣无缝，也可以粗糙到粗制滥造；窑脸石可以是满刮錾刀、边铲格缝的，也可以是铽平凹凸、粗錾格缝的，窑脸石上的线条可以雕琢成有规则的花纹，也可以铽平凹凸为止，但仅窑脸石一项，就是无穷无尽的技术活。

随着石头料形的变化，这一数量也不是一成不变的。石头的料形大，五行赶平框的情况下，数量就会相应减少；七行赶平框的情况下，数量就会增加。石头料形较小的，就只好就料随形，那数量就大得多了，可能会超出上百抬。实在没有办法，河流石、荒石也要垒前墙，那就另当别论了。

三、瓦岭的几处另类窑洞

从自然洞穴到主动营建的窑洞，再到石碹窑洞，是窑洞由简单到复杂、由低级到高级的一个有序的、渐进的进化过程。除此之外，在实践上，瓦岭还保存了几种适时、适地的，在地位和作用上与窑洞等量齐观的另类窑洞。

（一）地窨

一般而言，地窨是为躲避战乱、盗匪打造的临时性应急和避难场所。

地窨，就是透过地表，在地下挖成的地道（窨）式房屋。瓦岭人在地表下挖地窨，不叫"挖"，而叫"打"，比如挖井，叫"打井"。

图15　油坊4号院俯瞰

打地窨是有条件的，必须选择在有一定厚度、直立性很强、极难渗水的土梁子上。地窨一般是要住人的，所以需选在背风向阳、离水源较近的山坡，就地随形，先向地下挖三四尺深的长方形坑，然后再仿照地面上窑洞的式样开挖，至于空间大小，则视家里人口多少而定，人多就挖得大一点，人少就挖得小一些，高以一个成年人能站起（两米左右）为宜。一家人在地窨内，砌火炕取暖，垒灶台做饭，挖圪台或搭板铺放置物品。由于地窨是在地下开挖的，所以地窨内能够接收到的自然光线极少，需要借助灯光来照明。同时还需要另开一条透气的通道，保证地窨内的空气流通。

在地窨四周需要修疏浚排水渠，保证在雨季或者冬季的冰雪融化时，排水通畅，不使其流入地窨内。

地窨虽然冬暖夏凉，十分经济，但它是挖在地表下面的，阴暗、潮湿，是特殊时期的产物，是应急的、临时性的避难场所，绝非人类的乐园，因此，能够完整保存下来的极少。

随着战争的结束，和平成为人民群众生活的主题，人们生活水平不断提高，地窨早已淡出了人们的视野，现在基本上已经绝迹了。瓦岭有幸还保存了一处比较完整的地窨，为我们提供了研究瓦岭以及太行山一脉窑洞变迁的实物资料，殊为难得。

（二）庵屋窑

庵屋窑的功能主要有三：

一是为了种地的方便。旧时，交通和运输工具极其落后，所有农事全部靠手工。有人的地离家几里，甚至几十里，农忙时除去来回，能用在地里劳作的时间就所剩无几了。因此，为了节省时间，这些农民就索性在地头因陋就简修建一个落脚的窑洞，既可以住在那里，吃在那里，还可以作为平常贮藏农具、秋收贮藏农产品的临时仓库。香烟寺的和尚就在离寺八里地的苇掌修了三孔窑洞，供长工在农忙时居住。

图 16　庵屋窑

二是为了躲避战乱。从漫长的封建社会历次的农民起义，到近代的八国联军侵华、国内军阀混战，再到日军侵略，农民的日子很少太平。为了图存，只好在人迹罕至的隐蔽角落修建临时避难场所，以求保全性命，安稳度日。这种庵屋窑，位置越隐秘、越险要，安全性就越高，防御功能就越能得到发挥。

三是为了纯粹的避风、避雨、避凶。春天的风、夏天的雨、冬天的雪，说来就来，容不得回家躲避。田里劳作的农民总不能怕来风、来雨，就不去上地吧。挨得风雨多了，就生出了法子，趁个农闲时间，在田间地头修一个临时避风、避雨、歇脚的地方。旧时在田间独自劳作，荒山野岭，难免遇上个豺狼虎豹，前不着村后不着店，庵屋窑就是最好的避难场所了。有的村与村之间的路上也要修一个简单的庵屋窑，方便人们避风、避雨、避凶。瓦岭和西回村中间的跑马堰圪梁上就有一个用石头建成的庵屋窑，至今还保存完好。

四是为了防止动物侵害庄稼。在广大的农村，青黄不接的季节，再遇上缺雨少水的年份，荒山野岭的各类动物缺少食物，就瞄上了田地里的庄稼，既能果腹，又能解渴，乃是上好的食材。因此，农民们常常在地墙根打一个庵屋窑，到夜里提上马灯，拿上铜锣或者破铁锅之类能敲击出声音的金属器物，早早地、悄悄地到庵屋窑值守去了。这些动物既怕黑夜的灯光，又怕深更半夜金属器物的撞击声。在庵屋窑里静静值守的人侧耳细听着，稍一听到这些动物的响动，就立刻敲击起来，动物受到惊吓，便跑得无影无踪了。

四、伴随瓦岭窑洞的习俗

瓦岭窑洞居民在滚滚华夏历史长河中生生不息，创造了灿烂而独特的民俗风情，为人们辛勤劳作之余增添了诸多生活情趣。伏天的傍晚，熏蚊子的艾草火苗忽闪忽闪，人们集聚在一孔孔窑洞前的大院里谈天说地，不仅让疲惫的身心得以舒展，也是一种世外桃源般的愉悦享受。半晌，山梁沟坡上的放羊汉也不忘吼几嗓子花调子，尽情释放着山里人的粗犷豪情。忙完灶台上的活，妇女们坐在热炕上做着她们的拿手绝活——剪纸、刺绣、荷包。白胡子老汉们摆弄着那支被双手磨得油光滑亮的烟袋杆，一锅一锅不停地抽着，即使被旱烟呛得直流眼泪，依然面带笑容。秋实累累之后，有大雪的冬天，男女老少欢欢喜喜走出窑洞，聚集在打谷场上尽情地踩高跷、耍社火、舞龙灯、舞狮子，以庆丰收。

在瓦岭窑洞中，伴随石碹窑洞的礼仪习俗尤为显著。主要表现在以下几个方面。

一是开工。乡民认为，人的吉凶祸福、富贵利禄，都与人的居室住所有着很大的关系。因此开工时必须履行一系列程序，说到底是一种对土地主权的宣示，既是对人，也是对各路鬼神的宣示。

开工前，主家先请阴阳先生择定黄道吉日和时辰，设起香案，竖起写着"姜太公在此，诸神退位"的位牌（据传，姜太公时时刻刻背着"封神榜"，举着打神鞭，只要他在此，其他的鬼神就不敢兴妖作孽了），摆上供品、引燃高香、抛洒五谷，焚纸，主人磕头，同时将位牌也一并烧掉，鸣炮，最后象征性地用镢头刨一下或者铁锹铲一锹土，就算是开工了。开工之后，就不能随随便便停，即便不干活，也得坚持每天在工地上象征性地刨一镢或者铲一锹，直到完工。如果真停了工，开工时，同样要进行先前的程序。

二是吃犒劳。乡民修家，多数人家是只用一个垒外墙的大匠人，垒内墙的二匠人，拉铁绳的大工人，其余小工大都由自己家里人充当。开工之后，主家就要动大灶大锅给工人们做饭，尽自己家里最大的努力，变着法子给匠人们吃好喝好，隔三岔五还要给匠人吃犒劳。一方面是表示对匠人的尊重，另一方面是哄着匠人们高兴，达到活计又快又好的目的。过去乡民讲究三天小犒劳，五天大犒劳。在短缺经济时代，所谓小犒劳，就是粗粮细作，比如摊个薄煎饼、厚煎饼之类，比平常多变一个花样而已，而大犒劳则要吃白面，有时还要上菜、上酒。

三是吃合券。石碹窑洞有两次合券。一次是窑洞拱券的合拢，算是主体工程三分之二的结束，小犒劳一下即可。重头戏是挂前墙时候的合券。

编筐编篓，重在收口。前墙是石碹窑洞的脸面，修饰脸面开始，就预示着一所完整的院落即将面世，因此，对脸面的修饰不可不用心。到了石碹窑洞小券合拢的时候，也标志着整个工程已经进入尾声，需要举行整个修盖过程最为隆重的一次庆典仪式。一如开工前的准备，照样要请阴阳先生选择黄道吉日吉时，蒸四盘开花大馒头，平年蒸十二个，闰年蒸十三个核桃大的小馒头，分别用一把五色线，串三对一个阴一个阳两个方孔旧铜钱，再拴一块红布，写起位牌，摆起香案，等待良辰的到来。其实，吃合券这一天的重点就是典礼和吃饭，而不是干活。除干活的匠人外，亲朋好友，曾经助过工的左邻右舍，族中长辈都要请到。

吉时一到，匠人们把拴着五色线和红布的铜钱镶嵌在小券内圈顶的石头缝隙里，分别在拱券上用白酒浇过。合碹其实就是以石头为材料，碹成半圆弧形的石头过梁。合碹就相当于木结构房屋的上梁。主人则设香案、竖位牌、燃高香、摆供品，一个窑洞一盘，石场一盘，小馒头则放在香案上，然后在窑洞周围及石场抛洒五谷、焚纸、磕头，把小馒头抛洒到窑洞周围之后便鸣炮，接下来就是大快朵颐主人家准备的丰盛宴席了。

四是吃散场。铁打的营盘流水的兵。匠人们串事主（旧时，匠人们到农户家打工称之为串事主），打工吃饭，如同当兵吃粮，活一结束，工资一结算，收拾锤錾瓦刀，立马走人。垒起前墙，匠人们的活就算结束了。乡民讲究"好接不如好送"。此时，事主家总要安排一顿最后的晚餐，虽然没有吃合券那样的排场和隆重，但也比平常好得多，以表谢忱。而匠人师傅们根据事主的家底情况，总要退回一天或者几天的工资。一来对事主家的精心伺候表示谢意，匠人们吃百家饭，活计永远没有尽善尽美的时候，总会留有或多或少的遗憾，既是人情，又有弥补过失的成分在其中；二来主顾关系往往是一村的邻居或者邻村的熟人，抬头不见低头见，何况世上有走不着的路，没有用不着的人，算是助工。

千里搭长棚，没有不散的筵席。匠人们一走，事主家便释然了许多。然而接下来，垫顶、掏券、抹墙、装修，还有很多的活计在等着他们，离住人还需要很长时日的苦力和很多钱财的堆砌。等住进亮堂堂的窑洞，事主不掉几斤肉，也得脱几层皮。一处处沧桑的石碹窑洞院落，究竟蕴含着多少抑或动人、抑或辛酸、抑或玄虚的如烟往事，绝大多数当代的人是无从知晓的了，最多也就是听几个传说而已。

瓦岭的石碹窑洞是瓦岭民居一道靓丽的景观。石碹窑洞冬天暖和、夏天凉爽，经久耐用，万年不坏。石碹窑洞可以用无穷无尽的工夫去精心打磨、精雕细刻；也可以就地取材、因陋就简，但无论是精雕细刻，还是因陋就简，都不掩其朴实无华的本色。

总体而言，瓦岭窑洞本身就是一部沧桑的历史巨著，是绽放在太行山上的一朵奇葩，也属于瓦岭人永远的骄傲。古老的元素中不乏鲜明的时代烙印，那些具有稳定特征的民俗事项，早已深深融入黄土，融进自然。正是这些鲜明元素的存在，窑洞居民才得以踏着先民们的足迹，一代代走下去，并养成了安土重迁的心态。当然，安土重迁并非不思进取，一位农民辛勤劳作一生，最基本的愿望就是修建几孔窑洞。有了窑洞，娶了妻子，生了儿子，才算成了家立了业。男人在黄土地上刨挖，女人在土窑洞里操持家务、生儿育女。小小窑洞浓缩了黄土地的别样风情。

窑洞的产生是先民们与自然长期互动的结果，更是人类在不断改善自身生存状况这一艰难过程中的伟大创举。一代代瓦岭人把祖先和自己的人生经验交给生命的延续者，作为永恒的精神源泉，汩汩流淌，永不干涸。

瓦岭先民们根据原始传统的教育方式教育着后辈儿孙，使其尊崇先人遗风遗俗，培养了世代笃定的信仰。不忘本是瓦岭人在长期的生活习惯中形成的传统美德，为传承瓦岭窑洞文化奠定了基础。

瓦岭是一个有着悠久历史的村落，也是一片有着丰富民间文化蕴藏的厚土。

李林柱，山西平定人，文学学士，山右传统村落保护与发展研究中心主任，研究方向为中国传统村落历史文化。

参考文献

[1] 罗哲文 . 中国古代建筑 [M]. 上海：上海古籍出版社，2001.

[2] 刘大可 . 中国古建筑瓦石营法 [M]. 北京：建筑工业出版社，1993.

[3] 马炳坚 . 中国古建筑木作营造技术 [M]. 北京：科学出版社，2003.

[4] 梁思成 . 营造法式注释 [M]. 北京：建筑工业出版社，1983.

他山之石

乡村振兴视域下满族屯嘎查嵌入式民族融合研究

马玉春　陈玲

　　传统村落承载着历史的变迁，见证了民族发展的进程，凝聚着祖先生存的智慧。满族屯嘎查满蒙民族历经300多年的融合、传承、变迁，具备了族群认同的"四要素"特征：语言文字、宗教信仰、地域文化、生活习俗，是"嵌入式"聚居、民族融合、中华民族共同体的成功构建。改革开放40年来，特别是党的十八大以来，该地构建生态优先、绿色发展的新业态，牧区家庭牧场和标准化养殖成为主要经济模式，游牧经济向高质量发展跨越。满族屯嘎查是民族团结的典范，草原深处的璀璨明珠，祖国北部边疆一道亮丽的风景线。

　　广袤无垠的内蒙古大草原，自古以来就是中国北方游牧民族繁衍栖息之地，形态迥异的传统村落像繁星一样散落在这片古老的原野上。传统村落承载着历史的变迁，见证了民族发展的进程，凝聚着祖先生存的智慧。一峰一壑、一屋一瓦都有自己独特的故事和传说，传留着游牧文脉，保存着草原古味；是传承少数民族文化的活态载体，是发展边疆特色经济的宝贵资源；具有很高的历史价值、文化价值、经济价值和艺术价值。内蒙古科尔沁右翼前旗满族屯满族乡是迄今为止，中国唯一从事草原畜牧业的满族乡，同时也是边境乡、革命老区。满族屯嘎查（嘎查：蒙语，村的意思）是满族屯满族乡所辖的 8 个嘎查之一，是乡政府所在地，以其悠久历史和浓郁风情在草原上闻名遐迩，在蒙东地区乃至中国东北的满蒙民族文化传承、融合和发展中堪称典范。

一、满族屯嘎查的历史溯源

（一）满族屯满族乡的历史和由来

满族屯满族乡始建于 1984 年，位于大兴安岭南麓，内蒙古兴安盟科尔沁右翼前旗西北部，西北与蒙古国有 32.553 公里的边境线，西与锡林郭勒盟东乌珠穆沁旗交界，北邻阿尔山市，总面积 4318 平方公里，辖 8 个嘎查，1 个社区，5 个乡直属机关。总户数 1406 户，总人口 4678 人。其中，满族人口占 36%，蒙古族占 62%，其他民族占 2%，以满族为主体，蒙古族占多数。满族屯嘎查有 630 个牧点，是内蒙古自治区 18 个民族乡之一，中国唯一至今仍从事草原畜牧业的满族边境乡，也是中国牧区民主改革"三不两利"政策实验地，是"民族乡""边境乡""革命老区"。1994、1999 年这里先后两次被评为"全国民族团结进步模范乡"，受到国务院的表彰，还曾三次获得"内蒙古自治区民族团结进步示范乡"称号，受到中共内蒙古自治区党委、自治区政府的表彰。

明朝末年，科尔沁右翼前旗满族屯满族乡区域属科尔沁蒙古部落游牧领地，16 世纪 30 年代（1539）成吉思汗二弟哈布图哈萨尔的第十四世孙奎蒙克塔斯哈喇带领科尔沁部属民，从斡难河、额尔古纳河地区迁移到兴安岭南麓嫩江流域游牧，逐步形成了地域广阔的嫩科尔沁部，16 世纪中期（1550）开始，建州女真努尔哈赤部实力日渐强大，与奎蒙克塔斯哈喇的曾孙翁果岱为首的科尔沁部之间不断发生边界冲突。17 世纪初，翁果岱去世，其子奥巴洪台吉继承父位成为嫩科尔沁部首领，虽然其仍然对努尔哈赤持反对态度，但从当时各自利益考虑，权衡利弊后，与努尔哈赤在政治、经济方面联合、协作，并最终形成松散型联盟。

《满洲实录》记载着清太祖努尔哈赤与科尔沁蒙古部落之间的第一次联姻情况："子年，昔蒙古科尔沁部明安贝勒率众与叶赫九部兵来，战败乘马逃回，至是已二十年矣。太祖闻其女颇有淑范，遣使欲娶之，明安贝勒遂拒他部之请，送其女来，太祖以礼大宴成婚。"据史料考证，这是努尔哈赤家族与蒙古部落的首次通婚，由此拉开了满蒙联姻的序幕。

公元 1614 年，明安达尔汗之兄芒古斯嫁女于努尔哈赤第八子皇太极，此女即后来的孝端皇后。

公元 1616 年，努尔哈赤建立后金国，明安达尔汗诺彦亲自带领属众备厚礼前来庆贺，逐步扩大和加强了科尔沁与后金的军事联盟。

为了联合科尔沁地区的蒙古贵族，以稳固新生政权，后金政权的统治者们采取了政治联姻手段，在清军入关之前的 30 年间，先后将满洲 12 位格格嫁入科尔沁部。

明末至清初满蒙联姻关系的形成和清廷对蒙古政策的变化，一方面促进了北方民族文化融合；另一方面，对清政权问鼎中原、一统中国的政治目标的实现，起到了举足轻重的作用。《科尔沁右翼前旗志》记载了关于满族屯的来历。满族屯满族乡起源于清廷皇室格格萨木嘎其其格与札萨克图旗郡王之子诺尔布台吉的爱情故事。清王朝出于政治需要与科尔沁蒙古建立历代联姻制度。据史料记载，清皇家先后有四位格格下嫁于札萨克图旗郡王布达齐的两个儿子诺尔布和多尔济，但后来广为流传的是诺尔布台吉和他所迎娶的格格的故事。

清朝天聪年间（1634），清皇室格格萨木嘎其其格下嫁札萨克图旗（今科尔沁右翼前旗）首位郡王布达齐五子诺尔布台吉，当时皇室派 60 余名包衣随格格来到札萨克图旗生活。随侍人员中有内侍女婢，包衣外还有厨子、瓦匠、木匠、铁匠、裁缝、豆腐匠、粉匠、糕点匠等各种手艺人和随丁，随丁主要是给格格种胭脂地（格格死后称为祭亩）或从事其他笨重杂役，科尔沁百姓将随丁称为壮头。对这些人员，札萨克图旗的人们一直流传的称呼是 60 户满洲，按皇室规则，郡主格格身份不能有 60 户随侍，很可能是 60 人。这些人多数是编入八旗的汉人，他们基本上都留在原札萨克图阿给纳尔一带，后归入辽宁省康平县。

当时的 60 户满洲有刘、王、董、白、金、高等姓氏，历经 300多年的历史变迁和繁衍生息，王氏一支成为乌兰毛都牧区满族的主要组成部分，成为庞大的家族。随着格格来札萨克图旗的满族人，特别是王氏为格格放牧畜群，与科尔沁蒙古人一样把蒙古包、勒勒车、套马杆作为三件宝，过起了逐水草而居的传统游牧生活。据不完全统计，如今在全旗分布的从事畜牧业生产的满族那拉中，王姓支系人口达3000 多人，他们主要在满族屯满族乡、桃合木、乌兰毛都、阿力得尔、大石寨、索伦等地分散居住。

格格和额驸去世以前一直居住在阿给纳尔努图克、阿贵桑日布一带。满族那拉在格格去世后很多年仍按清廷的规定守陵，后来由于从事畜牧业生产的满族那拉人口增长，地带拥挤，在游牧时发现图布台扎拉嘎森林茂盛、绿草如茵，更适合游牧。另一方面，由于清政府的衰败，陪嫁户失去优待政策，满族那拉逐渐失去了从前的显赫地位和势力。加上札萨克图旗郡王乌泰私招大批农户，开垦蒙荒，期间还发生了王爷努图克与阿给纳尔努图克的矛盾，满族那拉被逼无奈只好离开阿贵桑日布北上到图布台扎拉嘎定居，就是现在的满族屯满族乡境内。

关于满族屯的来历，另有一传说：清康熙六十年（1721）札萨克图旗（今科尔沁右翼前旗），蒙古族摔跤手敖力布仁钦在图什业图旗（今科尔沁右翼中旗）哈日诺尔的比武大会中一举夺魁，被推举为帅，遂率领 10 万蒙古兵马平叛回勇造反，由此立下战功，被康熙帝招为额附，但牧民出身的敖力布仁钦过不惯宫廷生活，请求恩准，带着公主回到自己家乡科尔沁右翼前旗，公主的仆人护卫等后来定居在满族屯草原。笔者经研究、考证，认同前者（限于研究主题和篇幅，不再赘述）。

（二）满族屯嘎查的人文历史和社会状况

满族屯嘎查位于满族屯满族乡政府所在地，距科尔沁右翼前旗政府145公里。历史上，这里也被称为图布台扎拉嘎。早在金太宗天会年间（1123）这里就有人类活动的痕迹。据《金史》记载，金界壕东起呼伦贝尔莫力达瓦达斡尔族自治旗西南经满族屯，折向西南，经兴安盟突泉、赤峰克什克腾旗贡格尔草原、锡林郭勒盟正蓝旗直至阴山黄河后套平原，全程计1500公里。近代著名学者王国维在《金界壕考》一文中称："《元史·速不台传》并谓之长城。"此后人们也称之为金长城。2001年，金界壕全线被国务院公布为第五批全国重点文物保护单位。1998年，在满族屯嘎查东南30公里的索伦镇乌敦嘎查发现了罕见国宝、迄今国内外唯一一块元代巴斯巴文圣旨金牌，震惊了中外考古学界和蒙古史学界。经内蒙古考古学界鉴定：这块金牌是金质的，呈黄色，长方形，重348克，长25.7厘米，宽8.1厘米，厚约0.1厘米，含金比例为58.44%，含银比例为41.56%。因手工打制，金牌的厚薄并不均匀。金牌的上部有用于系带的圆孔，圆孔周围还有能够转动的装饰圈。金牌两面则清晰地镌刻着共计5行的双勾体巴斯巴文，翻译成汉语意为"靠长生天的气力，皇帝名号是神圣的。谁若不从，问罪至死"。这是迄今为止国内外发现的唯一圣旨金牌，是无价国宝。据媒体报道，这块元代巴斯巴文圣旨金牌，从质地和规格上远远超过以往所有此类牌子，为研究蒙元历史和蒙古民族历史文化提供了重要资料和依据。该圣旨金牌现收藏于内蒙古大学民族博物馆，成为镇馆之宝。

清朝宣统年间（1909），图布台扎拉嘎隶属于札萨克图旗乌兰毛都努图克，称为满族屯嘎查。中华民国时期，执行1912年2月9

日南京临时参议院通过的《关于满回藏各族待遇之条件规定》，札萨克图旗郡王世爵及领地"概仍其旧"。东北沦陷时期隶属于西科前旗（科尔沁右翼前旗）第三努图克，称为第二嘎查。满族屯嘎查始建于1946年。1947年5月，内蒙古自治政府成立初期，复称满族屯嘎查，隶属于西科前旗乌兰毛都努图克。1958年9月，满族屯嘎查改称"满族屯生产大队"，隶属于乌兰毛都人民公社。1966年，"文化大革命"开始后，改称满族屯管理区。1984年5月15日，满族屯满族乡成立后正式更名为满族屯嘎查。生产生活方式以放养牛羊、经营草原畜牧业为主，是近代以来一直保持着游牧状态，以畜牧业为主的满族聚居村落。

满族屯嘎查现有牧民139户，人口476人，是一个以满族为主体、蒙古族占多数的少数民族嘎查。辖区总面积327.497平方公里（合49.1万亩。其中，草牧场面积42.9万亩，林地面积4.5万亩，耕地面积1万亩）。境内属浅丘陵区地貌，沟壑纵横，海拔600—800米。河流众多，地表水丰富，呈温带大陆性季风气候，日照充足，温差较大，全年无霜期100天左右，年平均降水量410—440毫米。野生动植物资源丰富，有野生植物82科560种，不仅有黄芪、防风、桔梗等中草药和牧草，还有海东青、野猪、野兔、狍子、狐狸等数十种野生动物在此栖息。

满族屯草原素有"杭盖草原、心灵牧场"的美誉，是科尔沁草原中风景最美丽、植被最完好的一部分。这里的草原不同于其他草原那样平缓和一望无际，而是分布在茫茫山谷之中，是世界上少有的无污染、无鼠害、无沙化的草原，也是典型的五花草塘和疏林草原。满族屯嘎查近年来在草原保护、生态文明、戍边固疆等方面成效斐然。2011年被评为"内蒙古自治区民族团结先进集体"，2012年被评为"内蒙古自治区北疆长廊先进集体"，2013年被评为"内蒙古自治区民族团结进步先进集体"，2015年被评为"内蒙古自治区文明生态示范村。"

二、"嵌入式"满蒙民族融合的集聚效应

按照"原生论"族群认同理论，族群情感纽带伴随着人类记忆而生，并不是以生物遗传因素为唯一准则，而是同时涵盖了族群认同的"四要素"：一是语言文字，二是宗教信仰，三是地域文化，四是生活习俗。满族屯满族恰好符合这四个要素的内在属性。长期的满蒙民族杂居，形成早期的"嵌入式"居住特征，在新中国成立后，这种"嵌入式"民族构建在中国共产党的民族区域自治制度中得到充分的体现。满族屯满族不仅在语言文字上使用蒙语，还在生活方式、生产结构、民俗文化等社会生活方面都有"蒙古族化"的特点，同时该地区的蒙古族也不同程度地受到外来满族的影响。

生存环境决定着生活方式，进而形成特有的文化积淀。什么样的生存环境就决定了什么样的生活方式，也决定着经济、民俗、信仰等现象。传统的满族民俗是以森林渔猎经济生产方式为基础，具有浓郁的地域性特征，满族屯满族在历经漫长的发展、变迁后，生存环境出现了较大变化，生活方式也从最初的森林渔猎转为草原游牧，直到现代的牧民新村定居。满族屯牧民都有两处住房，一处在嘎查村落里（有的甚至在城里买楼），一处在山上自家草场牧点上（很早以前都以蒙古包为主）。民族文化也随之发生了较大变化，在民俗文化的变迁中也体现出深深的生态烙印。

满语是阿尔泰语系满—通古斯语族的一支，属于满族人自己的语言。满族屯满族在经历漫长的历史变迁后，当地满族和蒙古族既强化了族源记忆和民族认同，又彼此认可，尊重对方的文化，形成了和而不同的多元文化环境。满族屯满族已经不再使用满文、不会说满语，全部使用蒙古文字、说蒙语。但满族人说的蒙语在发音时，还掺混、夹杂了许多满语发音的元素，与纯正的蒙语发音还是有着明显的差异。例如：妈妈叫"哲劫"、哥哥叫"阿嘎"、姐姐叫"格格"、嫂子叫"乌

嗨"等，这种历史记忆、文化认同和民族认同，加深了民族间的深度融合和世代传承。

满族屯有史以来就是少数民族聚居的区域，契丹、女真、蒙古、满等多个民族曾在这片土地上留下足迹。有的民族存在的历史较短，有的曾在历史上辉煌一时，并逐步在相互接触、交融中走向发展壮大。有的民族文化在发展中，已经消失或被替代，融入其他少数民族的文化当中。满族屯体现出来的文化元素比较明显地体现了蒙满两个民族相互融合的内生动力，随着现代化的发展，通讯交通工具也日益发达，人们的活动区域不断扩大，客观上为人口迁移及不同民族文化之间的交流与融合提供了更加便利的条件。

宗教信仰的契合归一，成为推进民族关系深度融合的原生力。比如，自然崇拜是满族祖先最原始的崇拜形式之一。满族祖先认为自然物和自然力有灵魂、精神和无穷的力量。因此，他们崇拜和信仰自然物。这和蒙古族"崇尚自然、天人合一"的理念是一脉相承的。蒙古族的自然崇拜更具体、更直观，主要包括天、地、敖包、火等。在满族屯满族乡，族际关系深度融合，集聚效应更加凸显，自然崇拜、信仰文化方面实现了契合完整和趋同一致。具体如下：

一是崇拜苍天。蒙古人崇拜和信仰"上天"和"长生天"。《蒙古秘史》中记载成吉思汗的祖先是奉天命而生。其后，成吉思汗一生事业无不靠天力，无一事不归于天。《蒙鞑备录》中也记载了鞑靼人特别敬仰天和地，每事之前必提到上天之事。《鲁布鲁乞东游记》中也有祭天仪礼的叙述。满族屯满族也同样极度崇拜苍天。

二是崇拜土地。蒙古人认为大地是万物之母，也是保护子女、五畜、五谷的女神。所以把大地称为额和德勒黑，意为大地母亲。《马可·波罗游记》中记载了古代蒙古人的祭地习俗。蒙古人用羊肉、奶食、圣酒祭地并跪拜大地，以祈求大地的保佑和恩赐。平时饮酒时满族屯满族人也和蒙古人一样，不忘把酒敬献给大地。

三是崇拜日月。据《蒙古秘史》记载，孛儿只斤氏族的祖先孛端察儿就是日月之光孕育而生，其母阿阑豁阿的丈夫死后，每夜日月之光从窗而射，光浸其腹，怀此子而生。蒙古人认为自己是光的后代，所以把日月之光当作祖先来看待，通过祭祀来表达自己的崇拜和敬畏之心。由对日月的崇敬和视日月为神明形成了一系列的禁忌习俗：禁忌对着太阳和月亮大小便、扔垃圾、吐唾沫、谩骂和泼水。

四是崇拜山水。蒙古人把雄伟险峻的山称为神山，冬夏长流的山泉称为神泉来祭祀。他们认为神山、神泉能保佑五畜兴旺、风调雨顺、人丁安详。他们在日常生活和生产中，不去毁坏神山的一草一木，对它进行祭祀和膜拜。据《蒙古族民俗风情》一书记载，科尔沁右翼前旗西北边界的宝格达山就是满族屯人心中的神山。满族屯满族每年的那达慕都是从祭山开始的，然后才是那达慕的传统项目。

五是崇拜火。祭祀火是蒙古民族的古老传统习俗。在蒙古人看来火是神圣、纯洁的，它具有使一切东西净化的能力。正因如此，蒙古人自古以来有着用火净化万物之俗，以驱除所有的污秽之物，排除一切不良想法和清扫一切邪恶势力。《内蒙古十通·内蒙古民俗风情通志》里都有相关的记载。满族屯满族沿袭农历腊月二十三（小年）祭火习俗。

六是祭祀敖包。满族屯查干敖包是内蒙古民族宗教委员会和内蒙古社科院认定的72座知名敖包之一。1999年由当地满蒙族中长者和干部群众从索伦红光迁移而建，并请德高望重的喇嘛布场诵经，由满族王氏家族主持举办祭祀集会，直到2007年成立了敖包协会，进一步程序化、规范化，并作为满蒙民族传统盛大节日固定下来，每年的农历四月十九，为满族屯查干敖包祭敖包日，现已成为内蒙古自治区非物质文化遗产保护项目。从古到今，在蒙古族所有的祭祀活动中，最为隆重的当属祭祀敖包，没有之一。这是蒙古族古老文化的延续和缩影，蕴含了许多蒙古族的传统文化和习俗因子，对研究游牧文化、蒙古民族发展史具有重要价值。祭敖包这种渗透着敬畏大自然、感恩天地造化的祭祀活动，本身反映了牧民们对美好生活的渴望和追求，这是游牧民族真实生活状态的一种文化呈现形式。

敖包是蒙古族和满族的精神家园和文化图腾，在满族屯草原上，几乎有蒙古人居住的地方都有敖包。在古代，敖包有部落、氏族和家族敖包的分类。到了清朝，随着盟旗制度的出现就有了盟、旗、苏木敖包的类型。满族屯满族和蒙古族牧民一样，同处于广阔草原、深山密林，人烟稀少之地。祭祀敖包，不但是祈神降福、保佑畜群、祈求风调雨顺的一种宗教活动，而且也借此实现了聚会，密切了人际交往，沟通了信息，社会集团意识也得以强化，从而增强、巩固了同一区域内牧民的凝聚力。满族屯满族敖包祭祀仪式结束后，举行传统的赛马、射箭、摔跤、唱歌、跳舞等文体活动，还要进行物品交易，成为牧民们交往交流的一次大规模的集会，深受牧民们的欢迎。实际上这个集会也是现代蒙古族聚集地区那达慕盛会的雏形。

当地这些蒙古族的民族崇拜和民俗文化，全部被满族屯满族所接纳，并自然地传承下来。满族屯满族在宗教信仰上也与当地的蒙古族一样，长生天的观念深入骨髓，世代流传。同样信奉喇嘛教、萨满教。在祭祀活动中，与当地的蒙古族没有区别，也举办祭祀敖包、那达慕、马头琴四胡比赛；同样举办满族文化节、札萨克图民歌会等。

2009年，满族屯满族服饰展在全旗庆祝建国60周年群众文艺汇演中获一等奖。这些满族服饰由满族屯牧民自行组织设计并登台展示表演，再现了满族皇上、皇后、格格、贝勒阿哥、牧民游牧等场景，表现了清朝满族从宫廷生活到民间百姓的服饰风格、生活特征、审美取向，得到了专家学者的一致肯定。满族屯现存大量的满族传统文化内容，使得满族屯满族文化不仅具有独特的民族特性，而且吸纳蒙古族文化元素中的生态理念，具有独特的融合性和生态性。

从社会伦理学的角度来看，也有其必然的关联性和趋同性。因为满族屯满族祖先都属于北京正白旗，以王氏家族为主，属于同宗同族，300多年来世世代代一直坚守着"同族不通婚"的习俗，所以与当地蒙古族自然而然形成了一种联姻关系，在子女婚姻问题上支持与蒙古族结婚，满族屯草原上的满族和蒙古族儿女亲家特别多，民族关系得到深度融合。因此从生物学血缘的角度看，满族屯满族已经不具有或很少有纯满族的血统，但其民族身份却不可置疑地得到本民族和其他民族的认可。从满族屯满族乡的设立、满族屯满族文化被列为内蒙古自治区级非物质文化保护项目等事实，足以证明满族屯满族的身份和地位，得到了政府部门和相关文化部门的承认。满蒙民族在经历几百年的文化接触和磨合后，矛盾和冲突早已消失，在文化相互借鉴中，形成了各自的民俗文化体系，使得两个民族相互尊重，互教互助互融。

三、筚路蓝缕的发展历程

清朝末年，札萨克图郡王乌泰时期科尔沁草原被大面积开辟为农田，尤其经历乌泰事件后，原本在科尔沁草原南部的牧民被迫北迁继续从事畜牧业，进入满族屯一带。满族屯属于潜山丘陵地区，自然环境优美，是理想的游牧场所。同时，该地区由于地处偏僻，东西狭长而南北狭窄，只适合发展畜牧业，"偏安一隅"，受外界的影响和干扰较少，近代无论是东北政变还是日本侵略对该地区影响较小，人们依然过着相对安宁的日子。

新中国成立以后，满族屯地区成为内蒙古自治区畜牧业改革试点，首先试行"三不两利"的政策（"三不两利"指的是建国初期，内蒙古自治区进行民主改革时，在牧区实行的一项特殊政策，即"不分、不斗、不划阶级"与"牧工、牧主两利"。"三不两利"政策是根据牧区的实际情况和畜牧业经济特点制定的），并逐步总结推广，这也是中国共产党民族区域自治制度的成功实践之一。该政策实施后，满族屯地区整体社会状况发生了巨大的变化，不仅提升了牧业生产效率，而且解决了牧主和雇工之间一直存在的矛盾，实现了双利和互赢，彻底改变了牧主和雇工之间的对立关系，提高了牧主的生产积极性和社会责任感。许多牧主纷纷以放"苏鲁克"的方式增加牧民的收入，同时建立"牧代会"以保障牧民的基本权利。草原牧民生活稳定，畜牧经济迅速发展，成为当时颇有影响的新闻。这种经营模式及所获的成绩，受到周恩来总理的赞许和时任内蒙古自治区政府主席乌兰夫的嘉奖。

20世纪80年代（1980）初期，满族屯地区实行畜群包干责任制，把原来集体所有的畜群承包到组到户实行"保本儿、保纯增"以及"仔畜分成责任制"，满族屯的畜牧业得到迅速发展，牧民的生活水平得到迅速提高。

1984年设立满族屯满族乡后，满族屯嘎查的经济、社会、文化迅速发展，1990年通电，1991年安装程控电话和有线电视，2002年安装了无线电话，在草原深处高山密林的"畜牧点"（俗称"羊包"）上也体验到现代文明。围绕"提质增效"发展优质牧业，改良牲畜占83%，牧民人均收入4277元，砖瓦结构标准民房已占总户数的95%以上。随着国家旅游业和非物质文化遗产保护工作的开展，满族屯嘎查借助其独特的自然风光，传统的民族文化及深厚的历史文化底蕴等资源，旅游业逐步复苏。在经济、文化、社会、生态环境等多方面综合发展，民族融合的优势非常明显。

改革开放40年来，特别是党的十八大以来，满族屯嘎查牧业经济、牧区面貌发生了翻天覆地的变化，成为草原深处的璀璨明珠、祖国北部边疆一道亮丽的风景线。牧区家庭牧场和标准化养殖已成为畜牧业生产的主要方式，畜牧业跨越到高质量发展阶段。大力推进牧区牧业供给侧结构性改革。牢牢把握生态优先、绿色发展这条主线，调整产业结构，科学控制牲畜头数，严格实行草畜"双平衡"。2017年，牲畜存栏数达到4.219万头（只），比1946年的0.24万头（只）增长了18倍。嘎查集体经济主要以"提成羊"收入为主，年收入17.5万元。现大畜优良品种普及率已达到90%，小畜改良头数已达到8000余只，牧点101个。积极发展庭院经济，培育庭院经济示范点2处；种植饲草料1.5万亩。脱贫攻坚全面胜利，建档立卡贫困人口26户60人全部实现脱贫摘帽。牧业专业合作社 3 家，党员创业带富 3 户。幼儿园、广播电视、文化室、卫生室、便民连锁超市、医疗保险、养老保险和高龄津贴均已实现全覆盖。全面实施了危房改造、安全饮水、街道硬化等工程，所有牧民全部住进了美观大方、温暖舒适的新居。"走上水泥路，住上安全房，喝上干净水，看上放心病，领上养老金"在满族屯牧区变成了现实，牧民群众获得感和幸福感大幅提升，开创了历史新纪元。

四、"生态草原＋民族文化＋产业牵动"的"满族屯模式"

斗转星移，日月轮回，远去了古老沧桑的游牧历史，满族屯嘎查跨进了百业兴旺的新时代。生态优先、绿色发展、产业升级、民生改善、日新月异的牧民新村在古老的大地上焕发出勃勃生机。秉持这样的理念，满族屯在原生态草原保持传统的牧民生活、牧业生产，以绿色产业保护、发展生态家园，加大脱贫攻坚力度，改善、提升牧民生活。这里可以满足你关于草原、关于绿色、关于诗和远方的一切期待和向往。

一是 300 多年的悠久历史使满族屯形成了独具特色的民俗风情。这里有牧区民主改革纪念馆、科右前旗满族屯博物馆，有图布台湿地保护区、查干敖包公园、公主湖公园、小龙山、金界壕、古树、古井等名胜古迹，也有祭敖包、那达慕、"满族屯杯"民歌赛等民俗活动。同时，满族屯不断加强旅游基础建设，围绕吃、住、娱乐为主的服务业逐渐成长，还根据区位优势推出旅游线路，积极发展配套产业，年接待游客达到 2 万余人（次），2015 年满族屯嘎查被确定为第一批国家旅游富民工程示范村。

二是绿色底蕴成就可持续发展的生态家园。精心呵护满族屯满族乡这片"梵天净土"，始终贯穿生态优先、绿色发展的理念。加大草畜平衡监管和饲草料地监管力度，严格控制饲草料地面积，杜绝饲草料地种植经济作物。持续推进"气十条",强化大气污染综合治理,全面整治燃煤小锅炉工艺改造。加强施工扬尘、渣土运输等污染整治,严控秸秆焚烧行为,确保打赢蓝天保卫战。深入实施"水十条",实行最严格的水资源管理制度。全面落实"土十条",加强畜禽养殖等污染防治。强化环境质量网格化监管,促进资源永续利用、良性循环。生态建设工程常抓不懈。落实基本草原保护制度和补奖机制,严厉查处滥垦滥伐、乱采乱挖、偷牧乱牧等违法行为,严守草原保护红线,切实筑牢生态安全屏障。完成"三北防护林"工程指标任务,严格落实草畜平衡。扎实推动河长制从全面建立到全面见效。

三是大力发展全域旅游,推进文旅融合,活旅游、兴商贸,闯出跨越发展新路子。聚焦"中国新兴草原旅游目的地"目标,打造黑羊山至满族屯优质旅游线路,连接乌兰毛都—满族屯—索伦旅游线路,融入大乌兰毛都草原旅游布局。改造提升原有的查干敖包景点,规划立项建设满蒙民俗风情园一处。在沿满族屯至乌兰毛都的线路上建一处驿站、瀑布景观和自驾车营地。对海勒力斯台沟水泥路进行改造,实现手机信号全覆盖。开发札萨克图刺绣等旅游纪念品。实施"旅游+"战略,推动旅游业融合发展,增加了草原风情游、生态康养游等项目。以节庆树品牌,使满族屯旅游产品影响力大为提升。满族屯草原马拉松比赛、札萨克图民歌文化节等"九站式"乡村旅游推广活动受到游客热捧;成功举办查干敖包祭祀、满族屯牧民春晚等文旅节庆活动,实现全域旅游、全民共享。举办《义莫甘珠尔经》集会。深度挖掘满蒙文化底蕴,民宿旅游、牧家乐等特色旅游已经纳入旗乡两级规划,付诸实施,前景广阔。2019 年旅游人数突破 2.5 万人(次),同比增长 22%。

四是调整优化畜牧业产业结构,构建现代畜牧业体系。围绕满族屯嘎查现代草原畜牧业功能区,以"畜牧+旅游"为方向,以建设合作经营牧场为核心,以发展良种肉牛肉羊养殖为重点,打造"集中规划、统一管理、资源共享"的牧业生产新模式。聚焦"牛、马、羊"重点产业，提高优质饲草供给能力，发展高产苜蓿，打造肉牛养殖产业示范嘎查。

五是全面启动美丽牧村建设，推进嘎查基础设施建设新成效。争取上级道路交通建设项目，修建满族屯嘎查至特布格日乐嘎查改扩建油路及部分通往牧点水泥路，升级改造其他牧点道路。加快美丽乡村建设，补齐公共服务短板。实施垃圾处理、水源地、污水处理等项目。改造满族屯满族乡图布台河河道，升级改造公主湖公园，满蒙风情四合院工程完工并投入使用。

五、文旅融合面临的历史机遇和挑战

（一）边疆民族地区前所未有的历史机遇

1.国家发展战略带来的难得发展机遇

传统特色文化是美丽乡村建设的精髓与灵魂。2018年《中共中央国务院关于实施乡村振兴战略的意见》中提出："传承发展提升农村优秀传统文化。立足乡村文明，吸取城市文明及外来文化优秀成果，在保护传承的基础上，创造性转化、创新性发展，不断赋予时代内涵、丰富表现形式"。因此，要进一步创新美丽村寨建设的文化灵魂和发展规划。重视利用独特地理风貌和文化特点，规划建设具有满蒙民族风情的特色村落。把特色村落的建设与基础设施、扶贫开发、城镇化和生态建设结合起来，释放民族地区快速发展的潜力。

2.重视国家"一带一路"规划带来的开放机遇

要主动融入国家"一带一路"大战略，借助"一带一路"发展的重大机遇。在推进满族屯特色村落示范建设中，发挥现有产业和资源禀赋优势，坚持推进生态保护、生态草原、文化旅游等方面工作，完善文旅融合基础设施和公共服务设施，把满族特色村落建设成为内蒙古大草原少数民族特色村落的样板。

3. 全面完成脱贫攻坚和乡村振兴带来的新机遇

在满族特色村落的保护与发展中，要充分利用国家关于支持革命老区、民族地区、贫困地区加快发展的相关政策，将民族特色村落示范带建设与乡村振兴目标有机结合起来，提高脱贫攻坚综合效能。

（二）满族屯地处欠发达地区的边缘性劣势

满族屯在构建文旅融合、区域发展方面已经取得阶段性成效，但也存在明显不足和短板，如文化规划体系不够健全、牧民的文化自觉薄弱、民族文化内涵建设不足、乡村文化保护政策不健全等。

1. 文化流失严重，特色不够凸显

满族是一个本族语言、文字濒临消失、绝迹的民族，随着现代社会的快速发展和满蒙族群众混居，满族传统文化日益流失。当前，满族屯新建住房大都按照现代建筑风格建设，部分满族群众对彰显满族特色的民居建筑，缺少民族认同感和归属感，参与建设意识不强，导致满族特色村寨建设工作内涵挖掘不够，品位有待提升。

2. 规划编制滞后，建设模式单一

满族屯民族特色村寨规划编制滞后，总规、详规、控规都不完备，大部分建设规划、产业规划、文化规划均未编制。同时，还存在部分已推进的旧房改造中建筑风格汉化，体现不出满族民族村寨传统特色。

3. 缺乏保护意识，传统建筑毁坏严重

随着安居工程和旧房改造建设的加快，牧民建房管控不严，无序修建现象时有发生，不少新建民房的风格与传统风貌格格不入，自然风貌、生态环境、民族特色逐步消失，原始个性、民族风格、古风古貌逐渐丧失，内涵和韵味消失殆尽。

4.产业重视不够，发展后劲不足

满族屯嘎查由于远离境内唯一主干道302国道，交通不便，营造蒙古族民宿特色产业，方向路数有待论证，产业发展效益不够明显。重视民族村寨基础设施建设，缺乏产业发展远景规划。以满族屯嘎查图布台湿地小龙山景区休闲栈道为例，投入了大量资金，这种木质结构栈道，短期内可以增加村寨特色，但缺少与之配套的系统工程。受地理位置、交通条件、少数民族群众自身素质等主客观因素影响，民族村落产业规模小、层次水平低、经济效益差，结构调整和牧民增收难度大，经济发展相对滞后，嘎查集体经济比较薄弱，用于特色村寨建设的资金更是严重缺乏。

5.机制不够健全，部门合力不足

少数民族特色村寨建设工作涉及民宗、文体、住建、教育、财政、交通等多个职能部门。目前，缺少指导和规范在民族聚居区实施特色村寨保护与发展的规划与建设的规范性文件，尚未形成特色村寨建设的强大合力。民族村寨项目建设缺乏系统性、长期性和前瞻性。

六、统筹推进满蒙风情村落传承发展的对策与建议

（一）主动对接，争取列入中国少数民族特色村寨建设试点

争取高端专业团队指导规划，加大古村落登记造册，建立档案，积极申报。制定满族屯嘎查文旅融合总体规划，重点明确发展定位、功能区划，抓好项目策划。从不同角度、不同领域阐释满族历史文化的深邃内涵、整体风貌、学术价值和现实意义，推进满族屯满族乡传承和保护民族文化，促进满蒙融合文化的全面发展。特色村寨关键在"特"字上做足文章，进一步研究发掘、收集整理满族文化艺术图标和民族特色建筑符号，为满族村寨文化保护及维修装饰提供科学依据

与文化艺术元素，提升满族特色村寨建设和特色历史人文故居的改造修复工作。同时，重点突出当地的生态环境特色，营造浓郁的满族村寨氛围，在建设发展中彰显满族文化特色，切实提高特色村寨的品位。

（二）提炼特色，实施满族风格民居建筑设计大规划

让满族屯嘎查民族村寨成为"看得见山，望得见水，记得住乡愁"的重要载体。要坚持传承历史、立足当前、着眼长远的原则，加强对外联系，嘎查两委班子要争取上级部门支持，组织专业人员赴辽宁凤城、抚顺、宽甸，吉林松花江流域、黑龙江南部等满族祖先繁衍生息的区域，实地考察满族村寨、研究历史文献记载，制定突出满族建筑特色的《满族风格民居建筑设计方案》。组织专家学者和民族宗教部门进行论证、定位，创建具有浓郁民族风情的"满族特色村寨"。大力推进民宿产业、观光游牧、健康养生、文化体验、蒙医蒙药开发等新业态，村寨变景区、田园变公园、产品变商品。同时，将乡村休闲、避暑度假、健体强身、科普教育、人文体验等融为一体。

（三）突出亮点，合理布局，编制民族特色村寨建设规划

突出"满族民居为主调、山水风光为基调、民族风情为特色"这条主线，精准把握满族屯嘎查的区位特点、地理环境、人文底蕴。因地制宜对民族村寨进行准确定位、科学论证，要在项目、产业布局上，规划引领、抓好试点和突出重点，积极发挥典型示范的作用，以点带面，逐步全面铺开。

（四）立足长远，坚持特色村寨建设与产业经济发展有机结合的路子

传统村落是历史记忆的沉淀，特别注重景观的整体性和统一性，整体风格要保持一致，环境不能出现违和感，文化不能出现错乱感，从而扩展民族风情旅游的影响力和知名度。特色村寨的发展要依据当地的资源禀赋，突出差异性，具体到嘎查就是要突出特色，通过这种差异性把特色村寨建设和发展落到实处。因此，要坚持独立性、适度性、

创意性的开发原则，独辟捷径、适度开发、注重创意，做到"人无我有、人有我精"，避免"千村一面、千寨一版"，打造精品村寨。同时，进一步改善水、电、路等方面的基础设施，促进草原牧区基础设施建设。依托特色资源，大力发展特色旅游、特色工艺品和特色游牧业等，为牧民持续增收提供支撑。通过发展民族风情游、民族传统手工业，推动满蒙民族传统文化的传承和保护。

（五）健全协调机制，强化部门合力

要建立多元化投入机制，充分发挥旗县党委政府在少数民族特色村寨保护与发展中的主导作用，进一步加强对少数民族特色村寨建设工作的领导与协调，将特色村寨建设工作纳入重要议事日程；有关部门要通力合作，明确任务，切实履行好本部门的职责，提供必要的政策优惠和工作便利；苏木、嘎查级组织要成为特色村寨建设主体，积极动员和组织民族村群众参与到村寨建设中来，充分调动和发挥他们的积极性、主动性和创造性，集群智、汇群力、谋发展，为少数民族特色村寨保护和发展注入强大动力。

七、结语

纵观满族屯满族乡从传统村落到美丽牧区的发展历程，归根结底是：在文化层面，铸牢中华民族共同体，坚持满蒙文化融合传承、民族团结进步的成功实践；在政策层面，坚定不移地坚持中国共产党的领导和民族区域自治制度，牢牢贯彻生态优先、绿色发展的理念；在精神层面，传承发扬"吃苦耐劳、一往无前"的"蒙古马精神"。实践证明，在内蒙古民族融合发展中，时刻不忘"绿色是内蒙古的底色和价值，生态是内蒙古的责任和潜力"，坚持在保护中发展、在发展中保护，不断加大生态保护和建设力度，推进牧业绿色可持续发展。只有牢固树立"绿水青山就是金山银山"的理念，坚持把生态、绿色挺在前面，才能走出农牧业农村牧区高质量、可持续发展的新路子，促进农村牧区生产发展、生活富裕、生态良好的有机统一，实现乡村振兴的远景规划和宏伟目标。

马玉春，内蒙古兴安盟社科联副主席、中央编办研究会会员、上海交通大学人文学院兼职研究员、内蒙古旅游学会发展咨询专家，研究方向为民族生态学、地理经济学。

陈玲，蒙古族，研究生学历，内蒙古兴安盟科尔沁右翼前旗文化旅游体育局党组书记、局长，研究方向为历史文化、民族经济。

参考文献

[1]2019 内蒙古乡村社会经济统计概要 [R]. 内蒙古自治区统计局 .

[2] 乌日图巴雅尔，宝力道，希恩塔本，图雅 . 札萨克图郡王旗满族那拉：科右前旗满族屯史略 [M]. 呼和浩特：内蒙古教育出版社，2008.

[3] 江帆 . 满族生态与民俗文化 [M]. 北京：中国社会出版社，2006.

[4] 蒙古族民俗风情 (全彩图文版)[M]. 呼和浩特：内蒙古人民出版社，2014.

[5] 内蒙古考古大全 [M]. 呼和浩特：内蒙古人民出版社，2014.

[6] 阿斯钢、特·官布扎布译 . 蒙古秘史 [M]. 北京：新华出版社，2007.

[7] 杨锡春 . 满族风物考 [M]. 哈尔滨：黑龙江人民出版社，1991.

[8] 曾武，杨丰陌 . 满族风俗万象 [M]. 沈阳：辽宁民族出版社，2008.

[9] 冯学忠 . 满族屯变迁 [M]. 呼和浩特：内蒙古新闻出版社，2003.

[10] 周大鸣 . 文化人类学概论 [M]. 广州：中山大学出版社，2009.

乡村振兴视阈下少数民族地区
特色村镇的保护与发展

——以湖南省湘西土家族苗族自治州里耶古镇为例

李　超

　　湖南省湘西州龙山县里耶镇在乡村振兴国家战略驱动下民族旅游得以有效发展，其里耶古城文化遗址、里耶秦简博物馆、里耶明清古街、里耶后街俨然成为目前最具民族文化竞争力的四个重要标识。但同时，里耶古镇发展面临诸多困境，例如区位闭塞、交通不畅、资金缺位、历史因素与现代因素矛盾、古建筑保护不力、里耶后街"过度市场化"、传统历史文化旅游元素凝聚力不强、自然景观与人文景观黏合度不够等问题。基于此，应丰富里耶古镇保护思想内涵，明确历史文化资源、民族文化资源与生态资源特色产业相结合的精准定位，保证资金利用率，加快构筑里耶交通网络，打造里耶酉水沿线生态区，提高居民的文化自觉，激发主体创造力，实现民族优秀传统文化的有机融入与创造性转化，进一步提升里耶古镇的旅游文化品质。

　　里耶古镇，坐落于八面山下，酉水依城而过，是土家族苗族聚居的传统古村镇。其先后获得"中国历史文化名镇""国家特色景观旅游名镇""国家考古遗址公园""全国重点文物保护单位""中国土家族文化生态保护试验区"等各项荣誉，但目前里耶古镇的保护与发展仍面临着诸多难题。

一、里耶镇概况

里耶镇，位于湖南省武陵山脉腹地，地处湘、鄂、渝、黔四省（市）交界边区，地处湘西州龙山县最南端，东临岩冲、长潭、咱果乡，北靠八面山、内溪乡，西连重庆市秀山县、酉阳县，南跨酉水河与保靖县清水坪镇相连。里耶镇属于我国西南山区，地势西北高东南低，由西北向东南倾斜，西靠雅麓山，外围八面山环抱。西部、北部为丘陵区，约占全境五分之二，东南部是平坝地形。酉水河穿过古镇的东部和南部，形成典型的山中沿河盆地，周围地形以山地和丘陵为主。酉水由四川秀水流入镇境，境内流程 10 公里。①

里耶古镇自旧石器时代就有先民在此繁衍生息。清代，里耶属三甲里。民国二十三年（1934）为直属里耶镇，辖里耶镇、三甲乡；民国二十七年（1938）为里耶镇。新中国建立初期因袭旧制，1955 年为五区里耶镇，1958 年属里耶公社，1961 年分置里耶公社。1982 年改名里耶至今。现辖 18 村（居委会），即民胜和居委会、中北居委会、南建居委会、里耶、神仙堡等。② 全镇 4421 户，共 12747 人③，其中少数民族人口 10050 人。镇内区划面积约为 35 平方公里，以土家族为主的少数民族人口占 71%，与泸溪县浦市、永顺县王村和花垣县茶峒并称为湘西四大名镇，被誉为"小南京"。

里耶山水秀美、历史悠久、人文鼎盛，是一个秦文化、明清文化、土家文化相互交融、独具特色的旅游景区。里耶镇旅游资源十分丰富，集历史文化与生态旅游于一体，是全国景观旅游名镇、AAA 级景区、

---

① 龙山县编纂委员会：《龙山县志》，方志出版社，2012 年，103 页。
② 此处由于里耶镇所辖 18 个村委内容繁多，具体可参见 2012 年版《龙山县志》第 103 页所载建置规模。例如"民胜和居委会（民主街、和平街、胜利街）、中北居委会（解放街、解放北街）"等，但内容为 18 个村（委）准确无疑，为避免报告冗长烦琐，故作删改说明。
③ 据 2012 年版《龙山县志》第 103 页载，里耶镇的人口为 12747 人，但据笔者的调查发现，里耶古镇现有的人口已经达到 4.33 万人。

全国历史文化旅游名镇、国家土家族文化生态保护试验区。境内拥有国内唯一的战国、秦、汉时期的"三朝三城"古城遗址——里耶古城，全国独有的秦简博物馆、明清古街巷、南方空中草原八面山、酉水河等特色景观，文化与山水完美交融。里耶古城遗址出土的 37400 余枚秦简，其历史科考价值可与西安兵马俑相媲美，享有"北有西安兵马俑，南有里耶秦简牍"之赞誉。另外，里耶民俗文化资源丰富多样，毛古斯、摆手舞、打溜子、咚咚喹、三棒鼓、哭嫁歌、土家山歌在镇内保护完整。

图 1　里耶古镇鸟瞰图　李超 摄

二、里耶古镇的保护现状

（一）里耶古城保护与发展

　　里耶战国秦汉古城遗址位于酉水河西岸，遗址呈长方形，南北长 210 米，东西宽仅剩 107 米。古城始建于战国时期的楚国，后被秦人攻占，秦亡后汉代继续沿用。这座古城曾经是秦楚争霸的战略要冲，是秦王朝政权建立后洞庭郡的治所，同时也是屯兵重镇，是通达和镇定西南的桥头堡。据里耶秦简记载，洞庭郡迁陵县在秦始皇三十二年时有 55534 户，共 30 多万人，秦代全国仅 2000 万人。地处秦朝边区洞庭郡下属一个县的人口数量，竟占全国人口的七十分之一，可见洞庭郡在当时属于地广人多的大郡。这座经历了战国、秦、汉三朝的古城，护城河、古城墙、城门、城内通道、作坊、古井和房基等遗迹保存基本完整，是我国迄今发现的唯一一座秦城遗址。众多著名历史学家和考古学家说，古城的价值绝不亚于秦简，它对于研究中国历史，特别是秦代历史具有不可替代的意义。国家对里耶古城非常重视，时任中共中央政治局常委、国务院总理朱镕基等对里耶古城的保护、研究、管理和运用等做了重要批示。2002 年 11 月 22 日，里耶古城遗址被国务院特批为"全国重点文物保护单位"。

图 2　里耶古城遗址　李超 摄　　　　图 3　里耶古城古井保护　李超 摄

里耶古城遗址中有一片未曾发掘的保护区，面积达 1.4 万平方米，据考古勘探，该区域内文物和遗迹埋藏十分丰富。国家对该区域进行原始保护，暂不发掘。这里曾经是里耶小学的校址，学校始创于乾隆二十四年（1759），当时称为"炳文书院"。光绪二十八年，更名为"永顺府里耶守经学堂"。1949 年改名为"里耶镇完全小学"，1979 年正式命名为"龙山县里耶小学"，至今已有 240 多年的历史。里耶小学恰巧就坐落在里耶战国古城的遗址之上，里耶小学师生手扶里耶古城墙，脚踏秦简读书，感受着 2000 多年文化精髓的滋润和中国历史文化的熏陶。2003 年为了配合古城遗址的本体保护，学校整体搬迁。从 2005 年开始，国家投资对遗址实施保护展示工程。

（二）里耶秦简博物馆的保护与现状

里耶秦简博物馆，隶属于龙山县里耶管理区管理委员会，为地方性专题类博物馆。秦简博物馆是战国、秦、汉三朝三城的历史文化在这里汇聚积淀，它是集保管、研究、陈列、展示秦简和自然、历史、文化、艺术等方面实物、标本于一体的公共建筑，是世界上唯一一座秦文化专题研究博物馆。2006年博物馆开始筹备创建，2010年建成并正式对外开放。馆址在里耶镇八面山脚下，位于里耶镇城市规划的文化新区，占地面积3.6万平方米，总建筑面积7200多平方米，投资高达1.2亿余元。馆舍仿照中国秦代建筑风格设计建造，为仿古四合院式琉璃瓦建筑，庭院内有秦人开垦边疆的雕塑；数十亩之境，面临酉水河，背靠八面山，整体建筑与山水浑然一体，仿佛天成，飞檐翘角，重檐叠翠。

里耶秦简博物馆由"古城印象、迁陵往事、酉水人家、帝国县政"四大部分构成，观众在此穿越时光、梦回大秦，感受古城布局之精巧，体验民家之趣，探究洞庭郡所在地，领悟世界数字文化精髓。

图4　里耶秦简博物馆　李超 摄

在博物馆的保护发展方面，据文物部的隆海银主任介绍，里耶秦简博物馆现有临时库房一间，面积 600 平方米。库房采取封闭化管理，因条件有限未安装空调系统，但已配备温度计，且由专人每日记录库房温度、湿度。保管柜保存文物分层收藏，采取"下大上小，下重上轻"的原则摆放，各文物摆放空间适宜、间距合理。保管柜密闭管理，减少温度变化、空气流动及粉尘的影响。单个的文物保管柜均合理使用变色硅胶材料与防虫、防腐药物，以控制柜内小环境的湿度，防止病虫害对文物的影响。

日常工作中，严格按照岗位责任制度做好文物库房管理，文物的防尘、防潮和防腐蚀等工作。坚持库房日志制度，定时打扫库房卫生。严格执行文物藏品和非保管人员出入库制度，确保了文物藏品的安全和科学保护。2017 年，里耶秦简博物馆实施了《里耶古城秦简博物馆馆藏金属文物抢救性保护修复项目》，历时 8 个月，完成了 24 件（套）金属文物的修复保护工作。

（三）里耶明清古街的保护现状

1. 里耶古街及古建

里耶古镇明清古街区，位于酉水河的西岸，里耶战国秦汉古城遗址南面。街区主要包括中孚街、埠平街、万寿街、辟疆街、夹街、河街、菜行街和景丰巷等"七街六巷五行"。古街核心区占地总面积约 8.99 公顷，街巷总长 3500 多米，现存较好的民居有 910 多栋，建筑面积 31940 多平方米。因为酉水便利，早在清雍正以前就已经形成了商贸墟场，成为湘鄂川边区贸易中心和物资集散地。并由此引来江西、四川、湖北和省内常德等大批客商云集里耶，贸易经商，修街建房。街区内油榨坊、染坊、印钞坊、银匠铺、酒坊等作坊众多，商会、福音堂、船工会、汉剧社、炳文书院、进德女子学校等组织云集。里耶古城是湘西四大名镇之一，人称"小南京"。

古街的建筑风格以当地土家族建筑为主调，同时又融合了赣、苏、皖、浙、西洋等建筑风格，形成了里耶独有的多元结合的建筑特色。古街大小商铺鳞次栉比，商号招牌颇具古风。有些建筑用梓木黑漆匾额，或用楠木茶花条屏，均镶边包角，题字或金色、或绿色、或红色，古色古香，别有雅致。

2. 里耶古街历史文化遗存保护现状

里耶古街中如今尚存诸多清末民初的富商大贾宅院旧址，但这些富商的宅院保护效果并不好。以"题虹第"为例，其为彭景丰的宅第，分布于古街东部，酉水河沿岸，因为其名声远扬故命名为"景丰巷"。从实地调查来看，题虹第宅院本自有两栋独立的楼体，分别为三间两层，但已经有一栋楼体拆除，现仅存一栋宅第，楼梯现已残破，墙体破裂，并无保护措施，院内长满杂草。

图 5　彭景丰宅第　李超 摄

图 6　李同发商号　李超 摄

与之类似的还有李同发商号，其原为"同心恒花纱布匹号"，始建于民国初期，为湘、鄂、川边区规模最大的商号，因由李瑞清、李瑞林兄弟共同经营，故称为"李同发商号"。商号为两层砖木建筑，拱圆形门窗。临街开有 12 扇大门，两边是柜台，内深约二丈。现如今，李同发商号旧址的保护并不理想。首先，商号旧址的保护条文明确规定保护范围为以外墙墙基为起点，四向各至 30 米处。但遗址文物表面还能看到"扫黑除恶、造福人民"的宣传标语。其次，旧址周围没有任何保护的配套设施，居民的三轮车随处停放，影响景观效果。最后，旧址文物与周边民居并排分布，并无特殊处理，极易造成不必要的破坏。此外，同仁祥酱铺旧址、大兴荣号旧址等历史文化遗存皆有类似的保护缺陷。

（四）"里耶后街"的规划发展

里耶后街是承接里耶明清传统古街发展的战略新布局。位于里耶明清古街南部尽头的西侧，与古街戏楼仅有 50 米之隔，旨在用"现代化＋商业仿古化"的新模式延续明清古街的旧有生命力。

图7　里耶后街　李超 摄

目前里耶后街景区旅游项目占地 63.45 亩，总建筑面积约 37000 平方米，由 15 个借助里耶旧有历史而发展的独立院落组成，每一座独立院落皆有自身独特的建筑风格，其目的在于将散落在历史当中的里耶古街形象用现代化手段复原。景区内主要由双鱼主街区、后街大院、太极广场、码头广场等景区节点构成，并在各个节点设置了陶缸、乌篷船、黄包车等各种独具湘西民俗风情的情景雕塑元素。里耶后街拟建 15 栋独立院落和 1 座戏楼，具体情况见表 1。

表1 里耶后街拟建景观设计表

街坊名称	规划项目	备注
双鱼街	1号院庆丰源商号	源自里耶古街商号
	2号院太心公客栈	原为太心公商号，如今改为客栈
	3号院同兴恒客栈	原为花纱布匹号，如今改为客栈
	4号院复春恒商号	源自里耶古街商号
	5号院震源泰商号	源自里耶古街商号
	6号院绿园	新建景观
	7号院绿园	新建景观
	8号院里耶商会	
里仁坊	10号院鼎兴公商号	源自里耶古街商号
	11号院张芝堂客栈	原为里耶国药商号，如今改为客栈
	12号院彭景丰商号	源自里耶古街商号
	13号院鼎顺和商号	源自里耶古街商号
	14号院集泰恒商号	源自里耶古街商号
C组团区	9号院后街大院	景观设计
	15号院聚义堂商号	景观设计

资料来源：笔者实地调查后绘制，调查时间：2019年4月28日9：10—16：30

里耶后街的大多数建筑设计理念源自里耶明清古街的历史文化元素。里耶古城在明清开市以来涌现出许多著名的名商大贾。里耶后街的设计目的正是借古之势重温人文故事，巧妙地运用15栋院落构成里耶文化、民俗文化、特色民宿、游客休闲、旅游综合等五大功能区。

（五）里耶古镇现有保护策略

1. 保护机构的成立

2002 年 8 月 13 日，龙山县成立里耶古城保护领导小组，随后从文化、国土、建设、规划等部门中抽调 28 人进行前期工作。12 月 1日，改为里耶古城管理处筹备组。2003 年 4 月 9 日，筹备组更名为里耶管理区管理委员会，为县委、县政府派出的副县级行政机构，下辖里耶、八面、岩冲等 4 个乡镇，统筹规划，发展文化旅游事业。2018 年，里耶镇成立里耶古城旅游投资经营有限责任公司，办公室设在摆手堂东侧。该公司在 2018 年完成了对里耶古街中传统古建的认定和保护，并在相关古建文物上张贴"景区房屋收购"的标识。

2. 施行法律保护条例

2002 年 8 月 12 日，县政府发布《关于加强里耶古镇保护的通告》。9 月 16 日，湖南省人民政府行文，将里耶古城列为省级重点文物保护单位。11 月 22 日，国务院通知，里耶古城增补为第五批全国重点文物保护单位。2003 年 4 月 9 日，县政府发布《龙山里耶镇保护办法》，文件决定对里耶战国—秦代古城、汉代古城、战国秦汉古墓及新石器遗址等文物群、明清时期古建筑和古代民居群、自然风貌和民间风俗等予以全面保护，6 月 1 日起施行。2004 年底，湘西州十一届人大常委会再次审议里耶古城保护条例。

2011 年 4 月 15 日，湘西州第十二届人民代表大会常务委员会公告第 4 号公布《湘西土家族苗族自治州里耶历史文化名镇保护条例》，内容涉及文物保护、历史文化街区保护、自然环境和民族传统文化保护等 4 项重要内容。2018 年里耶古城景区公布了《关于里耶古城景区环境综合整治的公告》，旨在加强对里耶古城景区的全面保护。

3. 中国城市规划设计研究院规划里耶发展

2002 年 12 月，里耶镇进行了 1995 年后第四次城镇总体规划编撰工作。此后由中国城市规划设计研究院负责里耶发展规划事项。通过勘测调查后于次年5月完成《里耶镇城市总体规划（2002—2020）》。6月中旬，湖南省建设厅组织专家评审通过。月底，里耶镇人大召开会议将其审议通过。这次规划的总体文本包括了里耶历史文化区保护规划、文物古迹保护规划以及相关保护规划的内容。由于这项规划的时限到2020年，据调研结果所得，截至目前并没有更多的发展规划出台。

4. 移堤迁校

2002年8月，中共湖南省委为了进一步保护里耶古城和古井，将碗米坡工程防洪大堤向河道外移，将占据古城遗址二分之一面积的里耶小学整体搬迁。11月，湖南省建设厅、湘西州人民政府会同省文物局、中南勘察设计院项目部、省水利水电公司里耶项目和龙山县政府，确定了"防洪墙边线距离里耶古城1号井外壁16米"的外移方案，并批复同意。

2003年4月2日，建于清乾隆年间的里耶小学整体迁建工程开工。新校位于镇中心书院街北侧，占地6万平方米，将建成教学区、多功能办公区和学生生活区等8个院落，总建筑面积2.2万平方米。总体风格与古城协调，为书院式园林建筑。迁建工程总投资2420万元，两年内投入使用。

5. 古街原生态保护

自2003年开始，政府即对古街进行全面的原生态保护，争取资金2400余万元，全面保护占地8.99公顷的里耶明清古街区。古街区总长3500米，现存保护较好的古民居910栋，建筑面积达到31940平方米。古街区供水、供电、电讯、电线等全部完成地下铺设，上以青石板铺盖。修缮旧房及旧封火墙，修饰旧有民居。2018年，政府有关部门对里耶古街进行了相关文物的进一步认证工作并逐步对其古建内部进行维护加固。

三、里耶古镇现有发展困境

（一）区位闭塞、交通不畅

里耶镇从地理区位上讲属于渝、湘、鄂、黔四省（市）交界处，与张家界、凤凰共同组成湘西旅游金三角，地理区位优势明显。但从调查结果来看，里耶交通闭塞。地方的发展起步于交通，"要想富，先修路"的时代理念至今沿用，笔者在对里耶古街房屋收购处黄立德主任进行访谈时，对方有这样的倾诉："我们这里历史文化深厚，有秦简、有古街、有古城遗址、有博物馆、有八面山、有土家族的传统村落惹巴拉，但是我觉得最重要的一点是我们这里如果不通高速，还是发展不起来。"①

据悉，从龙山县至里耶古镇的 S231 道路于 2018 年才竣工通车，道路的设计为二级路，双向两车道，原先龙山至里耶的三小时车程缩短至两小时。交通条件虽有改善，但通行效率较低。笔者认为交通条件的改善是促进地区发展的重要因素，对旅游景区而言更是如此，故制约地区各项发展的"咽喉"因素应是交通条件，只有加大当地与外界的沟通与互动，各项事业才能快速发展。

（二）资金缺乏与资金流转缺位

里耶古镇发展的另一问题便是"资金问题"。笔者认为里耶镇所出现的资金问题应分为两类，即资金缺乏与资金缺位。

首先，上级政府每年应会调拨资金用于里耶古镇的保护和发展，但这项资金的流向无从详考，仅从百姓的言语和现实成效中便可观之一二。里耶镇一位退休干部这样讲："我们这里实际上应该是有钱的，上面往下面拨钱也是有的，以前我工作的时候经常听说用在地方建设

---

① 讲述人：黄立德，男，62 岁，土家族，里耶古街房屋收购办公室工作人员。访谈地点：里耶摆手堂广场办公室 201 室。访谈时间：2019 年 4 月 28 日 19:05—19:50。

的钱拨下来喽，但是等着等着就没着落了。"①

其次，资金缺位亦为短板。资金缺乏与资金缺位实为两个不同的概念，资金缺乏是没有资金用于建设，而资金缺位是原先用于建设发展的资金流向他处。古街中许多古建房屋被政府部门收购予以保护，但之后的内部修缮、加固改造、文物整理等工作便再无下文，这说明资金缺位问题是非常严重的。

（三）古镇历史元素与现代符号的矛盾共生

里耶古镇的另一问题即历史文化元素与现代符号矛盾共生，不甚协调。站在里耶古镇西侧的雅麓山上远眺里耶古镇的全貌，不难发现，里耶古镇呈南北狭长带状分布，70%的建筑皆为现代化砖瓦房，仅有约30%的建筑为里耶古镇的旧有建筑。从视觉景观上并不能直观感受到"古城"的韵味。更有甚者，在明清古街的核心地段，依然有古今建筑并存的现象。

这些矛盾共生现象无论从历史文化保护还是古街的整体展示效果来看，都是不利因素。明清古街作为里耶古镇发展的核心景区和主要旅游资源承载区，矛盾共生现象势必会拉低其旅游价值。

（四）众多古建缺乏有效保护

第一，里耶古街的古建保护力度不够。诚然，对明清时期诸多原有商号的古建进行原址保护与加固确有难度，且需投入资金巨大。但里耶诸多古建也没有进行原生态有效保护，有些仅在旧址房屋上张贴"景区房屋收购"的标志便紧闭大门。此外，在商号旧址的门前亦没有任何警示标志，相反有诸多广告标语贴于其上，古建门前垃圾遍地，代步工具随处摆放，无疑是对古街古建整体形象的破坏。

第二，摆手堂乃里耶古街的核心古建，缺乏有力保护。摆手堂坐落于里耶古街的摆手广场，此处应是里耶土家族人的公共活动场所。

---

① 讲述人：里耶镇退休老干部。访谈地点：里耶镇麦茶社区街巷口。访谈时间：2019 年 4 月 26 日 17:15—17:30。

对其应给予更多修缮与保护，但实际上，五层摆手堂残破不堪，八部大神供桌上不见香案供品，大殿内空空如也，极为冷清。古街内的标志性古建并没有引起足够重视。

第三，古戏台为明清古街核心古建，仍缺乏修缮与保护。位于摆手堂广场西侧的古戏台与摆手堂遥相呼应，形成了历史文化古建的核心建筑。但从外观上看，古戏台底层的支撑原木已然倾斜。二层戏台的台面上木板裂纹明显，亟待抢救性修缮和保护。

第四，里耶古街的众多商号古建残破不堪。前文已述的彭景丰古建墙体坍塌，院落中杂草丛生。如此景象，实为遗憾。

（五）文物保护意识淡薄

里耶民众文物保护意识淡薄，大多亦不知里耶秦简在中国历史上的重要地位，更不明里耶古镇的历史背景和其深厚的文化底蕴。在古建上乱写乱画的现象普遍，房屋上划伤砍砸的痕迹频出。

另外，居住在古街上的民众与众多商号旧址相邻，生活垃圾的堆放势必对古街造成一定程度的破坏。政府虽出台了《关于里耶古城景区环境综合整治的公告》，但效果较差。《公告》的出台也从侧面体现出古镇居民文物保护意识的缺乏。

（六）后街景观设计"过度市场化"

里耶后街的整体布局试图延续明清古街的生命力。其项目设计起点与里耶古街末端的摆手堂对接，使到访古街的游客能由历史文化场景直接过渡至现代化的"快时尚"旅游空间，这样的设计也是利弊并存。

一方面，新型历史文化旅游空间的构建使得里耶古街的生命力得以延续，一定程度上促进了里耶古镇的经济发展，提高了里耶古镇的知名度，具备一些现实价值，有一定的积极效用。另一方面，后街的设计存在诸多缺陷。首先，势必会失去里耶古镇的历史本真。里耶后街的开发商借鉴丽江古城、凤凰古城的设计理念，引资修建大量现代化仿古建筑，这样就失去了历史的本真面目，设计者还将古街旧有的商号运用至新式建筑中。试举几例，古街原存有"太心公商号"，如今被贯之以"太心公客栈"；原为"同兴恒"的花纱布匹商号，如今也被错用成"同兴恒客栈"。这种"张冠李戴"的行为是无视历史的错误做法。其次，从后街的整体设计来看，商业化非常严重。过度的开发与建设，难以保留里耶最朴实的核心。最后，后街与古街虽有衔接，但二者实质差异巨大，一为古建，一为现代建筑，由于文化内涵的本质差异，二者矛盾共生，不伦不类。

（七）古镇文化旅游标识凝聚力与竞争力不强

里耶古镇的历史文化核心标识过于分散，缺乏整体的凝聚力和竞争力。里耶秦简博物馆、里耶古城遗址、里耶古街、八面山、观音寺等。这五类文化核心标识，由于其各自地理位置的分散，缺乏一定的核心凝聚力。里耶秦简博物馆与里耶古城遗址是以秦简为中心的历史文化旅游竞争点，但由于二者相距较远，没有形成有力的区域竞争力。再则，以里耶古街为核心的明清商号与众多商贾同样构成了明清商号文化的竞争点，但由于摆手堂与戏楼的年久失修，"老九间"日益荒废，使得古街的历史文化竞争力不断降低。

（八）历史人文元素与自然生态景观黏合度不足

里耶古镇实则具备两大优势旅游文化经济圈，一则为以历史人文元素为主的里耶古城风貌，一则为以八面山为主的优势自然生态景区。现实观之，古镇中历史人文元素与自然生态景观黏合度极其不足。

首先，里耶古街中包含众多商号古建、摆手堂、戏楼等重要文化要素，整体性较强，但秦简博物馆距离古街较远，未连片发展。其次，以八面山为主的自然景观没有实现进一步开发，且交通不畅。据悉，八面山上现只开发出一片名为"空中草原"的场地供游客骑马游玩，旅游资源亟待开发。交通不畅亦会造成自然景观旅游发展不畅，故古镇的自然景观与历史人文景观并未做到很好地结合，二者凝聚力不强、黏合度不高，导致当地旅游发展并未取得实质性突破。

（九）古镇历史文化景观缺乏吸引力

里耶古镇的历史文化景观包括古城遗址景观与古街文化景观，在一定程度上皆缺乏吸引力。首先就其古城内的历史文化景观来说，仅"中华第一井""官署遗址""南城墙""作坊遗址"等为原址保护，城墙和沟壕等为人工景观，加之古城遗址面积甚小，有待发掘的空间较小，缺乏吸引力。

其次，古街的古代建筑大多年久失修、残破不堪，缺乏吸引力。摆手堂为古街的标志性古建，但2016年的水灾曾淹没这里，加之风吹日晒、雷雨洗礼，如今看来已非常残破。西侧的戏楼亦呈现出残破的状态。总体而言，古街的历史文化景观缺乏吸引力。

（十）少数民族优秀传统文化融入度不够

里耶古镇是少数民族聚居区，以土家族为多，另有少部分苗族人居住。少数民族优秀传统文化应该在古镇的旅游发展中起到良好的带动作用。但实际来看，里耶少数民族优秀传统文化在古镇旅游发展中的融入度仍不够。

里耶土家族拥有诸多特色的优秀传统文化，例如茅古斯舞蹈、摆手舞、咚咚喹、打溜子、梯玛歌以及各式各样的西兰卡普。但优秀传统文化的展演并没有完全融入古镇的旅游发展当中。

四、里耶古镇保护与发展的实践路径

（一）丰富古镇保护思想内涵，精准定位有效发展

第一，明确里耶古镇的发展定位，做到历史文化资源、民族优秀传统文化资源及生态特色资源的有效结合，三位一体，形成立体式发展模式，此应为古镇未来发展的明确定位和科学目标。首先，里耶古镇拥有得天独厚的历史文化资源；其次，里耶土家族民族特色鲜明，

要深度挖掘当地优秀民族传统文化，例如摆手舞、西兰卡普等；最后，充分利用和发挥以八面山与土家族生态村落"惹巴拉"为代表的生态特色优势资源。古镇要明确发展定位，利用与发掘好三大优势特色资源，即"历史文化资源＋民族优秀传统文化资源＋生态特色资源"，形成三大资源的良性循环圈。这样的发展定位才是正确的方向。

第二，里耶古镇作为历史文化名镇，重点在于保护中发展。古镇的旅游文化发展前提便是保护好现有历史文化遗址，这离不开文物古迹保护意识的提高。真正从源头上端正思想、端正态度、提高认识，才是保护古镇的最根本方式。

第三，政府应充分发挥好主体作用与主导作用。切实履行里耶古镇保护与发展的服务职能。例如在政策法规、总体规划、古镇宣传、基本保障、工作指导、协调发展等诸多方面发挥主体与主导的双向作用，真正从思想与行动上保护古镇的原有状貌并努力促进古镇的未来发展。再则，当地相关部门和广大党员干部需充分认识到保护里耶发展的重要性，将相关保护政策落实好，将其作为自身工作内容，明确各自任务与职责，加强相互监督和考量问责。

（二）提高古镇保护发展资金的使用效率

第一，建议相关部门采取规范资金使用的统一管理制度，包括规范资金的调拨、发放、使用、监管等环节。切实保障资金使用的时效性，保证资金用在最主要的项目上，真正使保护资金落地，使古建及相关文物受益。

第二，规范和引导资金的使用方式，提高资金的使用效率，使资金使用更加透明化、制度化和公开化。要监督资金的流转操作，切勿出现资金缺位现象及资金流向模糊化现象。

第三，在有限资金的扶持和调拨保障下，在考察调研的基础上，加快建设重点古建，做到主次分明、重点突出，真正实现古建保护的秩序化与科学化。

（三）加速构筑以里耶为中心的交通网络

第一，国家和湘西政府目前已投入大量资金打造以里耶为中心的立体交通网络，花垣至里耶机场的高速连接线已开工建设，需加紧时间完成，保证2019年通车。

第二，加速修建里耶周边的高铁网络。目前，里耶机场、渝厦高铁龙山站已开工建设，争取于2020年通车。此外，张吉怀高铁永顺站也已开工建设，将于2021年建成通车。

第三，加速建设里耶周边的高速公路网络。目前酉阳—里耶—永顺的高速公路、秀山—里耶—龙山的高速公路均已在规划设计当中，其建设步伐仍需加快。

第四，加快建设以里耶为中心的城乡省道。建议在未来几年的发展规划中拓宽已有二级省道的宽度，变为双向四车道。如若实现，未来将形成以里耶为中心的高铁、高速、航空立体交通网络。

（四）对古街古建进行原生态保护与修缮

第一，对里耶古街内的诸多商号以及清末民初的富商宅院旧址除在原有范围内进行整体保护外，院落内部也要进行整体加固与重新装饰。对院落内一些著名的文物要做单独陈列保护。

第二，对摆手堂等老建筑要重新进行内外部的整修、加固与翻新。内部八部大神尊像在原有基础上进行修缮，内饰重新设计，使古镇的精神文化场所重新注入活力。

第三，对摆手广场的古戏楼进行相应的修缮保护，配合古街摆手堂形成古街景观群，使古戏楼与牌坊遥相呼应，整体提升古镇的历史文化旅游品质。

（五）打造里耶酉水沿线生态旅游区，形成自然历史文化景观带

古镇未来发展应依托酉水的自然优势，形成竞争力较强的自然历史文化景观带，主要依托"自然＋历史人文"的模式。

第一，在目前已近完工的酉水十里长堤路面铺设塑胶或沥青健步

道。在酉水沿线种植景观树与景观花草，定点修建 1—2 座仿古凉亭供人们休息纳凉，既可提升自然风光质量，也可增加古镇绿化面积，提升旅游文化品质。

第二，在十里长堤的健步道上有机融入历史文化元素。在酉水河岸一侧定点刻立一些石牌碑刻，记载当地的神话故事、酉水传说、秦汉里耶往事等，进一步丰富当地的历史文化内涵。

第三，可在十里长堤的草丛或健步道两侧均匀设置一些具有里耶文化特色的小铜像。例如，里耶明清古街有许多巨商大贾，可取材于此，设置人物雕像并简要说明，亦可加大里耶文化的宣传力度。

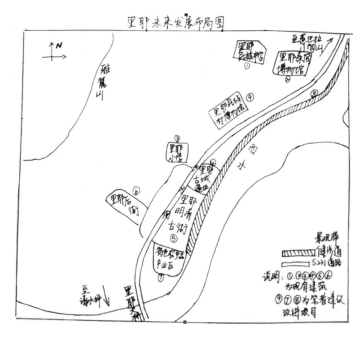

图 8　里耶未来发展布局图　李超 手绘

综合而论，里耶酉水沿线的生态旅游区将休闲、健身、文化、历史等诸多要素串联起来，一方面可提高古镇的历史文化内涵；另一方面可充分利用酉水的便利条件借势发展。如若可行，可将十里长堤延伸至秦简博物馆，形成狭长的"自然历史文化旅游带"。这样亦可解决前文所指各类文化标识分布不均、旅游凝聚力与竞争力较弱的问题。

自然景观带北通"惹巴拉"传统民族村落,亦可通往以八面山为主体的生态旅游区。酉水流域里耶段生态文化旅游区的建设可谓一举多得。如此,人文与自然结合互动、互补共生,势必会增强古镇的旅游竞争力。

(六)修建里耶民族村镇博物馆,增强整体历史文化旅游竞争力

第一,里耶民族村镇博物馆的修建,将进一步解决秦简博物馆至里耶古城遗址中间 3 公里长的"景观空虚化"问题。秦简博物馆距离镇中心 4 公里,如若民族村镇博物馆落成,便可满足游客一路向南的游览体验,也使得整个古镇的发展紧凑而完整。

第二,民族村镇博物馆的修建与秦简博物馆并不矛盾。秦简博物馆的功能在于将秦简所展示的秦代历史做活态呈现,且目前已取得较好成绩。而民族村镇博物馆的建设一定程度上可弥补关于古镇历史文物、人文风俗、民族风情等方面展示的不足。在民族村镇博物馆可布展土家族的传统服饰、传统农业手工业器具、宗教祭祀用品等,还可加入明清著名大贾的遗物。游客走进里耶后不仅体会到秦简的独特历史底蕴,且有里耶商贾、土家风情囊括其中,拓宽了民族旅游的途径,丰富了旅游发展的内涵。

第三,民族村镇博物馆也将是继里耶古城遗址、明清古街、里耶后街、秦简博物馆之后又一个重要历史文化标识与标志性建筑。如若落成,势必提高地区的旅游文化竞争力。

(七)发展民族特色农产品生态体验园,激活里耶发展动力

第一,从区位优势角度分析,里耶民族特色农产品生态体验园北接明清古街,西邻里耶后街现代旅游区,东靠酉水沿线生态旅游区健步道。区位优势明显,可实现里耶旅游区连片发展。

第二,从特色农产品生态体验园的景区服务内容分析,其是在农产品种植园的基础上整合和扩建,并分类种植。例如,种植小黄瓜、千禧果等绿色果蔬,在田间地垄修建观光通道供游客采摘与体验。有效利用当地生态环境的同时,又能进一步创收,激发里耶景区整体的

发展活力。

第三，从景区功能上分析，生态观光丰富了景区的旅游内涵，带动了当地经济的发展。里耶景点大多以历史元素吸引游客，如将生态观光理念融入景区的发展之中，势必丰富景区的文化内涵，使游客在领略历史的同时，体验土家生态农产品采摘的乐趣，这种"历史＋生态"的发展模式值得尝试。

（八）广泛开展古镇文体活动，借鉴其他古城成功经验

古镇可借鉴国内其他古城的成功发展经验，积极筹备举办各种文体赛事，一则增加当地旅游收入，二则进一步提升当地的文化知名度，提高古镇在全国的影响力。

第一，继续保持每年一届的八面山滑翔伞比赛。2019 年 5 月 2 日，湘西户外运动协会与拓步户外运动联合举办了"2019 中国·里耶——八面山滑翔伞公开赛"。诸多滑翔伞爱好者齐聚里耶，分享运动喜悦的同时，尽情享受古镇的韵味。建议"滑翔伞比赛"每年举办一届，扩大知名度。

第二，建议招商举办"里耶古城（国际）马拉松赛"。通过全民健身、全民奔跑的方式进一步提高里耶的国际影响力。

（九）提高居民文化自觉，激发主体保护作用

"文化自觉"概念由费孝通先生于 1997 年首次提出，"文化自觉"指生活在一定文化中的人对其文化有自知之明，明白它的来历以及形成过程，明白其所具有的独特特征和它的发展方向。[1]当地民族文化需要当地人民群众作为主体进行保护，如当地人民群众都没有深入了解、熟知当地文化，谈何保护？故相关部门应加强对当地民众的文化引导，增强民众民族文化自豪感，牢固树立主人翁意识，激发主体认知与保护作用。古镇中有很多明清时期的商号会馆，历史故事繁多，当地民众要增强历史责任感，深度学习和运用好这类历史文化故事，

---

① 方李莉：《"文化自觉"视野中的"非遗"保护》，时代华文书局，2015 年，353 页。

掌握精髓，激发主体保护作用。

（十）高度重视里耶非遗项目保护，实现民族优秀传统文化创造性转化

第一，要加强里耶古镇非物质文化遗产的原生态保护。对西兰卡普与梯玛神歌进行抢救性保护，最大程度保留原生态文化。对于民间散落的西兰卡普珍贵作品要给予收藏与保护。对梯玛神歌的相关内容要做好视频语音资料的整理与研究工作。

第二，非遗传承人要做好传承发展工作。例如，可在里耶古镇设置"西兰卡普传习所"和"梯玛神歌研究基地"，可为国家级非遗传承人彭继龙先生与其"梯玛团队"设置专门办公与研究场所，从而实现传承的有效性。

第三，非遗保护要做到政府与社会的良性互动。例如，定期开展非遗文化产品进校园活动，可适当组织"里耶非遗"的讲演活动，使非遗传承人真正走到百姓身边，使百姓感受里耶非遗文化。

第四，充分发掘里耶民族优秀传统文化，实现少数民族优秀传统文化的创造性转化。里耶古镇的土家族、苗族人数众多，少数民族文化异彩纷呈。当地明清历史文化底蕴亦十分丰富，可利用此契机将优秀传统文化转化为经济价值，完成创造性转化。

一是可将西兰卡普融入古街的商号旧址，进行集中广泛陈列和现场教学，请国家级和省级非遗传承人现场展演西兰卡普的织绣工艺，使得优秀传统文化得到活态传承。

二是将众多少数民族舞蹈及宗教舞蹈融入古街展演互动区。建议在明清古街的圆形摆手广场设置一处展演互动区。将里耶的传统舞蹈搬上舞台，游客可近距离接触、感知与互动。使这些优秀传统文化通过展演的方式创造性地转化为经济价值。

三是将古街的一些传统古商号的产品进行复原加工，场景还原。例如，可复原古街内明清时期榨油商号蓬勃发展的场景，可通过铜体

雕塑还原整个加工过程。这种静态文化展示也可结合一些活态现场展演再现纯手工榨油的整个过程。对于新榨之油可进行适当展销，从而实现优秀传统文化向经济价值的转化。

四是要实现里耶优秀历史文化资源的经济价值转化。例如里耶后街的街面业态布局方面，应尽可能实现"真实历史的重返"，将明清古街中众多古商号的故事予以发掘，通过展板、宣传和会演的方式得以重现。游客进入里耶后街消费的同时，感知与理解历史，完成历史文化资源的创造性转化。

（十一）邀请顶尖科研团队对古镇做更科学的未来发展规划

第一，要进一步吸引高等院校、科研院所等专家与学者来此实地调研与考察，使"里耶古镇保护与发展"等相关课题真正落地实施。在调研与考察当中出谋划策，总结经验教训，形成古镇保护与发展的科学"智囊团"，切实有效地为古镇发展制定科学目标、把握发展方向、提供科学建议。

第二，要以更加积极的姿态引入高等规划设计机构对里耶古镇进行更为科学细致化的调研和考量，形成高质量的科学研究发展报告。目前里耶古镇的规划项目由中国城市规划设计研究院负责执行，2020年到期，届时政府应再次招商引资，继续吸引更加顶尖的规划设计团队参与古镇的规划与发展。

第三，鼓励政府及相关工作单位继续举办以"里耶秦简及里耶文化"为主题的国内（国际）学术研讨会，聚集众多专家学者对里耶未来发展出谋划策、建言献策。会议的举办一则是对里耶历史文化的充分肯定，二则可吸引更多的国内外专家学者深入对里耶历史文化的研究，真正为里耶古镇的保护和发展贡献力量。

李超，山西长治人，中南民族大学2018级中国少数民族史专业博士研究生，研究方向为民族历史与文化遗产。

参考文献

[1] 刘晖. 旅游民族学 [M]. 北京：民族出版社，2009.

[2] 黄海珠. 民族旅游村寨建设研究 [M]. 北京：中国经济出版社，2009.

[3] 龙山县编纂委员会. 龙山县志 [M]. 北京：方志出版社，2012.

[4] 肖琼. 民族旅游村寨可持续发展研究 [M]. 北京：经济科学出版社，2013.

[5] 方李莉. "文化自觉"视野中的"非遗"保护 [M]. 北京：时代华文书局，2015.

[6] 李然. 武陵山区民族特色古镇的保护与建设 [J]. 中南民族大学学报（人文社会科学版）,2016(6).

[7] 宋志冬. 湖南省土家族聚居区历史村镇保护与发展研究——以龙山县里耶镇为例 [D]. 湖南师范大学，2016.

[8] 熊益沙. 历史文化村镇的特色保护与发展研究——以国家历史文化名镇湖南龙山里耶镇为例 [D]. 湖南师范大学，2009.

[9] 唐银. 湘西古镇旅游开发研究 [D]. 吉首大学，2012.

[10] 许春晓. 非物质文化遗产旅游开发影响的社区居民感知研究——以湖南湘西里耶古镇为例 [J]. 湖南财经高等专科学校学报,2010(1).

[11] 黎世新. 古镇文化与旅游开发——湘西里耶古镇调查 [J]. 湖北经济学院学报（人文社会科学版）,2007(9).

[12] 傅丽华. 基于主体系统保护行为决策的古镇旅游开发——以湘西里耶镇为例 [J]. 资源开发市场，2010(10).

历史沿革中的村镇聚落形态变迁

——以高家堡为例

张瑞　贺瑶　李楠　陈蓉

有"塞北小江南"之称的高家堡，近些年来通过文旅、文物保护等事业的出色发展吸引着各界的关注，而作为一座历史悠久的古镇，其最初的发展形态是怎样的？其在不同历史时期所承担的城市责任是什么？其聚落形态变化的影响有哪些？这些都有待探究。本报告根据团队的实地考察调研来探索高家堡在历史沿革中聚落形态的变化以及城市功能的发展，分为四个部分，即从聚落的原始形态、创建发展、繁荣兴盛、问题与新发展四个方面进行相关信息的分析调查。

"塞下秋来风景异，衡阳雁去无留意。四面边声连角起，千嶂里，长烟落日孤城闭。"范仲淹的《秋思》描述的正是陕北风光，作为陕西四大名堡之一，高家堡古镇是国家级历史文化古镇，位于神、榆、佳三县交界处的秃尾河流域，在历史上素有"第一堡"的美称。2008年高家堡古镇被陕西省人民政府公布为省级重点文物保护单位，后被评为"第六批中国历史文化名镇"，高家堡旧称飞鸦川、弥川，唐时属丰州地，明正统四年划归佳州，乾隆二十七年划归神木。本次调研，我们团队选址高家堡的原因是团队成员家乡均在陕北，对该镇民风民俗了解较多，且便于集中开展田野调查。本报告着眼于原始时代、创建与发展、繁荣兴盛、当代发展与问题四个阶段进行分析。围绕高家堡古镇的前世今生、未来发展，总体论述田野调查中的所见、所闻和所想，结合现有资料，对高家堡的发展与问题进行探讨。

一、原始时代——以石峁为主

本次田野调查中，我们将高家堡的"前世"着重置于近年仍在发掘的石峁遗址。石峁遗址位于陕西省神木县高家堡镇，地处黄土高原北部的黄河西岸，毛乌素沙漠东南缘。经过 2011—2015 五个年度的区域系统考古调查和重点考古发掘，发现了由"皇城台"、内城和外城构成的石峁城址；揭露了外城东门址、韩家圪旦贵族墓葬区、樊庄子"祭坛"等重要遗迹。[1] 石峁遗址位于高家堡镇东 1.5 公里处的石峁村山梁上，总面积 425 万平方米，是我国目前发现的规模最大的史前遗址。作为地地道道的陕北人，来到高家堡之后，面对塬、梁、峁之类的黄土高原地貌已经习以为常，我们当中甚至有队员在高家堡居住过八年，但是很难想象，在驱车十几分钟后到达的地方，是我们从未探索、从未发现的一面——石峁正在改写历史。

考古研究报告确认石峁遗址的发掘将中国历史向前推进了 2000 年，它诉说的是公元前 4300 年的古中国的故事，但对于这一座小城来说，它对于这里的人们似乎亲近感更强。沿着一条已经特殊处理过的黄土公路驱车前行，很容易找到那个"石破天惊"的地方，时值七月，我们到达时目光可及处空无一人，与其他普通山体差别甚微，直到面对皇城台，面前是一片恢宏，在围栏里是尚在开发的皇城台，虽有大面积的遮挡物，但目光远眺，它的规模还是出乎我们的意料，它的结构尚可分辨，面积之大不亚于现代建筑。公元前 4300 年的生产力水平，如此宏大的结构耗时耗力程度不是现代人可以想象的，它的结构在历史岁月的侵蚀下依然可以辨认，如此看来确实是建筑史上的奇迹。与其说它是一座古老的城，甚至在更多人眼中仅是填补了很长历史的

---

[1] 孙周勇、邵晶：《石峁是座什么城》，光明日报，2015-10-12。

一个黄土高原角落，不如说是一位正在诉说历史的白发老人，精神矍铄而满腔情怀。移步到已发掘结束的展厅内，扑面而来的是木质结构的栈道和框架与原有内外城的完美融合，空气中散发出阵阵古朴的气味，把我们一步一步引向前方。在展馆旁有一个观景台，站在脚下堆叠的石墙上瞭望，我们可以发现石墙绵延至目光可至之处，与皇城台连成一片，其间杂草丛生，但是通过大致的范围我们可以推测石峁遗址的面积之广，杂草下面掩盖的是公元前 4300 年的古中国。值得关注的一点是展厅的规划设计，已开发的部分并没有被建筑物完全封闭，相反留有空间自然通风，地面上也未将观景区与遗址完全分离，仅有的栈道与遗址融为一体，展厅内悬空的栈道之下是石峁原本的黄土地，像是仅做了清理工作，这一设计让参观者可以沉浸式的体验和观景，完美地呈现了石峁原貌。据已有资料显示：皇城台位于内城之中，城墙依山势大致呈东北—西南向分布，面积约 210 万平方米；外城利用内城东南部墙体再向东南方向扩筑一道弧形石墙，形成封闭空间，城内面积约 90 万平方米。[①] 这证明了我们在石峁遗址上对其整体形态的推测是正确的。石峁遗址的宏大是肉眼可见的，遗址之大证明了建筑群之大、社会群体聚集之多，因此在建筑方面石峁瓮城的代表特征是值得我们尊重的。

　　深究石峁遗址在中国历史中的作用，可以发现它与华夏族的起源息息相关。华夏族，在一定程度上来说，就是我们平常所说的汉族的前身，因此我们可以认为石峁遗址与汉民族的起源和发展有着极大的关系。从历史年代角度看，石峁遗址的发掘将中国历史向前推进了 2000 年，通常意义上说的黄帝所在的年代是公元前 2550 年，它被包含在五帝时代，而后便是夏朝，因此我们可以利用石峁遗址的存在来判断夏朝之前的历史存在的合理性。从历史制度方面来看，分封制下全国各地被各诸侯势力掌控，我们现在所说的陕北地区也在这一范围内，因此我们也可以判断石峁遗址是华夏族的发源地之一。[②] 同时，

① 孙周勇、邵晶、邸楠：《石峁遗址的考古发现与研究综述》，《中原文物》，2020(01)。.
② 沈长云：《石峁遗址与华夏民族的发祥》，《中华文化论坛》，2019(06)。

从经济政治以及文化角度来说，石峁遗址附近村庄同周边各地区的风俗相差无几，经过代代相传，依然保留着部分相近的习俗。从文化交流传播的角度来说，石峁遗址与其他地方相连成片，由此便可推断：石峁遗址的历史时期与周边地区的年代相差无几，扩大地区范围来说，石峁遗址可以作为整个汉民族的发祥地。因此在石峁遗址被发掘后，我们判断石峁遗址与华夏民族的起源息息相关。

在返回神木市后，团队在神木市博物馆查找了相关材料，参考部分文献资料，我们也可以判断石峁遗址文物反映了当年的社会生产生活特征。在皇城台的发掘过程中，陆续出土了陶、骨、石、玉、铜等各类遗物，其中骨类制品中不乏骨针，在分布范围来看，皇城台的顶部有大面积骨类制品。据考古发现，发掘骨针的场地最显著的特点便是"集中"，这在一定程度上印证了皇城台上可能存在过骨类制品制作工坊。同时出土的口簧在考古音乐界产生了极大的影响，众所周知的是，在古代社会，音乐很少被视为平民百姓能消耗和享受的精神产品，大多数人没有机会与高雅音乐接触，往往只有贵族才可以摆脱低等级的劳动，拥有代表权力的时间和精力来享受音乐。如《诗经》中划分的风、雅、颂，他们中有代表各地民风的歌谣，也有代表高雅音乐的"雅"，音乐在古代社会显然是有等级高低之分的，因此它同骨类制品的大范围出土一起证明了皇城台上有贵族活动的痕迹。更甚者在于石峁遗址出土的壁画和石雕，它比不得现代工艺之精美，但我们无法回避的地方在于石峁遗址被判定的时间，经历了几千年的风吹雨打，各类石雕和壁画依然熠熠生辉、栩栩如生，我们不得不赞叹祖先手工艺水平之高超精妙，在工具辅助极少的情况下，任何一件作品都值得我们细细鉴赏。另外一点还在于，大面积文物的出土佐证了在公元前4300年就已经有了作坊生产、等级关系、社会分工（或类似行为），这点在政治方面显得尤为重要，它事关我们的国家究竟是何时产生？我们的民族由什么人创立？[1]

---

[1] 孙周勇、邵晶、邸楠：《石峁遗址的考古发现与研究综述》，《中原文物》,2020(01)。

高家堡是神木市的著名古镇之一，而目前石峁遗址是高家堡周边历史文化最为悠久的地方。我们在叙述高家堡古镇的古代历史时选取石峁遗址来论述，目的不仅在于凸显高家堡历史之悠久并以此为本，更在于说明石峁遗址与高家堡的深刻关系，揭示其历史文化底蕴之深厚，以便更多人了解石峁遗址。在我们的团队看来，石峁遗址代表的历史积淀之深厚是我们无法用语言来形容的，之所以用"石破天惊"，就是因为它让世人皆叹它的年代悠远，值得每一个人去细细思考。石峁遗址所代表的精神文化内涵在我看来是远远超出其本身的，就我们的国家产生而言，它事关我们的历史长度和文化底蕴之深厚，就我们的高家堡而言，石峁寄托在高家堡，而它却是佐证高家堡历史的重要文化资源，没有任何一项成就能够代替它，也因为有了石峁遗址，高家堡的历史才得以继续追究。

高家堡正式创建于明英宗正统四年（1439），一般而言，军堡和村堡之间既有区别又有相似之处，由于两者创建目的和服务对象的本质不同，而有众多差别，高家堡是在原始聚落高家庄的基础上，发展了军事方面需求，相应弱化自然聚居特征而来的，表现为血缘同姓村落的业缘杂姓化、建筑类型的军事性丰富化、总体规模形制的规整化和扩大化，总而言之是传统聚落的整体军事化。（见表1）

二、创建与发展

我们在调查研究中发现，高家堡虽然是以军事城堡的形式和身份存在，但是在漫长的演化发展过程中依然融合了许多传统聚落的特征。首先，传统的聚落"高家庄"在政治、军事的强制外力作用下逐步转化成为军事堡城"高家堡"，在这一过程当中，聚落的形式、大小等不断发生着变化，不断融合。其次，在生活风俗方面，高家堡也传承了原先高家庄以农耕和商贸为主的特点，继续发展着商业和风水文化。

表 1　明代创建以来高家堡大事记

传统纪年	公元纪年	纪事
明英宗正统四年	1439 年	延绥巡抚陈镒择地建成高家堡，高家堡正式创建
明英宗天顺元年	1457 年	鞑靼部崛起，以河套为根据地、"出河套则寇宣府、大同、三关以震畿辅;入河套则寇延绥、宇夏、甘肃、固原，以扰关中"，延绥地区成为鞑靼孛来率军屡屡侵扰之地
明宪宗成化七年	1471 年	高家堡都指挥同知隋能、金事夏鼎等新修龙泉寺
明宪宗成化八年	1472 年	延绥镇巡抚余子俊督修东起清水营，西至宁夏花马池的长城。同期，余子俊展修高家堡
明孝宗弘治十四年	1501 年	蒙古鞑靼部与明军战于高家堡，延绥镇副总兵刘宠战死。武宗正德元年（1506）扩建土王山万佛洞
明武宗正德十三年	1518 年	皇帝朱厚照巡边，经高家堡并住宿，后西去榆林
明世宗嘉靖三十三年	1554 年	三月河套蒙军进攻高家堡，延绥镇总兵李梅战死
明神宗万历二十四年	1596 年	延绥镇总兵麻贵指挥东路参军师以律从高家堡等地出击，击溃进犯的河套蒙军
明神宗万历三十六年	1608 年	延绥镇巡抚涂宗睿用砖包砌堡城，堡城面貌焕然一新
清顺治六年	1649 年	高家堡守将田秉德、张秀与神木参将王水强等推举神木农民高有才为首，开展反清活动，次年失败

资料来源：彭苗：《陕西神木高家堡古镇西北片区的演变与保护研究》；张廷玉：《明史》，中华书局，2000 年

在高家堡发展历史上，明英宗时期的陈镒起着重要作用。永乐十年（1413），陈镒考中进士。明英宗时期，陈镒被升为右副都御史，与都督郑铭共同镇守陕西。正统四年（1439），陈镒选择在秃尾河和永利河交汇处的永兴川高家庄建堡，以堡名庄，将弥川寨划入高家堡，移民实边，并将高家堡划归葭州领辖。高家堡自此有名称和建制，大量山西军民来此屯垦戍边。按当时规定，在五、七屯或四、五屯内，选择近而便利之地修筑一大堡，堡墙高八尺或一二丈不等，堡墙四面或三面开城门以供军民出入，近屯辎重粮草都集中于大堡之内。每一大堡设堡长1人，屯堡1人；小堡只设电长1人，大堡设有守备、操守、防守等官，小堡则设防御掌堡官或总旗。平时"守护城池，有警则收敛人畜"。同时，在边界山野上埋石为界。按照明朝官制，在弘治年间，延绥镇文官设有巡抚都御史，下设中、东、西三路按察司。高家堡则由东路按察司管理。隆庆年间，东路按察司改为东路神木道，设兵备道员一名，执掌葭州、神木、府谷、吴堡四州县。

在这一阶段，高家堡的发展主要得益于战事活动促进军事防御系统的完善以及军户人口的扩充。堡城内外人居环境的改善，祀祐建筑的不断修建以及商业活动的兴起也是这一时期发展的主要特征。（见表2）

表 2　高家堡建筑修建年代统计

名称	兴建时间	位置
都司署	清乾隆年间以旧署改置	当铺巷内
阜益仓	明置	西街仓房园侧处
驿正站	清康熙中置	白氏宅院
军械库	明清旧置	三官楼下
教场	明置	城外东南隅
中兴楼	明正统四年（1439）	城中心
城隍庙	明正统初建	城东北隅

名称	兴建时间	位置
三官楼	明中叶	北城墙中段
白衣殿	明置	三官楼南
财神庙	明正统四年	北街东侧
魁星楼	明中叶	东南城拐
大兴寺	明中叶	西街
弥勒寺	明中叶	南城门外东侧

资料来源：彭苗：《陕西神木高家堡古镇西北片区的演变与保护研究》

军事防御系统方面，首先是城墙的修缮。在本次调查中，我们对于现存城墙的遗迹进行了相关数据的测量，并结合现有记载数据印证。城墙在今高家堡镇内。

> 东西墙均长 311 米，南北墙均长 431 米，残高 6.5—9.1 米，城墙上建有 1 米高的女儿墙，间有垛口、瞭望洞，北部城头修建有三官楼，东南角建有魁星楼，另，东、南、西墙各辟一券门，并筑有瓮城。东、西、南三门各筑瓮城，重洞层扉，户牖转套，东、西门南向迎春，南折门东趋朝阳，俱嵌石额颜眉，东镌"耸观"，西镌"安澜"，南镌"永兴"，其顶分构箭楼，巍峙远瞩。[1]

还有罗城的修筑，罗城是一种城外的大城，可以保护内城池的安全，其位置也是由城池临敌的方位所确定的，高家堡镇内现存有一道相对明显的明时所筑罗城的遗址。经团队的测量，现有残高 2—3 米，宽 2 米左右，根据民间相传，其主要有御寇关隘、风水屏障和防洪挡墙三大作用。

---

[1] 神木县《高家堡镇志》编纂委员会编：《高家堡镇志》，陕西人民出版社，2016 年。

祐祀建筑和商业发展方面，在明中期至清初，大量的庙宇伴随着边塞战争和自然灾害而修建。据不完全记载，主要有白衣殿、西门寺（大兴寺）、南门寺（弥勒寺）、河神庙等若干寺庙。这一段时间内，高家堡的商业贸易仅限于汉人之间，又称"内市"，自打明晚期通贡互市后，又开辟了一块蒙汉互市之地，定期聚散，叫作"边市"或"外市"。此时，除了定期互市以外，也有在当时经济条件下的普通易物交流，这一现象的存在和发展也为下一阶段城市形态的发展奠定了一定的基础。

经过 200 多年的发展，高家堡在最初的高家庄的基础上，不断丰富城市内外建设内容以及文化内涵和人居环境，由最初的"神格空间"过渡为"人格空间"。在这一段时间虽然仍以军事建设为主，但人居空间的发展也从未停止，并且从某种意义上讲，军事战争的进行也推动了商业建筑的发展和祈福祀祐建筑的修筑。人们对于物质和精神的双面需求完全体现在此时的建筑布局上。

三、繁荣兴盛

战争和贸易，城市以这么两种寻常和不寻常的接触方式扩展着对外交流的领域。开始的时候，城市的对外关系主要是战争，之后，商业贸易逐渐取而代之，成为城市对外关系的主流，变为城市的基本标准和固有活力。在这样的背景下，高家堡贸易逐渐繁盛，城市布局也逐步走向成熟。随着清王朝统治范围的扩大，长城沿线的军事防御功能逐渐弱化，边塞地区众多堡城的功能也不断发生着变化，逐渐成为文化交流、商业贸易的场所。据历史记载，自康熙三十六年（1697）以来，高家堡逐渐成为蒙汉商贸之地，边塞贸易十分兴盛。根据我们的调查结合历史记载，不难看出，在清末至民国时期，高家堡的城市建筑以扩大民居住宅和重修前期祀祐建筑为主。（见表 3、表 4、表 5）

表3 清朝中后期高家堡大事记

传统纪年	公元纪年	纪事
康熙三十六年	1697年	帝率军渡黄河西征噶尔丹。三月五日抵境，驻跸高家堡南。初七日，挥师西去
嘉庆十六年	1814年	发生旱灾，死者无数
道光十三年	1833年	全年成灾。庄稼无收，物价疯狂上涨，斗米值千金。同期，石板沟梁世祖、梁世芳兄弟连中拔贡。众人兴修老爷殿、观音殿
同治七年	1868年	起义回军马治和率部数万人，攻破高家堡城
光绪三年	1877年	三季无雨，灾情严重，次年引发疫病
光绪二十六年	1900年	朝廷将高家堡商人所创办的榆林第一家化工企业"永丰泉"碱厂收归官办

资料来源：彭苗：《陕西神木高家堡古镇西北片区的演变与保护研究》

表4 民国时期高家堡大事记

传统纪年	公元纪年	纪事
民国元年	1912年	高家堡开始创办高等小学校
民国二年	1913年	罂粟种植面积飙升，规模空前，居陕北之首。同年复立高家堡烟税卡（后易称统税局），再征烟土税课。增设高家堡警察事务所，以擎佐为长，郝生金任职。同年，高荣盛率众创修水磨坝，引永利河水补济洞川渠。后，乡人又修灰窑山坝，引水南下，远灌西川属地
民国十六年	1927年	中共党员史仙舟等人被国民党当局逮捕，经营救被释放，同年3月，中共党员刘震乾等人离开高家堡投奔红军

传统纪年	公元纪年	纪事
民国二十四年	1935年	国民党八十六师师长井岳秀来高家堡巡视，出资修魁星楼
民国二十八年	1939年	国民党东北溃众骑二军、挺进军云集境内，设立"军用粮食代办所"，刁兵悍将，四处征敛，社会秩序大乱。春，驻守军民环城墙开掘坑道以防日军空袭，垣首遭破坏
民国二十九年	1940年	高家堡商人寇瑞生、刘大荣、亢万里创办"三盛长"碱坊

资料来源：彭苗：《陕西神木高家堡古镇西北片区的演变与保护研究》

表5　1949—2017年高家堡大事记

年份	纪事
1949年	12月8—12日，神府县各界人民代表大会在高家堡召开
1958年	"大跃进"时期，城隍庙两个木牌遭到破坏，寺院外铁旗杆都未曾幸免，高家堡境内文物均遭到不同程度的破坏
1980年	分产到户、分田到户。次年，全公社实行家庭联产承包责任制
2011年	省市县文博机构组成联合考古队到石峁遗址进行系统调查，随后《光明日报》报道，石峁遗址先后入选"2012年中国考古新发现""世界十大田野考古发现""二十一世纪重大考古发现"
2017年	高家堡镇党委、镇政府在各级政府的支持下，充分挖掘各级文化资源，大力推进文旅事业发展

资料来源：彭苗：《陕西神木高家堡古镇西北片区的演变与保护研究》

通过我们的调查并结合史料可分析得出，高家堡城镇格局走向成熟，主要体现在以下几方面：

（一）内部交通系统的成熟

高家堡城墙三面留有瓮城城门，城内以中心楼为中心，有着三街十六巷，构成了互相关联的棋盘式格局。内部交通系统的成熟是城镇形态成熟的主要表现。

（二）商业系统的成熟

高家堡能走向繁荣很大程度上是受到了商业贸易的影响，内部交通系统的完善也对高家堡的商业贸易格局产生着影响。自明代起，高家堡地区有了集市，分为大市和小市。

（三）居住系统的成熟

清代至民国因商贸发展起来的大户建造的宅院很多。以传统四合院为主要建筑风格，当然还有其他类别的建筑，如：楼院民居、前店后宅式民居、多进院式民居。据高家堡文化馆乔馆长[1]介绍，高家堡镇内现存四合院建筑共计17座，包括几大家族的住宅，由于文化保护及各种原因，四合院建筑并不对外开放。本次调查中，在乔馆长的带领下，我们团队有幸进入杭家大院内部进行相关测量。杭家作为六代中医世家，对高家堡产生了重要的影响。杭宅在1942年经过修缮，后一直作为普通家用住宅。

（四）给排水系统、防洪系统的成熟

高家堡通过建立罗城、瓮城作为防洪挡墙，同时利用地势高差将水排出，堡内及周边还建有河神庙、龙王庙祈求风调雨顺。居民多用井水，利用地势高低将主要的街巷均做了坡度设计，在防洪排水方面都做到了相对完善。

---

[1] 陕西省神木市高家堡镇文化馆馆长。20世纪70年代，乔世民到高家堡文化馆工作，多年来致力于神木境内文化遗产的保护工作，被誉为高家堡历史文化的"活化石"和田野文物的"守护者"。

四、当代发展与问题

1988 年新榆神铁路通车后，高家堡商业枢纽的地位严重受损，经济发展逐步落后。直到 2010 年以后，文旅产业开始萌发，高家堡迎来了"第二春"。

现存的高家堡古镇，城垣框架完好，历史风貌犹存，保留着原有的空间格局。在实地调查中我们发现高家堡城镇发展主要有居住、商贸、服务三大功能。

居住方面，城内现存建筑有三合院、四合院、多进院落等多种风格民居。从整体形式上看，是典型的明清四合院与传统窑洞建筑的结合。商贸方面，高家堡传统的商贸市场有集会和庙会两种形式，人们通过赶集来获取生活日用品，之前的商铺多集中在东、西、南三条街道，21 世纪以来，商铺和市场逐渐转移到了政府附近。20 世纪 80 年代后期以来，伴随着个体经济的发展繁荣，集体经济逐渐走向萎缩。服务方面，改革开放以后，高家堡的交通位置变得异常重要，以饮食业为主的服务业、工业园区衍生发展出的园区服务业、文化旅游业近年都在兴起。我们团队将更多的目光投向其文旅产业所带来的一系列经济效应。

（一）影视化建设

自 2015 年电视剧《平凡的世界》播出后，作为主体拍摄地的高家堡古镇再一次走进了大众文化的视野，一时间各地的游客都来这里感受独特的地域文化与风土人情。2015 年 4 月 4 日，中央电视台新闻频道"清明踏青攻略"专题报道对高家堡古镇进行了详细介绍。高家堡受到关注后，大家也逐渐挖掘出 2012 年 11 月 10 日在央视一套播出的《温州一家人》也曾在高家堡古镇拍摄。两部影视剧的热播都为高家堡的发展注入了新鲜活力，文化助力古镇的新发展是毋庸置疑的。

在此之后高家堡作为西北地区一个新的影视基地，承接着越来越多的影视剧拍摄任务，比如说《鬼吹灯》系列之《龙岭迷窟》也在此进行了部分取景工作。我们团队此次前往高家堡镇做调查时依然可以看到每部影视作品的部分取景点。影视化基地的建设也带动着高家堡镇旅游服务产业的发展，在一定程度上影响着高家堡城镇聚落形态的变化。

（二）民俗文化传承与发展

在历史长河中，高家堡逐渐形成了独具特色的陕北民俗文化，陕北民歌、秧歌、剪纸、面花、酒曲、二人台等民间文化活动以及当地的婚嫁礼仪、集市庙会，都伴随着城镇聚落的演进而被一代一代的人流传下来。在此次调查过程中，我们团队非常幸运地在乔馆长的带领下进入并不对外开放的非遗文化展示馆，进行了一系列的拍摄学习，感受到浓浓的陕北风味与民俗人情。因为独特的地理位置，高家堡有着非常多的土特名产，如挂面、红葱、小米、白菜、地毯、柳编等。许多游客来此并不知可以品尝到这些美味的食物，更多的是感受当地的民俗文化，体验不一样的风土人情。

文旅事业不断发展，高家堡的城镇面貌也不断发生着变化，但是在一系列的变化发展背后，依然隐藏着较多的问题与隐患。

1. 文旅宣传不足

大多数听说过高家堡的人都来自本镇或相邻地区，还有一些人则是通过亲戚朋友的介绍得知，以"口耳相传"的方式很难持久维持小镇的热度。很多游客前来游览高家堡一度是因为《平凡的世界》这部剧的大火，并非是被这里的传统特色所吸引。影视剧的大火为小镇带来了短暂的热闹，但热度过后小镇很可能陷入冷淡期。此外，影视剧大热也在一定程度上掩盖了小镇原有自然风貌以及人文特色所带来的吸引力。宣传力度不足将会导致该地的吸引力与影响力无法快速扩大，无法将高家堡镇的发展推上一个台阶。

2. 文物保护开发利用不全面

高家堡古城保护与开发起步比较晚。2014 年初，为细致了解全省传统村落的现状，也为保护修复传统村落提供具体建议与参考，陕西省城乡规划设计研究院组成传统村落课题组。在城乡规划、建筑设计、风景园林等各方专家的建议下，古城的保护不断推进，通过引进专业人才、专业设备，进行文保培训等相关工作，高家堡古镇的保护取得了一定的成效。[①] 但是古镇中的城墙、庙宇以及石窟等损坏过于严重，或因年久失修或因风雨侵蚀，也有人为原因，这些不同程度的破坏导致旅游资源的开发不够完善，很多信息都已经消失，今日也很难考证，这是文化的缺失。镇内的很多四合院并不对外开放，还有的四合院长久无人居住，杂草丛生、破败不堪。旅游资源开发不够完善、旅游产品结构单一，无法满足游客的需求。景点背后的文化内涵未能深入挖掘，游客也难有身临其境之感。很多旅游资源的开发没有与周边其他旅游资源相结合，更没有顾及周边的自然环境特色。

古镇的文物保护以及利用工作目前还有所欠缺，无法彰显其特色文化价值。当地许多著名景点的雕刻都已经严重损毁，甚至有些石碑上的文字也已经模糊不清了，并没有相关部门前去修缮。其次，很多商业化建设破坏了原有建筑的整体风貌，显得格格不入。文物的周边环境与文物极其不协调，无法凸显出文物的核心地位与特色。归根结底，还是文物的保护意识欠缺，没有从根本上意识到文物对于该地的重要性。

3. 基础设施不健全

作为中国传统古村镇之一的高家堡镇近些年来发展态势良好，但是当地的交通建设并不完备，有些地方还是土路，开车前往极其不便。镇内停车场也相对较少，遇到旅游旺季，车辆拥堵的现象频频出现，给游客带来了很大的不便。配套设施也不健全，局部地区的网络信号相当差，与外界沟通不便，更不用说休闲娱乐了，当地并没有形成"食、

---

① 宋菀之：《远未被熟识，或仍被低估　神木高家堡保护》，《中华建设》，2015（12）。

宿、行、游、购、娱"一系列的服务体系。就我们此次调查来看，古城内的基础设施有待完善，游客在游玩的时候并没有很好的体验感，满意度也就不会很高，很难有"下次再来"的想法。

五、结语

通过对高家堡聚落形态变迁的调查研究，我们可以看出，高家堡古镇独特的城市布局轴线以及独具东方特质的山水结构，是我国古代城镇选址和风水文化的典型范例。高家堡古镇多年来的发展都在展示着传统民俗文化的独特魅力，并为边塞民俗文化的传承提供着物质场所，古城内至今保留下来的生活方式、民俗传统、宗教信仰、民间艺术等属于非物质文化遗产范畴的历史信息都有着明确的可解读性和继续合理利用的价值，值得我们进一步的研究分析并制定战略。

在此特别鸣谢，高家堡镇文化馆馆长乔世民先生对此次调查的大力支持与积极帮助。

指导教师：
路中康，西北大学历史学院讲师。

作者简介：
张瑞，陕西神木人，西北大学历史学院 2019 级世界史专业本科生。
贺瑶，陕西神木人，陕西师范大学新闻与传播学院 2019 级编辑出版学专业本科生。
李楠，陕西神木人，西北政法大学 2019 级刑事法学院本科生。
陈蓉，陕西神木人，长安大学马克思主义学院 2019 级思想政治教育专业本科生。

参考文献

[1] 孙周勇，邵晶 . 石峁是座什么城 [N]. 光明日报，2015–10–12.

[2] 孙周勇，邵晶，邸楠 . 石峁遗址的考古发现与研究综述 [J]. 中原文物 ,2020(1).

[3] 沈长云 . 石峁遗址与华夏民族的发祥 [J]. 中华文化论坛 ,2019(6).

[4] 彭苗 . 陕西神木高家堡古镇西北片区的演变与保护研究 [D]. 西安建筑科技大学，2017.

[5] 神木县《高家堡镇志》编纂委员会 . 高家堡镇志 [M]. 西安：陕西人民出版社，2016.

[6] 宋菀之 . 远未被熟识，或仍被低估 神木高家堡保护 [J]. 中华建设，2015(12).

[7] 张廷玉 . 明史 [M]. 北京：中华书局，2000.

"乡关何寻"

——乡村振兴背景下徽州村落记忆重构与延续

白冬梅　彭筱雪　柳照娟

徽州村落延续了独特的街巷风貌和传统的生活方式，蕴含着丰富的物质文化资源。然而，随着城市化进程的加快，徽州村落的原始风貌和古建筑文物都受到了一定的破坏和损毁，乡土记忆的延续也受到了影响。乡村振兴战略的提出，使得徽州村落的保护受到了各界人士的重视。因此，如何在乡村振兴战略的指引下，实现徽州村落的和谐可持续发展，成为当前发展的重要课题。文章希望通过深度挖掘龙川村在风水、民俗、文化等方面的记忆，理清龙川村的发展现状和存在问题，提出具有可行性与创新性的针对性建议。调研结果将有利于龙川村的历史风貌保护及徽州记忆的延续，并为日后的研究提供理论和事实依据。

徽州传统村落是指保留了清末以前徽州一府六邑境内村落形态的群体。基本分布在今安徽省黄山市四县（歙县、黟县、休宁、祁门）、安徽省宣城市绩溪县和江西省婺源县域内。村中保存了大量明清时期的民居、庙宇、祠堂、牌坊、水口园林等建筑群，具有独特的人居环境、建筑风格和民俗风情，截至目前，徽州共计325个村落入选中国传统村落名录。

绩溪县位于安徽省东南部，是古徽州六县之一，更是徽州文化的发源地，被誉为"徽之源"，素有"无徽不成镇，无绩不成街"之美誉，徽文化里的非物质文化遗产多出自绩溪。龙川村位于绩溪县东南部，是典型的传统徽州村落，村内生态环境良好，动植物资源丰富，地域特色显著，能够较为完整地反映徽州村落的传统风貌。因此，本次调研选取龙川村为对象，通过探讨龙川村的发展现状与问题，为徽州村落记忆的重构与延续提供思路。

一、龙川概况

（一）地理区位

龙川村位于安徽省宣城市绩溪县城东 11 公里，村东为龙峰山，村西为凤山，北有登源河，南有天马山，主要地形为山地和丘陵，是一个典型的山区村落。龙川有 1600 多年历史，于 2012 年入选第一批中国传统村落名录，2016 年入选第六批国家级历史文化名村，2017 年龙川风景区被国务院批准为国家级风景名胜区，2018 年入选安徽省十大古村镇，现为国家 5A 级旅游景区。村庄由原坑口、浒里、横川 3 个村合并而成，从高处俯瞰，整个村庄形似一条龙舟，呈一叶扁舟形，又有"船形村"之称。由于特殊的地理环境和绵长的历史文化，形成了其独特的自然和人文景观，现为安徽省历史文化保护区。

龙川村起源于龙川河，古人认为龙川河有真龙把守，故名龙川，村名由此而来。河两边的街均为水街，北岸麻石条横铺，南岸青石直铺，两旁鹅卵石相衬，称之为龙鳞。水街两侧徽派建筑商铺林立，粉墙黛瓦、鳞次栉比，马头墙高高耸立，错落有致。龙川村现存清代建筑 34 处，古巷、古道、古井、古桥等历史文化要素若干，保存良好。村落保存了完整的皖南古村落原型，精良的古建筑群具有较高的历史、科学和艺术价值。与自然和谐统一的景观设计，形成了独特的自然、人文景观风貌,有着显著的地域文化特征。其保存至今的传统习俗、节庆礼仪、传统手工技艺是珍贵的非物质文化遗产。全国重点文物保护单位龙川村具有完整性、独特性、历史性、生活性、可游览性、科学研究性高度统一的历史文化价值。

图1　龙川村区位图

资料来源：作者自绘

（二）历史沿革

龙川村原为一片长满黄荆条的荒河滩，因盛产黄金（荆）蜜而被称为荆林里。

公元317年，晋元帝司马睿迁都金陵（今南京），第二年大将军胡奋的侄儿胡焱以散骑常侍之衔领兵镇守歙州。公元337年（咸康三年），胡焱游华阳镇至此，因地势独特而定居于此。胡焱即为龙川胡氏始祖。

北宋开宝八年（975），绩溪县境属江南西路歙州，至道三年（997），属江南路歙州。天禧二年（1018），属江南东路歙州。宣和三年（1121），改歙州为徽州，以绩溪徽岭、徽溪而名，龙川属之。

元至元十四年（1277），县境属江淮行省徽州路。至元二十一年，属江浙行省徽州路。至正十七年（1357），即宋龙凤三年（韩宋小明王韩林儿的年号），属江南行省徽州路，后改徽州路为兴安府。吴（朱元璋）元年（1367），改兴安府为徽州府，龙川均属之。

明朝龙川村处于鼎盛时期，曾有10多人中进士。史料记载，明成化十四年（1478），有中戊戌科进士、官至太子少保和南京户部尚书的胡富，明嘉靖十七年（1538）又有中戊戌科进士、官至太子太保、兵部尚书的胡宗宪，二人即为奕世尚书坊的典故由来。

清代以来，龙川逐渐衰落，村民仕途也不再像明朝那样显赫，人口减少，很多建筑逐渐坍塌，村落覆盖范围也渐渐由整个船形村缩减为以龙川河北部为主的聚落。

经过多年建设与发展，龙川村已获得"安徽旅游十佳美丽乡村""安徽省村镇建设十佳村""全国民主法治示范村""全国特色旅游景观名村""全国生态文化村""国家级生态村""全国文明村"等荣誉。

（三）自然地理条件

据《龙川胡氏宗谱》记载，胡氏先祖胡焱游华阳镇至此时，见"地势东耸龙峰，西峙鸡冠，南则天马奔腾而上，北则长溪（登源河）蜿蜒而来，羡其山水清丽，便赴龙川之口荆林里，聚族而居"。龙川四周有龙须山、天马山、鸡冠山、石镜山，内有登源河、龙川溪。村东龙峰耸立，村西鸡冠山对峙，北有登源河蜿蜒而至，南有天马山奔腾而上。龙须山属鄣山山脉，主峰龙峰海拔1048.6米。山麓向村的小坡，状若木鱼，临河山岩如削，树木葱茏，为灵山。龙川村西的凤头山和村南的石笋山，同属鄣山山脉石金山，凤头山山势向东南，与龙峰相对；石笋山山岩陡峭面北，形同朝笋，半山岩壁上砌有朝笋形砖墙，故又称朝笋山。其山势向东南延伸至登源河，与隔河的天马山相对，是龙川村的水口山，关锁着登源河水，天马山山形笔架，神似大佛端坐。"七山一水一分田，一分道路和庄园"是龙川村的真实写照，茂密的原始森林，粉墙黛瓦鳞次栉比，村落小道阡陌纵横，小桥流水环绕其中。村内气候温暖湿润，冬夏季长，春秋季短，四季分明、雨量充沛、阳光充足，属副热带季风湿润气候，适应各类生物生长，是绩溪县良好生态资源的典型代表。

二、村落记忆缘起

（一）村落选址与布局

中国古代和近代的徽州村落选址一般受堪舆思想影响，在"枕山、环水、面屏"的概念指导下，被围合的平原、流动的水和丰富的山林资源满足了封闭、自给自足的农村聚落的生存可能性。龙川村地处登源河流域开阔的河谷盆地，四周山上树木葱茏、泉水淙淙，登源河水奔流不息、四时不竭，龙川溪水潺潺、常年流淌，更有良田一片，便于农作。选址时，充分考虑了"山川、河流、土地"的人居选址三要素，满足了人类赖以生存的基本条件。整体来看，龙川村东为龙峰山，西为鸡冠山，北有登源河，南有天马山，坐落于登源河右岸一级阶地之上，依山傍水，村落格局完全符合"枕山、环水、面屏"的风水基本模式。而大马山、石笋山和鸡冠山，呈两两相连的三角形，状如旌旗迎风。自然条件优越，不仅体现了"天人合一"的思想，更实现了人与自然的和谐统一。

图2　龙川村卫星影像图

资料来源：谷歌地图

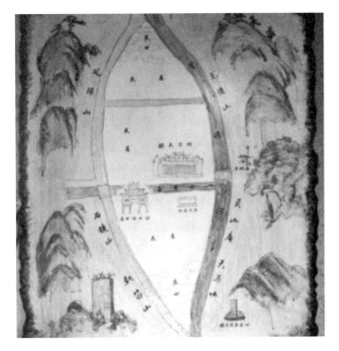

图3 选址与布局

资料来源：作者自摄

（二）村庄水口

徽州村落通常四面环山，形成较为封闭的空间，因此，水口在徽州古村落中尤为重要，"凡一乡一村，必有一源水，水去处若有高峰大山，交牙关锁，重叠周密，不见水去……其中必有大贵之地"。龙川村在风水格局上有内外两个水口，内水口位于龙川河与登源河交汇处，被寓意为"藏龙卧虎之坑"。龙川村的外水口在天马山下，登源河在天马山和石笏山的夹峙下，形成一个"S"形，构成典型的"狮象把口"格局，过去这里有水口园林，加强了关锁之势，由于水口紧锁，所以能够聚财。同时天马山山形秀丽，有昂然向上之势，以此山为一村之朝山，可谓大吉大利。

（三）街巷肌理

龙川村与古徽州其他村落一样，与水有深厚的渊源，龙川河从山中缓缓流来，贯穿村中。村内的主要道路由"一横一纵"两条传统步行道路构成，形成了十字形结构的错落布局。"一横"为水街，"一纵"指的是古官道、进士巷。内水口与外水口相连的滨河路是新改造的龙川驿道。从水街出发，有若干条道路通向村落内部，这些道路条件较好，居民通行较为便捷，街巷宽度有2—4米，基本为青石板铺设。仅有部分新街巷采用水泥铺设，对龙川村的整体风貌产生了影响。

水街从风水角度看，又可被称为龙堤凤街。水街波光潋滟，亭台水榭，柳拂竹喧，河水潺潺，是龙川的主要标志。水街位于村中南部，自西向东流淌，长约500米，历代源源不断地流淌着，仿佛在诉说着龙川村的悠久历史与记忆。水街源于石金山麓，南流经岭里至岭外，折向东流，在龙川村鸡冠山下入村，穿村汇入登源河，河床比降为500∶1，因而在枯水期流水潺潺，汛期河水奔腾，荡涤村中的一切污泥浊水。河岸由青石和花岗岩石砌成。河岸陡直，沿河岸设有石阶下河，以利居民浆洗取水，更有一处下河处形同小码头，用青石和花岗岩砌成，是清代早期所建，至今完好。

图4　进士巷

资料来源：作者自摄

图5　主要巷道

资料来源：作者自摄

图 6　古驿道

资料来源：作者自摄

图 7　水街

资料来源：作者自摄

三、建筑记忆重构

（一）建筑现状

龙川古建筑门类齐全，有村门、牌坊、祠堂、古民居、庙宇、古桥等，现存的古建筑跨元、明、清等多朝，元代的粗犷、明代的古朴、清代的精致，各朝风格迥异，但在用材、布局等方面又是一脉相承，和传统的儒家文化相合拍。据统计，龙川村内的建筑可按年代划分为明代（1644 年以前）、清代（1911 年以前）、民国（1911—1949）、1949 年以后，以及 1980 年代至今。

龙川村的古建筑还具有独特的地域特色。龙川地处徽文化和长江文化过渡带上，兼具二者之长形成了自己独特的建筑风格，村内建筑以二层为主，且保存相对较好，保留了徽州传统村落古朴的风貌气息。村落建筑层数分布如图 8、表 1 所示。

通过传统现状调研分析，龙川村内的建筑质量分为三类：一类建筑、二类建筑和三类建筑。龙川村内以居住建筑为主，旅游景点建筑和管理服务建筑为辅，已经作为旅游景点建筑的胡氏宗祠、奕世尚书

一层建筑
二层建筑

图 8　龙川村建筑层数分布图

资料来源：作者自绘

表1　龙川村建筑层数分类表

层数	解释
一层	老村内部多以二层建筑为主，近几年出现了部分三层建筑，主要分布在村庄的南部水街以南和龙华公路两侧。这些三层建筑的体量、形体比例和外饰面效果与历史文化名村景观风貌基本和谐，多为坡屋顶、马头墙的传统徽州民居的设计手法，延续了历史文化名村原有的特色
二层	
三层及以上	

资料来源：作者自制

坊、少保府、胡宗宪故居等建筑质量较好，村内民居建筑整体质量较好，除了部分民居构筑物需要修复或拆除，大部分民居结构较为稳定，居民可正常使用，具体建筑质量如表2所示。

表2　龙川村建筑质量分类表

建筑质量分类	代表建筑
一类（新建筑、保存完整、质量坚固的古建筑、修缮好的古建筑）	胡氏宗祠、胡宗宪故居
二类（结构及外观均比较完整的建筑）	龙川村民居
三类（结构和外观遭到破坏的建筑）	老祠堂遗址、胡立三宅

资料来源：作者自制

（二）构造特色

1. 材料

龙川村多山多树，村民善于就地取材，建筑多采用砖木结构，粉墙黛瓦，总体上呈现一种黑白灰的色调，朴素典雅、质朴含蓄。由于多风多雨易潮湿，暴风容易吹翻屋瓦，因此盖砖墙瓦顶较为实用，黑色的瓦被用于民居的屋顶和马头墙墙脊等处。墙体多为白粉墙，象征着财富与地位，当地有头有脸的人家，在宅子上尽量采用白壁，使白壁成为龙川建筑的基调。

图9　龙川村粉墙黛瓦

资料来源：作者自摄

2. 结构

龙川村传统建筑大多为木构架承重体系。砖墙只起维护或隔断作用，柱子直接支撑，各柱间以几层穿枋连系，增加体系刚度。因为所有荷载均由木框架体系接承，门窗及隔断的设置都灵活自如。由于不同建筑的使用功能有所不同，其内部结构也存在些许差异。如胡氏宗祠坐北朝南，为三进七开间的砖木结构，梁架抬梁、穿斗两式并用。奕世尚书坊为仿木结构，三间四柱五楼，主体结构由四根立柱、四根定盘枋和七根额枋组成。胡宗宪故居为砖木结构，集砖、木、石雕于一体，现有主楼、东向楼房、西向平房、前向庭院以及后向花园，基本保留了历史样貌，其柱基样式如图11所示。

图10　胡氏宗祠内部结构图　　　　　　图11　柱础

资料来源：作者自摄　　　　　　　　　资料来源：作者自摄

3. 装饰

龙川村内的建筑装饰与建筑构架及构件紧密相连，木构架装饰重点在堂心部分。门窗、墙体等构件也是装饰的重点部位，往往采用雕饰，内容丰富多彩，堪称一绝。除了雕饰艺术，柱础也是重要的防潮构件，各式柱础或方或圆，繁简不一，其石雕异常精美，极具美感。

（1）马头墙

龙川村民居的山墙因防火功能要求必须高出房架，经艺术处理后即变成阶梯式或"风"字形的马头墙，层层跌落的马头墙，中间点缀一两座"凤"字形马头墙，构成了龙川民居的外观立体特色。单栋民宅的空间处理变化不多，但由于同一村落风格和做法相同，其群体组合则有意无意之间构成了非常丰富的文化内涵与和谐的视觉形象。利用马头墙这一极有个性的建筑要素，在村落空间中穿梭搭配，使其能够在忽明忽暗的屋顶下以不同的视觉感受展现在人们眼前，从而产生无穷的韵味。

图 12　龙川村民居的马头墙

资料来源：作者自摄

（2）门罩

龙川村民居外立面的重点艺术处理和装饰都放在大门上，强调其体量感及重要性。明代有门罩、门楼、门斗、门廊四种形式，而以门罩最为普遍。清代由于具有地域特色的建材花砖的出现，大门正立面正中的花砖装饰墙面代替了砖雕门罩。

（3）徽州三雕

徽州建筑成就不仅来自其空间艺术和建筑风格的别致，建筑雕饰艺术也是徽州建筑另一个引以为傲的成就。徽州建筑雕饰主要指砖、木、石雕和彩绘等工艺在建筑上的运用，其在艺术风格上兼有魏晋文化的潇洒闲淡和唐宋民俗的流风余韵，融汇了宋、元、明、清以来儒家文化中的"仁、孝"思想和程朱理学的"尊、卑"观念，展现出庄重、典雅、朴素的艺术面貌，其艺术价值和成就，在中国雕塑史中占有重要地位。三雕艺术在龙川村建筑中的应用十分广泛。龙川的建筑雕饰艺术在整个徽州地区具有突出地位，是研究徽州建筑雕刻的重要基地。

胡氏宗祠集徽派建筑木、砖、石三雕和彩绘为一体，其中以600多件木雕部件最为精湛。梁枋、斗拱、博风、雀替、枫拱、驼峰、平盘斗、替木、叉手、木隔扇、柱础、梁脐上，均以雕刻为装饰，大到11.4×0.42米的五凤楼前后的大额枋，小到0.34×0.13米的100多扇隔扇门的腰华板，以及直径仅十几厘米的梁脐，均雕刻得很精细，一丝不苟。

雕刻内容有人物、飞禽、走兽、花卉、博古和标志物六个类型。人物又分三种类型：一是五凤楼内外两根额枋雕刻的人物，内容多为刻画和歌颂胡氏家族列祖列宗的丰功伟绩；二是刻在驼峰梁柱、雀替和斜撑上的三国故事和渔樵耕读；三是祠堂大门上的两尊门神。飞禽走兽雕刻的主要内容是龙、麒麟、狻猊、梅花鹿、蝙蝠等，最具特色的是门楼前后两个小额枋，前小额枋雕的是"九狮滚球遍地锦"，后小额枋雕的是"九龙戏珠满地星"；二是正厅祭龛前一排22扇隔扇门裙板，雕刻的是千姿百态的鹿。凤尾楼及细部雕刻如图13所示。

图 13　凤尾楼及细部雕刻

资料来源：作者自摄

龙川村雕饰最为突出的是花卉雕刻。祠堂正厅20幅木雕荷花图，可谓"全、精、巧、雅"。所谓"全"，指这些木雕荷花历经400多年，几经磨难，竟无一遗失、无一破损，保存之全、完整程度之高，实为罕见；所谓"精"，指木雕工艺精湛、雕刻精美，乃大师级的木雕精品；所谓"巧"，指荷花图构思奇巧、章法讲究；所谓"雅"，指荷花图兼有写实与写意风格，可见中国画的水墨之雅。以荷为木雕主题，在整个古徽州祠堂建筑中极为罕见，荷花木雕"四和图"（和谐、和顺、和美、和鸣）成为和谐社会的象征。整个寝厅原有100扇隔扇门，裙板雕刻的是百花百瓶图，无一重复，寓意百世繁荣、百代平安。一"和（荷）"一"平（瓶）"，和谐、平安，可谓用心良苦，寓意深远，雕刻细部如图14所示。

图14　隔门上的荷花木雕

资料来源：作者自摄

雀替、斜撑、梁托、浮驼等部件上的装饰花草随形雕饰，几十个长达50厘米的梁托全部是镂空的，如图15。隔扇门腰华板面积极小，

图15　雀替装饰

资料来源：作者自摄

刻的多是文房四宝、二十四孝、过海八仙等标志物。这些雕版的艺术价值不仅表现在内容上，在画面形式上，也有其独到之处，特别是在构图和刀法技巧上堪称绝品，令人叹为观止。

砖雕所用的材料是水磨青砖。一般采用高浮雕加镂空雕的技法，雕镂成各种花卉、山水、飞禽走兽、古典人物。砖雕被广泛用于龙川村墙院的漏窗，既弥补了木雕在露天易于腐朽之不足，又解决了石雕难于镂空的问题。如图16中少保府门上的顶部装饰，就体现了精湛的砖雕技艺。

龙川村石雕的题材、内容同样丰富多彩，其中以写实性的动物、植物、人物居多，代表石雕技艺最高艺术境界的是牌坊。牌坊由蹲狮、台基、直柱、梁坊、戗角、花板、旌匾等构件组成。龙川村的石雕非常精美，并以植物、动物、人物组成三对，别具情趣，值得游人细细品味，如图17展现的奕世尚书坊的石雕技艺。

图16　少保府砖雕艺术

资料来源：作者自摄

图17　奕世尚书坊石雕技艺

资料来源：作者自摄

（三）代表建筑

龙川村保留了大量的徽派建筑，能够较为完整地体现皖南古村落的地域特点。建筑类型主要包括古民居、古祠堂、牌坊及各类亭、桥等，具体分布位置如图18所示。

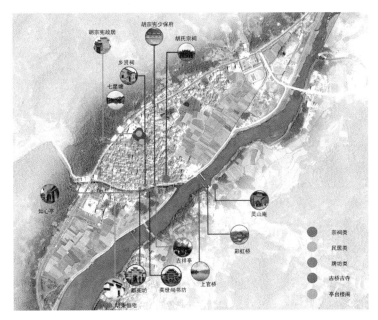

图 18　龙川村重点建筑分布图

资料来源：作者自绘

1. 古民居

龙川村因名人辈出，出现了大量的名人故居，他们形式多样、结构精巧，除了名人故居外，也有部分普通民居，均为黛瓦、粉壁、墨绘墙边，保持着砖木石的天然质美。龙川居民出于防火、防盗的考虑，在屋宅四周置起高墙，立面很少开窗，天井的设计解决了室内采光和通风的问题。由于天井较窄，所射光线为二次折射光，很少有天然眩光，所以比较柔和，给人以静谧舒适之感，更适合人的居住要求。

（1）胡炳衡宅

胡炳衡宅坐北朝南，偏东 5 度，硬山屋顶，砖木结构，前厅后室，四围封砌马头墙建筑，其建筑风貌如图 19 所示。该宅前厅在 20 世纪 60 年代被火烧毁，于 2004 年在原基址上修复。整体建筑可分为前后两部分，前部分东、西两次间各设房间一个，后部分敞开，不设楼。后室在 1997 年维修，为三层楼三开间，前檐有一天井。室内撑拱、雀替等木构件雕饰精美，是典型的徽派住宅。该宅从建筑格调来看，当属清代中后期建筑，胡炳衡是晚清与民国期间的徽商典型代表之一，为徽商经济与文化做出了很大贡献。胡炳衡故居是龙川村的重要文化内涵之一。

图 19 胡炳衡宅

资料来源：作者自摄

（2）胡宗宪故居

胡宗宪故居（俗称二十四扇门阙），距今有 400 多年的历史。故居现存有主楼、东向楼房、西向平房、前向庭院和后向花园，其建筑平面布局基本保留了历史原貌，如图 20 所示。为了切实保护好胡宗宪故居，使之发挥应有的作用，经县政府批准，2002 年，胡宗宪故居由个人投资修建，恢复了原状。故居除了修复原有单体建筑外，还根据历史资料，扩修了官厅、佛园、梅林亭、医馆、小姐楼、文昌阁等建筑，完善了胡宗宪故居。该宅为砖木结构，房子重门叠院，小巷幽幽，集砖、木、石三雕为一体，为不可多得的一幢古建筑，同时是龙川景区重要旅游景点之一。

图 20　胡宗宪故居

资料来源：作者自摄

2.古祠堂

龙川村的胡氏家族人才辈出，后裔为缅怀和弘扬祖先业绩，竞相建造祠堂，于是作为民间建筑艺术典范的祠堂在龙川村占有重要地位。在选址择向、建筑面积、建筑风格、选材取料诸方面争奇斗胜，有的见木不见砖、有的见砖不见木，有的临溪、有的傍山。龙川村的祠堂数量众多，如胡氏宗祠、乡贤祠、大宗堂、六九公祠遗址等，其中以胡氏宗祠最负盛名。

（1）胡氏宗祠

胡氏宗祠始建于宋，明嘉靖间兵部尚书胡宗宪进行大修，清光绪二十四年（1898）再度大修。其建筑全貌如图 21 所示。建筑主体及雕饰艺术仍保持了明代徽派建筑的艺术风格，线条粗犷、作风淳朴。宗祠坐北朝南，砖木结构，三进七开间，由影壁、平台、门楼、庭院、廊庑、享堂、厢房、寝室、特祭祠等九大部分组成。图 22 为胡氏宗祠航拍图。宗祠平面由前至后，依次递增高度。墙体基部是 2 米高的矩形花岗岩石，其上是高大矗立的封火墙。在阶梯状马头墙角两侧，施以彩绘。梁架抬梁、穿斗两式并用，明木伏、草架各尽其能。宗祠采用中轴线东西对称布局的建筑手法，匀称严谨，蔚为壮观。门楼为重檐歇山式，由二十八根立柱和三十三根月梁构成梁架结构。斗拱承挑屋檐，戗角腾空，脊吻架云。仪门上彩绘尉迟恭、秦叔宝两门神，石鼓相依，大狮对峙。

图 21　胡氏宗祠全貌

资料来源：作者自摄

图 22　胡氏宗祠航拍

资料来源：作者自摄

　　享堂是宗祠的主体部分，由四十八根立柱和五十四根梁枋构成，明间采用减柱造，上首设置祭龛，上方悬挂光择王书赠的双龙祥云匾，图 23 为胡氏宗祠的仪门。明间四大金柱上，有两副楹联。东、西厢房天花板施以彩绘，富丽华贵。寝室为祧祖、小祭和管理人员办公之用，上下两层，中设暗阁，檐柱上贴以竹编楹联。宗祠集徽派木、砖、石三雕及彩绘之大成，然以木雕最为精湛，有"木雕博物馆"之称。梁枋、斗拱、博风、雀替、枫拱、驼峰、平盘斗、替木、叉手、木隔扇、柱础、梁脐上，均有精美雕刻。门楼的额枋上，雕饰作战场面，千军义勇，万马驰骋，气势磅礴。享堂东西两廊的木隔扇，用浮雕技法，将荷花"出淤泥而不染"的高贵品格刻画得淋漓尽致，祭龛前首一排木隔扇则是"百鹿图"，如图 24。鹿之造型逼真、姿态各异，其高超的雕刻技艺，可谓"天工人可代，人工天不如"。

图 23　仪门	图 24　百鹿图
资料来源：作者自摄	资料来源：作者自摄

（2）丁氏祠堂

丁氏祠堂始建于清代，位于胡氏宗祠西侧，是龙川的特祭祠，龙川村民为表示对丁家的感恩和尊重修建了这座祠堂。丁氏祠堂的门槛及地面高于胡氏宗祠，而屋瓦面略低一点，"明升暗降。"由胡氏宗祠东侧小门可进入，内部构造如图 25 所示。

图 25　丁氏祠堂

资料来源：作者自摄

（3）乡贤祠

乡贤，指一地德行高尚的人。明清时，凡品学、政绩为地方所推崇者，殁后由地方官吏报请立牌入县乡贤祠，春秋予以祭祀。据嘉庆《绩溪县志》（1810年刊本）记载，绩溪县乡贤祠共祭祀15位乡贤，其中龙川有3位。

龙川旧有"思敬堂"，为族人思祖敬宗的圣地，今予以修葺，恢复旧貌，将龙川历代德高望重、有惠于乡里的族人名讳汇录于此，又据其中八人生平事迹绘图八，作为龙川乡土教育基地，让村民更好地了解先人的风范、优良的传统，增强爱乡情怀，向观光者展示龙川的人文精神，提升龙川的文化品位与魅力。

3.古牌坊

（1）奕世尚书坊

建于明嘉靖四十一年（1562），仿木结构，三间四柱五楼，高10米，宽9米，主体结构由四根立柱、四根定盘枋和七根额枋组成，气势磅礴，蔚为壮观，整体结构用侧角做法，向内收敛。四大柱子抹去棱角，南北两向，各有抱鼓石护之。坊顶为歇山式，用茶园石石板雕琢而成，由斗拱支撑并挑檐。各正脊两端，鳌鱼对峙，明间正脊中置火焰珠。主楼正中装置斜式"恩荣"匾，匾之四周盘以双龙戏珠纹，其下方花板南北两面，分别镌书"奕

图26 奕世尚书坊南面

资料来源：作者自摄

图27 奕世尚书坊北面

资料来源：作者自摄

世尚书"和"奕世宫保"，如图 26、27。书法遒劲流畅，为明代书法大家文徵明手书。

四根定盘枋起线两道，再饰以莲瓣纹，梁柱接点处用花牙子雀替装饰。额枋图案异常精美，采用浮雕、镂刻、圆雕等工艺，刻画成鲲鹏展翅、仙鹤腾飞、太狮滚球、双龙戏珠等画面。布局超凡，立意悠深。尤其是北向中额枋的画面更为神奇，山、水、亭、台、楼、阁、榭、桥，无一不有；文武百官，优哉游哉，各行其好，或弈林决雄、或书海探宝、或独钓河畔、或互论阴阳。雕刻技艺精湛，堪称无双，如图 28。

图 28　奕世尚书坊雕刻技艺

资料来源：作者自摄

（2）都宪坊

为副都御使胡宗明而立。都宪坊最上方是"圣旨"二字，在牌坊等级中属于第三等，都宪是都察院左都御史的简称。石柱两侧使用的是倒爬狮，寓意为国泰民安、千秋万代，梁坊两头用雀替来增加抗压强度，即所谓的"固"。牌坊上部装饰多采用透雕方式，通透泄风，减小风的阻力，使合理结构和美观造型协调统一，如图 29。

图 29 都宪坊

资料来源：作者自摄

4.古桥古寺

胡氏宗祠上下河道共有三座古平板石条桥，在徽州民间水渠里立水闸的地方，必先在水渠上架道似桥板的石梁，以挡住闸板，所以一道平板桥就象征着一道水闸，三道"水闸"就足以把村中水源、财源保住。每当细雨纷纷、云雾缭绕之时，人们伫立在红楼桥头，沿着溪流透过雨雾望去，那横跨河上的道道拱桥、平桥忽隐忽现，恍若在虚幻朦胧的境界。

（1）上官桥

上官桥是联结龙川村与浒里村的木板桥。长 80 余米、宽 1 米，24 块桥板用一根长 100 多米、直径 6 厘米的铁链连着，支在 23 个梯形木脚架上（图 30）。历史上是胡富建造的桥，木桥墩两脚摊开，似多脚的蜈蚣，以此魇镇风水的不吉。木桥现已被洪水冲毁，近年新修了一座拱桥，如图 31。

图 30 上官桥

资料来源：作者自摄

图 31 新建拱桥（彩虹桥）

资料来源：作者自摄

（2）龙川中桥

该桥坐落在龙川村中央，在奕世尚书坊和都宪坊之间横跨龙川溪，南北走向，长 11.8 米，宽 3.5 米。桥面由 10 块长短相同的花岗石分成两段，每一段由并列的 5 块花岗石竖铺而成，桥的中心由多块花岗石垒砌而成，支撑着桥面，桥保存完整，有一定的历史价值。中石桥是古徽州石梁桥中最厚实的桥梁，桥为一墩两孔，各用五根巨型麻石条搭成。石坊离河很近，很容易被洪水冲毁基础，有了厚实的石梁，就可以互借两岸的抵力，使两岸成为石坊基础的后盾。

（3）龙川下桥

该桥坐落在绩溪县瀛洲乡龙川村村尾，横跨龙川溪，南北走向，长 12.55 米，宽 2.6 米，桥面由 9 块长短相同的花岗石分成三段，每一段由并列的三块花岗石竖铺而成，段和段之间由花岗石垒砌支撑整座桥，桥的东向镌刻行书"味竹主人建"。整座桥梁保存完整，有一定的历史价值。

5.亭台楼阁

龙川村内除了历史建筑，亭台楼阁等构筑物也有着深厚的历史韵味，其中最具盛名的当属如心亭与吉祥亭，他们造型独特、气息淳朴，与周围环境很好地融为一体。

（1）如心亭

如心亭根据风水理论"障空补缺"而建造，亭名"如心"蕴涵了"收发如心""进退自如"的愿望，如图32。

（2）吉祥亭

位于奕世尚书坊东侧，是奕世尚书坊南侧园林中的亭，寓意吉祥如意，如图33。

图32　如心亭

资料来源：作者自摄

图33　吉祥亭

资料来源：作者自摄

（3）七星塘

胡宗宪故居门前有一水塘，弯曲如一把勺子，名叫七星塘。传说此地有七眼泉水井，位置如天上北斗七星，为掩其帝王气象，胡宗宪水淹七井，形成了如今的七星塘，如图34。

图34　七星塘

资料来源：作者自摄

四、文化记忆重构

（一）澄心堂纸文化

1.澄心堂纸的起源

据《徽州府志》记载：黟歙间多良纸，有凝霜、澄心之号，后者长达 50 尺为幅，自首至尾匀薄如一。早在南唐李后主就极力推崇这种纸，并建堂藏之，因原产地的歙县覆船山有一道天然奇观"石门九不锁"，其中有"天下第一心"，云溪穿心而过，故名澄心，是儒释道三教合一的天然道场。有诗云："山里人家底事忙，纷纷运石迭新墙，沿溪纸碓无停息，一片春声撼夕阳。"勾画出一幅勤劳的徽州山区人民从事造纸业的美丽图景,后唐李煜建堂藏之,取名曰"澄心堂纸"。"澄心堂"本是南唐开国之主李昇的堂号，是李昇节度金陵时宴居、读书、处理公牍文件之所。南唐后主李煜用纸特别考究，他在位期间曾设官局造佳纸专供御用，以"澄心堂"命名。该纸肤卵如膜、坚洁如玉、细薄光润，为南唐后主御用贡纸，而龙川所在的龙须山一带就是澄心堂纸最古老、最著名的原产地。

2.澄心堂纸发展现状

澄心堂纸不仅深得南唐后主的喜爱，成为御用之品，徽州知州谢暨赞叹的新安四宝"澄心堂纸、汪伯立笔、李廷圭墨、枣心砚"中，澄心堂纸便位列其中。澄心堂纸在民间更是被文人墨客所钟爱，和歙砚、徽墨一起成为他们吟诗作赋的首选，正所谓"宋纸，有澄心堂纸极佳。宋诸公写字及李伯时作画多用此纸"（明·屠隆《纸墨笔砚笺》）。宋代澄心堂由于贡赋太重而破产后，澄心堂纸更加珍贵，很多文人因为偶得朋友澄心堂纸馈赠而专门作诗感谢，如宋欧阳修和梅尧臣的《和刘原父澄心堂纸》《依原韵和永叔澄心堂纸，答刘原父》等。辽宁博物馆藏宋徽宗赵佶的《千字文》和故宫博物院藏南宋法常《写生蔬果图卷》等书画遗迹均是以澄心堂纸所作。南唐时期徽州所产的澄心堂纸，五十尺为一幅，自首至尾，均薄如一，中无接缝。因纸张太大，须在河里才能抄纸，为统一行动，设有专人在河边敲锣。

后世对澄心堂纸也屡有仿制。宋代制墨家潘谷，亦是著名造纸家，曾仿五代澄心堂纸制作纸品。诗人梅尧臣为之作诗，诗曰："澄心纸出新安郡，触月敲冰滑有余；潘侯不独能致纸，罗纹细砚镌龙尾。"潘谷所造宋仿澄心堂纸，纸质肤卵如膜、坚洁如玉、细薄光润，冠绝一时。清廷内府"如意馆"也仿制澄心堂纸。在乡村民间，制纸业几乎成了必不可少的副业。明代诗人傅若金曾作诗称赞："新安江水清见底，水边作纸明于水，兔白霜残晓月空，皎宫练出秋风起。"建国后，尤其是改革开放以来，经过深入挖掘，终使湮没已久的澄心堂纸重放异彩。当代歙县文房四宝公司新产仿古澄心堂纸，已进入国际市场。

3.澄心堂纸的制造过程

龙须草是制作澄心堂纸的主要原料，长于龙须山，此草状如龙须、细长柔韧、极富弹性，是造纸的极好原料，制作过程如图 35 所示。澄心堂纸从原料加工到成纸多道工序全部由手工完成，整个生产过程有 100 多道工序，澄心堂纸生产技艺全靠师徒传承，近年来已濒临失传。制作的最后几道工序分别为捞纸、除水、放纸、揭纸、炕纸和烘纸。每个制作过程所用的工具都十分考究，如捞纸用的竹帘，需要用纹理直、骨节长、质地疏松的苦竹；抄纸是利用竹帘及木框，将浆料荡入其中，经摇荡使纤维沉淀于竹帘，水分则从缝隙流失，纸张久荡则厚，轻荡则薄。手抄纸完成后取出竹帘，需以线作为区隔后重叠，并待流失部分水分后，采重压方式增其密度，便可进行烘焙。烘纸是利用蒸气在密封的铁板上产生热度，以长木条轻卷手抄纸，用毛刷整平，间接加热使纸干燥，同时进行品检，就是成品宣纸了。

龙须草的预备

制作龙须草浆灰

搅拌

捞纸

除水

放纸

揭纸

炕纸

烘纸

图 35 澄心堂纸制作流程

资料来源：作者自摄

（二）龙川民俗

龙川村传承千余年，在这片青山绿水中逐渐形成了自己的规范体系、生活方式，有自己独特的乡土民情。龙川除了传统节日活动，还有其特殊的一些民俗活动，如善会、龙舞、手龙舞、赛琼碗等，这些流传至今且极具特色的民风民俗也是胡氏家族精神文化的另一种体现，代表着胡氏族人勤劳勇敢、热爱生活、尊老爱幼等精神品质。

1. 善会

绩溪传统风俗，每逢农历闰年，绩溪岭南岭北各地都举办善会。善会主要是祈求神灵保佑境内安定、人民平安，又称"保安会"，因要扎制供诸神像的大型龙舟，所以又称"船会"。龙川善会一般在秋季举行，长达半月之久，善会活动的程序包括"安圣、净街、登舟、设粥、禳星、安五方、安井牒、起土、解咒、禳火、收火、收圣、抢载、祭旗、送圣"等，其中以接观音、登舟、祭旗和送圣四个场面最为热闹。善会先挨家挨户游遍全村，后抬至胡氏宗祠。善会既是一次酬神活动，又是一次集戏剧、体育、民俗、工艺于一体的群众性综合文娱活动，寄托着百姓对美好生活的祈求和向往。

2. 舞龙

舞龙是龙川的传统民俗，每年正月十五及重大节日举行；舞龙又叫"龙舞""舞龙灯"，明代开始盛行。除了草龙以外，还有布龙、板龙、纸龙、手龙、滚龙等形式多样的龙舞，有的龙身长度可达20余米。每年中秋节，各家各户都会制作一个草龙，一般都是用稻草扎龙头和龙身子，然后在龙身上插满香火，晚上点燃，看似一条火龙，然后每家每户开始走出家门，在胡氏宗祠前游龙、敲锣打鼓、放炮，热闹非凡。观音会是每逢阴历二月二十九举行的祭祀观音菩萨的活动；其他如庙会游街、抬花轿等也在龙川村内举行，作为民俗旅游体验的活动。

3. 手龙舞

手龙舞是一种儿童舞蹈，由30名13岁以下的儿童表演，其中20名男童擎手龙，10名女童举龙珠，表演形式、动作及鼓乐曲牌都是按照传统套路来。群舞表演时，孩童穿戴短袄、裤、肚兜、银箍在鼓乐声中表演。有关手龙舞记载的资料表明，手龙舞由"龙聚""龙吟""翻龙""腾龙""盘龙""飞龙""戏珠""争珠"等一整套舞蹈动作组成。这种由孩童表演的民俗活动，服装色彩鲜艳、场面活泼生动，富有神气与生机。2012年，手龙舞荣获安徽省民间舞蹈大赛二等奖，2014年，入选第四批国家级非物质文化遗产代表性保护名录。

4. 安苗节

徽州绩溪旧时风俗，每年的芒种节后、夏至节前，水稻全部落种完毕时都要"安苗"，以祈求五谷丰登。龙川的"安苗"由36岁男子主事，在落种完毕后选择一个"龙"日或"虎"日举行安苗仪式，并张贴告示晓谕群众，先将安苗老爷神像请下神龛，换上新的盔袍，抬一头猪到祠堂宰杀，村民携供品祭拜，再举行"牵傀儡"（司风、司雨，驱虫降害、保护禾苗）、敲锣、打鼓、撑旗等活动。村民家家户户买糖、买肉，做包子、做馃，有的还携包子、挞馃（黄山小烧饼）到田边地头祷神安苗。现在龙川安苗节已没有了形式上的活动。

5. 龙须山求雨

龙川村地处龙须山麓，龙须山大小瀑布无数，历史上每遇干旱，龙川村人多到龙须山求雨，在胡氏宗祠对面的照壁前搭起求雨神坛神龛，举行肃坛、酬神、安湫、发文、取湫、游湫、还湫、分会等活动，从祠堂前、村中广场到主要街道。据当地村民反映，求雨活动现已不再举行。

（三）龙川谚语民谣

龙川民间谚语很多，内容涉及面广。这些谚语用词精炼，常以最少的字反映很深刻的生活哲理，图36为龙川常见民谣的汇总。谚语在日常生活中使用较多，常有"一谚胜十言"之说。治学谚中多以开导世人学习的重要性为内容，如"卖田卖地，不卖书字""一曝十寒，一事无谈"；治家谚有告诫人们孝敬长辈的，有提醒人们勤俭度日的，也有奉劝家庭和睦的，如"吃不尽源头水，报不尽父母恩"等。绩溪民谣多为商谣，表达徽商学徒在外学商生活的经历等，龙川小学现为县级非物质文化传承基地，开展了绩溪民谣传承活动，把绩溪人世代口传心授，读来琅琅上口的民谣引进校园。

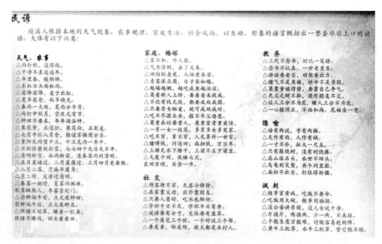

图36 龙川民谣

资料来源：作者自摄

（四）龙川美食

1.龙川徽菜

（1）"十碗八"

龙川美食首属"九碗六"，后增加为"十碗八"。明代中叶后，绩溪徽商兴起，特别是清代咸同后，岭南的徽馆业迅速发展。徽厨们为了提高"十碗八"的菜肴档次，将时蔬粉丝改为上汤鱼翅，鄣笋猪蹄改为熳海参子。"十碗八"是"十碗八盘"的简称，一般由十支冷碟、八道大菜组成，有时配以四盘瓜碟。冷碟有瓜子、花生、海蜇丝、米粉炒排骨、猪肝（或猪耳朵）、鸡蛋瓣，其中瓜子与花生不可缺少，绩溪县岭南方言中的"瓜"与"加"、"生"与"孙"同音，寓意"加子加孙，福泽绵长"。普通的十道大菜有"石耳炖鸡、时蔬粉丝、鄣笋猪蹄、枣耳甜羹、红焖块肉、虾米煨汤、三丁焖粉、萝卜杂烩、清汤肉圆、红烧全鱼"。这种民间套菜一般只在婚寿吉庆之日操办。"十碗八"由菜类看，有荤有素；以味觉言，有咸有甜；按状态分，有干有稀；视种类论，有菜品，有主食；从技艺究，炖、炒、煨、焖、蒸、氽七法皆用。有烹饪家赞誉"十碗八"是一套民宴菜肴的"黄金组合"。

（2）胡适一品锅

胡适一品锅源于胡适先生。胡适云游海内外,始终与绩溪名菜"一品锅"结伴。每逢贵客上门或宴请同乡好友，必上"一品锅"。在任北大校长时，胡适用"一品锅"招待绩溪的女婿梁实秋，后梁实秋曾撰文忆道："一口大铁锅，口径差不多有二尺，热腾腾地端上了桌，里面还滚沸，一层鸡、一层鸭、一层肉、一层油豆腐，点缀着一些蛋皮饺，紧底下是萝卜丝、青菜，味道极好。""一品锅"的做法是把各种原料、配料调制后，再用一只两耳大铁锅，分铺成若干层，最底层是萝卜丝、干豆角、笋衣、冬瓜、冬笋等，配料称之为"垫锅"，"垫锅"之上，依次是肉、豆腐包、鸭子夹、肉圆、鸡块、野味等。一种菜一个花样称为"一层楼",楼层越多,层次越高越好。由于"一品锅"

制作讲究、口味纯正，流传至今已经有 200 多年历史，是绩溪徽菜中的宴客佳肴。

2. 龙川特产

（1）金山时雨茶

金山时雨原名"金山茗雾"，清邑人章廷炯《金山茗雾》诗谓"异草育地灵，香雾蒙崖野。村女摘春归，社火焙檐下。三沸入芳瓷，缕丝犹篆写"，为 1850 年绩溪人创于沪的汪裕泰号镇号之宝，1868 年定名，1894 年汪裕泰号即以"金山时雨"茶入贡，是为贡茶。金山时雨茶须在特定的自然生态环境下生长，龙川村四周山体较多，环境湿润，适合其生长。选用当地茶树新梢的芽、叶为原料，经"鲜叶摊放→杀青→揉捻→做坯→摊凉→做形→摊凉→足火→去碎末"的特定工艺制作而成，具有"形似发髻紧结，花香高长持久，汤色清澈明亮，滋味醇爽"的品质特征，极耐冲泡，味芳香、爽口，回味甘，汤色清澈明亮，叶底嫩绿金黄，为绿茶中的极品。

（2）山核桃

龙川村四面环山，山上适合种植核桃，村内的山核桃每年白露前后成熟，属真正无任何污染的天然绿色食品，其壳亮薄、味香、松脆、鲜美。由于山核桃产油率较高，净果仁含油率高达 69.8%—74%，带壳出油率为 28%，比油茶、油桐高出数倍，故村民最早种植山核桃多是为了获得食用油。据记载，1941 年，"十之有八用于榨油"，往往一年要备二年的油量。20 世纪初，逐渐成为一种果品。传言一个偶然的机会，有闻者取榨油之山核食之，口感芳香略带苦涩，即投之于盐水之中，再食又觉回潮无香，遂弃之于暖缸之上。数日后又食，其味竟香脆无比，佐以饮食，更是妙味横生，嗜之有瘾，欲罢不能，复挑粒大而饱满者，如法炮制，食者称羡。

（3）菜糕

菜糕是龙川村的特产之一，分为甜糕和咸糕两种。制作时，先将糯米放在水中浸透，然后在乡间的水碓或石臼上捣碎，再用细细的铜细筛筛出，加工成米粉，晒干贮藏起来。食时将糯米粉盛放在木盆内，加入适量水和微量酒酿，然后搅拌成糯糊状，让其发酵，并保持一定的温度。当糯米粉糊发酵成蜂窝状时，遂按甜、咸两种蒸糕味道配料。甜蒸糕在糯米粉糊内拌入若干白糖、小红枣及红绿丝即可；咸蒸糕则将事先炒熟的豇豆干丁、豆腐干丁和瘦猪肉丁拌入糯米糊中。蒸糕时，将蒸笼一层一层地叠放在锅内，盖好锅盖后，温火先烧四五分钟，旋即转旺火烧十来分钟，等锅内蒸气上顶数分钟后，再用温火烧若干分钟。当锅内散发出特有的香味时，蒸糕便做成了。

（4）绩溪烧饼

绩溪烧饼又名"蟹壳黄烧饼""救驾烧饼"，是徽州地区特色小吃。据说，古时秀才赴考，徽商外出，今朝出门旅游，求学时均喜欢以此做点心。以上等精面粉、净肥膘肉、霉干菜、芝麻、精盐、菜油等手工制作皮、馅，经泡面、揉面、搓酥、摘坯、制皮、包馅、收口、擀饼、刷饴、撒麻、烘烤等10余道工序制成，其烘烤在特制炉中进行，内燃木炭，将饼坯贴于炉的内壁，经烘烤、焖烘，将炉火退净后焙烤，烘烤5—6小时，肉香与霉干菜香使外层松脆，同时色泽金黄，层层渗透、表里酥脆，内荤外素、油而不腻、鲜香可口，是一种风味独特的传统糕点。由于烘烤时间长，饼中水分大多蒸发，利于贮存，一旦受潮，烘烤后依然酥香如故。"三个蟹壳黄，两碗绿豆粥，吃到肚子里，同享无量福"，这是伟大的人民教育家、徽州人陶行知先生写下的一首充满乡土气息和生活情趣的白话诗，诗中的"蟹壳黄"便是闻名遐迩的绩溪烧饼的雅称。

五、龙川记忆延续

龙川村作为胡氏记忆的重要载体，承载了无数胡氏族人的历史，因而，胡氏记忆的延续情况与龙川村的发展现状息息相关。经过多次调研，结合龙川村现有情况，可从生态环境保护、文化保护及传承、旅游业开发三个方面，对龙川村的调研结果进行总结，并对龙川村发展现状及影响未来发展的因素进行总结提炼。

（一）风貌保护现状

龙川村最享盛誉的就是村内的自然风光与生态环境，这样的环境与龙川村的选址、风水、布局密切相关。在早期选址与天然地形的基础上，龙川村胡姓后人在传统建筑、典型景观、园林空间等方面不断完善与改造村落环境，凸显了胡姓居民对村落自然环境的重视程度，其山水环境如图 37 所示。然而，随着近年来旅游业的开发，龙川村的生态环境、整体风貌也在面临着巨大的挑战。

图 37　龙川村山水环境

资料来源：作者自摄

（二）文物保护现状

龙川村文化底蕴深厚，且保存状况较好，如被列为国家级重点文物保护单位的胡氏宗祠有着"木雕艺术殿堂""江南第一古祠"的美誉；奕世尚书坊是盛明时期的石牌坊，后成为徽派石雕的典型代表，是龙川历史上十四座牌坊中硕果仅存的一座；徽商胡炳衡宅虽然暂未开放，但从外面也可以感受到原汁原味的徽州古民居旧貌，记录了一代茶商的历史。此外，抗倭纪念馆（即少保府）真实记载了明代抗倭名将胡宗宪最早把钓鱼岛标注在中国海防图上的赫赫功勋，如图 38。而"龙川澄心堂纸坊"，更是"澄心堂纸"制作技艺再现的重要载体，如图39。乡贤祠集中反映了"进士村"龙川自晋代以后的杰出人文历史。徽商纪念馆则浓缩了绩溪县的徽商历史,尤其是龙川胡氏的历史。

图 38　少保府

资料来源:作者自摄

图 39　澄心堂

资料来源:作者自摄

(三)旅游开发现状

皖南地区的古村落众多,这些古村落凭借鲜明的地域特色、优美的自然环境及淳朴的生活气息逐渐成为人们旅游和放松的重要场所。龙川村风景秀美,自然资源十分丰富,近年来,慕名前来旅游参观的游客也逐渐增多。龙川村在最大程度上保留了原本的传统村落样貌的同时,也在一定程度上限制了地方旅游业的发展,商业发展现状如图40所示。就旅游开发程度来看,龙川村与西递、宏村等旅游景点相比,开发相对较晚,且开发程度低。从旅游业发展情况来看,村内大多商铺均为胡姓居民经营,规模较小。虽然在旅游发展方面存在诸多问题,但若当地居民能充分利用龙川村的文化资源,并将其与旅游业进行整合,龙川村的旅游开发仍有较大的发展空间。

图 40　龙川村商业现状

资料来源:作者自摄

六、徽州村落记忆重构困境及延续对策探讨

（一）记忆重构困境

龙川在利用历史文化遗产方面总体来说是成功的，尤其是在新农村建设中，它在与环境结合，提高居民生活水平方面有一定的代表性。在充分肯定龙川保护与发展成果的同时，也应当看到，还有不少继续改进的余地，可总结为以下几点：

1. 生态环境有待提高，地域风貌缺乏特色

首先，景区入口等服务设施的建筑风格及建筑尺度与村落原有的风貌不很协调，破坏了村落的传统风貌和古朴的人文环境。此外，村落旅游资源有待进一步挖掘，村内虽然修建了众多文化场所，但却缺少与之相关的文化体验活动，且多处空地未被充分利用，致使来龙川村旅游的游客大多以体验自然风光为主要目的，无法体会地方的民俗风貌。这些需要在未来的村落整治中，通过规划逐步落实，提高整体环境质量。

2. 历史建筑保护不力，保护措施有待完善

由于龙川村的保护工作起步较晚，一个比较突出的问题是历史建筑修缮不及时、不完善。虽然龙川村内古建筑数量非常多，但是每个古建筑受到的重视程度却是不一样的。重要的文保单位受到的保护程度较高，一些保护等级稍低的古建筑受重视不足，也未按照规划要求制定保护措施，如图41。

图 41　部分挂牌历史建筑损毁严重

资料来源：作者自摄

3.新旧建筑风貌不协调，传统风貌延续受到挑战

改革开放以来随着人们生活条件的逐步改善，村民对原住老宅进行了不同程度的改造。由于建造水平参差不齐，使得新建建筑或者构筑物和古民居混杂，如图42。这些建筑散布于村落的各个位置，大小高低不一，与龙川古建筑群形成极大反差，造成景观视觉的不协调感。

图42　新旧建筑不协调

资料来源：作者自摄

4.基础设施有待改善

村中道路系统需进一步清理。部分新建水泥道路的粗糙铺设与历史文化名村也存在不相协调的问题。电力设施走线凌乱，对村内建筑风貌有着较大影响，对砖木古建筑的保存也有着潜在危害，因此需要对电力电讯等设施进行调整，使其既能维持传统风貌，又能适应现代生活需求。

（二）记忆延续对策

1.组建传统村落保护机构，集中保护修缮历史建筑

龙川胡氏记忆中的传统风貌不仅是老街里的粉墙黛瓦，分散在各处的古民居、古祠堂、古桥、古门也展露出别具一格的特色。为了改变历史建筑得不到有效管理、村民缺乏专业保护知识的现状，政府应建立传统村落保护机构，制定具有地域性的法律法规，集中对衰败的

历史建筑进行保护。修缮传统建筑时，应尊重龙川当地传统建筑风格，解决新旧建筑不协调的问题，禁止在村落内大填大挖、改造道路和水系、破坏地形与地势，严格保护原有建筑群落布局及地形地貌。此外，在修缮复原过程中，不能照搬徽派建筑构造方法。

2. 政府、企业和村民共同参与管理，加大保护资金投入

目前，县政府把龙川村的旅游管理业务委托给航佳旅游公司，由他们进行规划开发、宣传推广、客源组织和经营管理。村内的许多旅游资源被其他企业租赁，与旅游公司和政府进行门票分成。这种旅游开发模式优势明显，但某些开发商追求短期利益，容易造成过度开发，旅游收益和主要利润流出社区，实际落到村民身上的利益微乎其微。龙川村可以参考黟县宏村比较成功的村落旅游开发模式——政府＋企业＋村民共同管理经营，三方分工不同，各司其职，最后获得的门票收益由三方按照合理的比例分配。

3. 丰富文化产品，塑造龙川品牌形象

如果只停留在简单展示前人留下的物质遗存或非物质文化遗产，无法实现龙川古村落可持续发展的目标。从市场发展趋势来看，乡村旅游需求正在从传统的旅游观光逐步向深度体验转变。龙川乡村旅游产品的推出，要注重传统村落体验类产品开发，满足不同旅游者的需求；以民俗节庆活动为载体，打造龙川文化品牌，树立其文化形象，并通过线上线下等方式进行全方位推广宣传，借助品牌效应，提高龙川的知名度。

4. 发挥地方乡贤影响，活化龙川村文化精神

近年来，尽管包括政府在内的多种外援性力量都积极加入龙川传统村落的保护工作，但大多只是以投入少量资金或远程提供帮助的形式，外部力量无法有效转化为古村落保护和可持续发展的内生力量。因此，我们应深入了解胡氏家族的乡贤文化，并对其文化精神进行提

取、凝练，并在此基础上，整合风景游览、家族乡贤文化和休闲康养方面的资源，打造相关文化产品；为了吸引新乡贤返乡，政府应出台有力的政策措施，并构筑"新乡贤"回归的政策体系，确保"新乡贤"返乡投资和参与乡村治理的连续性和有效性。

七、结语

初次探访龙川村，首次接触胡氏家族的传人时，龙川村良好的村落环境、热情好客的淳朴民风给我们留下了极为深刻的印象。走在龙川村充满意境与活力的水街上，看着来来往往的游客及溪边玩闹的孩子时，不由得产生一种归隐田园、静谧美好的感觉。

通过对当地的村民、游客和县政府工作人员进行访谈，我们了解到当前龙川村在传统风貌、基础设施、旅游业运营管理等方面存在的一些问题。大部分的游客反映龙川村旅游线路过短且单调，仅有一条水街贯穿全村，而且公共服务设施也不够完善，能够体验龙川村文化氛围的民俗活动及表演较少；当地的村民和商贩表示，由于整个景区的门票收益都归景区公司管理，村民自己能获得的收入微乎其微，仅仅依靠自营的零售业不能满足居民的需求，因而希望当地政府能够制定更合理的管理体系。未来，龙川村应根据这些问题进行针对性地改造提升，并借助自身条件及特色，打造独特旅游品牌，扩大竞争优势，从而走出一条属于自己的村落文化保护与旅游产业发展相结合的道路，并为徽州传统村落的延续与可持续发展提供指引。

指导教师：

张泉，合肥工业大学建筑与艺术学院副教授、硕士生导师，研究方向为城乡规划、传统村落保护。

作者简介：

白冬梅，合肥工业大学建筑与艺术学院硕士生，研究方向为城乡规划设计与理论。

彭筱雪，合肥工业大学建筑与艺术学院硕士生，研究方向为传统聚落保护与更新。

柳照娟，合肥工业大学建筑与艺术学院硕士生，研究方向为环境设计及理论。

参考文献

[1] 叶林生，时光 . 龙川古村 : 舶在徽州之源上的历史航船 [J]. 山东画报 ,2016(14).

[2] 张存叶 . 安徽绩溪龙川古镇 [J]. 科技经济导刊，2018(04).

[3] 齐人 . 龙川胡氏源出山东 [J]. 春秋 ,2010(01).

[4] 绩溪县方志编纂委员会 . 绩溪县志 [M]. 合肥 : 黄山书社 ,1998.

[5] 安徽省绩溪县龙川村 [J]. 休闲农业与美丽乡村 ,2014(11).

[6] 程元泽 . 徽州传统村落形态构成的基本要素——以绩溪龙川村为例 [J]. 绿色环保建材，2018(11).

[7] 张勇刚，周峰，游细斌 . 徽州村落建筑风水文化解读——以绩溪县龙川村为例 [J]. 韶关学院学报 ,2013(01).

[8] 束晨阳 . 基于古村落保护的乡村旅游规划——以安徽绩溪龙川村为例 [J]. 中国园林 ,2008(08).

[9] 胡超 . 大数据视角下传统村落保护与更新研究 [D]. 安徽建筑大学 ,2018.

[10] 金晶 . 澄心堂纸的源流及技艺传承考述 [J]. 艺术品鉴，2017(11).

[11] 李谋涛, 陈庆 . 绩溪 "手龙舞" 的发展考察研究 [J]. 黄山学院学报 ,2016(05).

[12] 胡晓飞 , 刘芳正 . 从地方志看徽州传统节庆民俗——以《重印绩溪县志》为例 [J]. 合肥学院学报 (社会科学版), 2010(04).

古丈县古阳镇排茹村调研报告

张婷婷

"排茹"意为较为宽阔的大森林，该村位于古丈县原双溪乡西南部，东、北与夯水交界，南与默戎镇毗邻，西与保靖县葫芦镇接壤，历史文化底蕴深厚，是一个苗族聚居的村寨。2018年，排茹村被住房和城乡建设部、文化和旅游部、国家文物局列入第五批中国传统村落名录。本调研报告基于实地调研对排茹村的基本情况、历史发展、物质文化遗产等方面进行介绍，以便读者更加完整全面地了解这个古色古香的传统村落。

一、基本情况

（一）行政区划

排茹村隶属于古丈县古阳镇，由夯水村和排若村于2017年合并而成，原排若村是州联通公司精准扶贫点，原夯水村是古丈县委统战部的精准扶贫点。排茹村是苗族聚居的山区行政村，全村辖12个自然寨，14个村民小组，共385户，1801人。排茹村的基本情况如表1。

排茹村包括塘夯坨、龙家、米夯、夯水、棉花坪、夯排若、大寨、热家达、上热家达、下热家达、下棉花坪、坪里界12个自然寨。

表1　排茹村概况

地名：排茹村	隶属：古阳镇
行政代码：433126101253	身份证前六位：433126
长途区号：0743	邮政编码：416000
车牌号码：湘U	行政级别：村

塘夯坨，属古阳镇排茹村，靠近保靖县边界，系苗语地名。苗语"塘"为"弯，大弯"，"夯"为溪沟峡谷；"塘夯坨"意为地处窝坨，溪沟湾比较大。

龙家，属古阳镇排茹村，龙姓居多，故名。

米夯，属古阳镇排茹村，系苗语地名。苗语"米夯"指山冲里有田，寨居田边，故名。

夯水，属古阳镇排茹村，系苗语地名。寨居溪沟峡谷，寨口有一泉水，味咸，取名咸水，后演变为夯水。

夯排若，属古阳镇排茹村，此寨在一溪冲里。

夯水

热家达，属古阳镇排茹村，系苗语地名。苗语"达"为高，"热家达"为半坡，寨居半坡。此地分为三个自然寨，此寨居中间。

上热家达，属古阳镇排茹村，在热家达上方。

下热家达，属古阳镇排茹村，在热家达下方。

下棉花坪，属古阳镇排茹村，在棉花坪寨下方。

坪里界，属古阳镇排茹村，在夯水境内，当年为知青农场。

夯排若

（二）地理位置

排茹村位于古丈县西南部，古阳河上游，距离古丈县城20公里。排茹村与古丈坪社区、红星社区、广场社区、车站社区、罗依溪社区、河蓬社区、双溪社区、南山村、高坳村、长潭村、太平村、天桥山村、龙潭坪村、黑潭村、茶叶村、大龙村、会溪村、江洋溪村、石碧村、官坪村、白洋溪村、沙坪村、苏家村、官坝村、溪流墨村、宋家村、蔡家村、梳头溪村、柑子坪村、古阳村、河蓬村、丫角村、且茶村、罗依溪村、栖凤湖村相邻。

排茹村

　　排茹村距离张家界78公里，距省级风景名胜区栖凤湖20公里，距芙蓉镇25公里，村落与著名的吕洞山毗邻，隔山相望。距吕洞山8.8公里，距国家级森林公园高望界30公里。境内未被开发的风景有地码家、姚人界、竹上坪、调年坪、桌子山、鸭棚上、桥山等。

　　（三）地形地貌

　　湘西州地处云贵高原东北侧与鄂西山地西南端之交叉部，武陵山脉由东北向西南斜贯全境，地势东南低、西北高，属中国由西向东逐步降低的第二阶梯之东缘。西部与云贵高原相连，北部与鄂西山地交颈，东南以雪峰山为屏障，武陵山脉蜿蜒于境内。排茹村坐落于崇山峻岭之中，境内全是陡峭的山地，山地面积占全村一半以上，河谷地区狭窄，平坦开阔的地区较少。排茹村有两条东北—西南走向的山脊。总体来看，排茹村山高谷底、地形崎岖、平地较少。

（四）土地利用

全村占地16平方公里，共有山地13000亩，退耕还林1200余亩，耕地2191亩。茶叶种植面积已达1450亩，其中可采摘面积800余亩。过去产业结构单一、基础设施落后、经济发展缓慢。

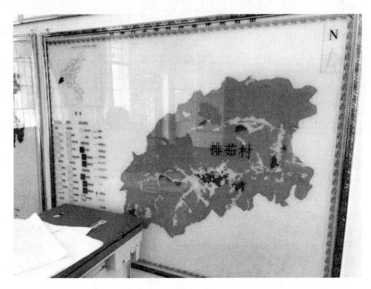

排茹村示意图

（五）气候特征

排茹村位于武陵山南部，大陆中部，距海遥远，山脉高耸，重岩叠嶂。这里属于典型的中亚热带季风湿润气候，具有明显的大陆性气候特征。夏半年受来自海洋的夏季风控制，降水充沛、温暖湿润。冬半年受来自大陆的冬季风控制，降水较少、寒冷干燥，11月份即已进入冰冻期。光热水基本同季，前期配合尚好，后期常有失调，立体气候明显。

1. 冬暖夏凉，四季分明

该地主要农耕区（指海拔500米以下，下同），年平均气温低于省内同纬度滨湖地区，但1月平均气温偏高，据1961—1990年气象资料统计：最冷的 1 月平均气温均在 4.4℃以上，最高为 5.2℃，比同纬度的滨湖区高 0.4℃~1.2℃，冬季寒冷日数少 10—17 天，寒冷持续期短 16—32 天。盛夏多受地形雨影响，夏季少酷热天气，最热的 7 月平均气温要比同纬度滨湖区低 1.8℃~2.0℃，最高气温大于 35℃的天数少 8—15 天。

各地春季始于 3 月中下旬，时间 75 天左右；夏季始于 5 月下旬至 6 月中旬，时间 110 天左右；秋季始于 9 月中旬至 10 月初，时间 65 天左右；冬季则始于 11 月中下旬，时间 115 天左右，冬夏长、春秋短。其中春季一般是阴雨连绵，气温逐渐回升。秋季前段秋高气爽，后段多秋风秋雨。随海拔升高，夏季缩短，冬季延长。

排茹村早秋

2.降水充沛，光热总量偏少

该地位于全国降水偏多地区,降水集中期为 4—6 月（俗称雨季），降水量占全年的 41%—47%。雨季由南向北逐渐开始，又由南向北逐渐结束，一般在 7 月中旬基本结束。

3. 光热水基本同季，前期配合尚好，后期常有失调

4—9月光热水所占全年比例，就平均而言分别为68.9%、71%和73.0%。光热水的配合在4—6月尚好，这时气温逐月升高，日照逐月增强，降水逐月增多。从7月中下旬开始，随着雨季北移，副热带高压西伸北抬，降水明显减少。光照和气温为全年高值期的7—9月日照时数为550小时，占全年的43%；积温2350℃，占全年的40%，降水量却仅占全年的29%，且降水往往是强度大、有效性差、利用率低。所以光热水的配合在后期较差，容易失调。

4. 气候类型多样，立体特征明显

在垂直方向上，随海拔每上升100米年平均气温递减0.55℃~0.60℃，雨量递增30~50毫米，日照减少，无霜期缩短5天，喜温作物生长季缩短6.5天，形成不同层次的气候类型。

在水平方向上，由于不同的地形、坡向，接收太阳辐射的多少不一，迎来的气流不同，光热水存在较大差异。一般南向坡或开阔地形光照强，气温高，空气较干燥；北向坡或峡谷山涧则反之。州境山涧盆地多，由于冬季冷空气难进或夜间逆辐射冷却的影响，某一层次容易产生逆温现象而生成暖带，许多地区生成小暖区。在冬季出现异常低温的情况下，暖区温度要比一般地区高出2℃~9℃，暖带温度要比低层高出2℃~8℃。

（六）村落布局

排茹村寨属典型的苗族聚居村落。基本格局由三大块组成，以山坳为中心向缓坡递进发展。夯水95户沿河两岸居住，山坳上集中居住120户，沿溪一侧居住48户，这三块就是三个村民小组，主要道路基本是树型横向发展。排茹村寨四面环山，万源河贯穿其间，另有一条小溪绕寨而过。村寨背靠尖山，尖山上有碉堡，全石板修砌而成，壁上有枪眼，与河蓬的旦武营遥遥相望，是守护村寨的瞭望台。山下

有一小坪，是村民以前跳香、谢五谷神的地方。前有笔架山，山下先前有一庵堂，叫作观音阁，挂有一大钟。庵下还有一座天王庙，曾经香火旺盛。

（七）经济状况

排茹村共有党员 32 人，低保户 59 户 122 人，五保户 18 户 23 人，残疾人 36 人，常年外出务工人员约 300 人，人均纯收入 3750 元，全村共有精准识别贫困户 177 户 687 人，已有 164 户 645 人实现脱贫（其中 2014—2015 年脱贫 43 户 180 人，2016 年脱贫 72 户 309 人，2017 年脱贫 51 户 157 人）2018—2019 年计划脱贫 11 户 41 人，全村共有兜底 4 户 9 人，贫困发生率 1.8%。

近三年来，在扶贫工作队和历任两委干部的共同努力下，新建、维修了大量基础设施，提高了公共服务水平，群众满意度提升。

■ 2014-2015年脱贫 ■ 2016年脱贫 ■ 2017年脱贫 ■ 2018年脱贫 ■ 2019年脱贫

脱贫时间示意图

（八）发展规划

第一阶段（2018 年 8—12 月），根据县里脱贫攻坚规划，完善村级基础设施和公共服务设施，落实项目建设，做好预脱贫户帮扶工作，巩固脱贫成效，提升群众满意度。

第二阶段（2019 年 1—12 月），巩固提升脱贫攻坚成效。根据自身产业特点和资源优势，高起点、高标准制定体现区域特色的整体规划。着重抓好茶叶产业建设和油茶产业建设，不断增加群众收入，提高经济效益和生态效益，提升群众生活幸福指数和满意度，不拖全县脱贫攻坚"摘帽"后腿。

第三阶段（2020年1—12月），乡村经济振兴。广泛开展各类志愿活动，不断加强村民思想建设，有效开展各类群众性精神文明创建活动，力争创建市级文明村。

排茹村基础设施建设情况

排茹村发展现状

（九）主要物产

排茹产有油桐、油茶、茶叶、烟叶、油菜以及棉花等农作物，以从事传统的种植和养殖业为主。目前，村落的主要特产是茶叶，该地属于亚热带季风气候，雨热同期，提供了充足的水分；山地地形有一定的坡度，利于排水，防止茶叶根部因积水过多而腐烂；海拔较高，云雾笼罩、湿度足够且气压低；日照时间长，使得茶芽柔嫩，芬芳物质增多，茶水醇而不涩；紫外光照射多，对茶叶水色及出芽影响极大，茶叶质量高；酸性土壤，也利于茶树生长。当地人种茶、采茶、卖茶，形成传统特色产业，以古丈毛尖最负盛名。古丈毛尖历史悠久，始于东汉，唐代即以茶芽入贡。1929 年获得法国国际博览会国际名茶奖，1950 年远销苏联、东欧各国，1957 年参加西德莱比锡国际博览会，1982 年入选中国十大名茶，1988 年获得北京首届食品博览会金奖。古丈毛尖产于湘西武陵山区古丈县境内。这里山高谷深、云雾缭绕、雨量充沛、土地肥沃，自然条件得天独厚。

除了上述主要物产外，丫角村村民还种植玉米、大麦、小麦、米麦、黄豆、绿豆、小米、高粱、豌豆、干豆、饭豆、红薯、土豆、花生、凉薯、荞（苦荞和甜荞两种）等多种作物。

二、历史发展

（一）村落起源

相传最早龙姓两兄弟携眷逃荒至此，兄叫向大，弟叫向二，看这地方山清水秀又杳无人烟，溪水长流、鱼虾成群，山地土质肥沃、山上林木葱郁，是繁衍生息的好地方，于是就在此安家落户。两兄弟分别在溪水两边拓土造田，久而久之发展成今日的村落。

（二）发展阶段

清光绪三十二年（1907）《古丈坪厅志》记载："排若村，城南三十里，苗地，两峰并峙，高耸入云。土人相传山顶昔建有古庙，年久朽坏，仅存砖瓦遗迹。"亦载："排若村七月七喜鹊桥会，各寨立有土王庙。"民间传说保靖吕洞山与排若村争夺阿婆山，互相交战，吕洞山将排若村之帽砍落于此，故名排若村。

村寨内房屋鳞次栉比，寨子的中间有一条古街道，300 多米长，

3米宽。另有横向小街巷10条，与之交会形成井字形格局，街道两边还有商铺柜台遗存。旧时这里设有千总衙门、校场坪、监狱、兵房、马房、军田等。现在村中有块大坪场叫作衙门坪场，残存护寨城墙100多米。进村的地方叫作城门口，石头围墙高耸，古树参天，可以想象当年衙门之威严，千年古寨之雄风。因衙门而兴起的集市在建国前一直热闹非凡，村里有开旅馆的、卖熟食的、煮酒的、打豆腐的、做糖的、卖粑粑的、卖杂货的、染布的、擀面的、打油的，等等。保靖、马颈坳、沅陵、泸溪等十里八乡的村民都来这里赶集，商贾云集、人头攒动、一片喧哗。这里历史文化底蕴深厚，苗文化、土家文化、汉文化在这里交会、融合、互相借鉴。至今还有汉戏、阳戏、跳乡、七月七鹊桥会、苗族鼓舞、团圆鼓舞、打溜子、玩龙灯、哭嫁、九子鞭等乡土文化娱乐项目。

村内情景

如今，千总衙门已然不存，遗留下宽敞的坪场和房屋基石。由于流官的上任、商业的繁荣，各民族人民在这里经商、定居。其建筑风格迥异，现留有一座四合天井大院，以及众多吊脚楼、籽蹬屋（又名虎口屋）、排扇木屋等。

（三）传统家族

1. 向氏

向氏祖先名叫向忠彦，传说向忠彦原来是一个将军，江西人，后来被朝廷派到湖南平苗王叛乱，平定叛乱后在一个叫松溪坳的地方休整。当地有一个妖怪经常出来害人，当地大户人家在外张贴告示，谁能降伏妖怪就将女儿许配给他。向忠彦揭下告示，并找到妖怪，原来是一头龙曲海马，向忠彦将其降伏。

回到村里，员外如约让其挑选一个女儿做媳妇，他选了三小姐。结婚过后，向氏准备带着媳妇回家，岳父给了他很多钱财。在回家的路上，路过元陵莲花池，潭中一朵白莲花非常漂亮，向氏觉得这里景色优美，宜人居住，就在此地用玉米秸秆和茅草修了三间房屋，还把父母接了过来。

很久之后，皇帝想知道他的情况，就让他上报，于是他用一首打油诗描述了自己的现状。

日吃边缸之水，夜点万盏明灯。

千根柱头落地，六间排楼。

雪大人路过，加了一间排楼。

七十人筛糠，八十人剥米。

七只盐船下水，三天不来就无盐吃。

这首打油诗被皇帝看过后认为他很有钱。后来国家发生了战争，皇帝要他捐款补充国库，他根本就没有钱。皇帝大怒，赐他毒酒，他在一个叫失马塘的地方喝下毒酒，然后坠入塘中。三个儿子前来寻他，没有找到，后来有两个儿子搬到古丈居住，剩下一个住在莲花池畔。

两个儿子后面又有了四个孙子，分别叫古藤、古挚、古云、古丈。后来古丈被杀，古挚搬到了南山，而古云去了保靖县葫芦镇。有一次，古云到排茹村做工，中午吃饭的时候没有本地人吃得好。一个姓齐的和一个姓梁的人说古云吃的东西和他们养的狗吃的一样，古云的后人很是气愤，把齐梁二姓人全部杀死，然后搬到排茹村，改姓向。

（四）重大历史事件

1927年，这里兴起了声势浩大的农民运动，印世芳等人参加了中共地下党，成立农民协会和自卫队，打倒土豪劣绅。后因长沙发生"马日事变"，地下党员危云炎、危云开两兄弟血洒校场坪。

（五）重要历史人物

1.向品志

20世纪20年代，在排茹村有一个叫向品志的人，非常出名。小时候，向品志在常德读书，班里有一个恶霸经常欺负他，后来向品志邀约一个姓刘的同学一起把这个恶霸杀了。为了逃避官府追捕，他渡过大河，躲藏起来。风波平息之后，他到保靖县做了官，后来要调到葫芦镇当镇长，但是他没去，说服领导把他调到古丈县去任职。他到古丈县后大力发展排茹村，排茹村渐渐成为这一带的中心，并形成了集市。后来，向品志因在冲突中失手杀人，被判处死刑。

调查访谈

2.颜家文

颜家文，1946年生，湘西自治州古丈县人，1980年毕业于中国作家协会文学讲习所。当代作家，中国作家协会会员。作品《长在屋檐上的瓜秧》《悲歌一曲》获全国第一、二届少数民族创作一等奖,《中国农村大写意》(编辑,合作)获 1994 年中宣部五个一工程奖、中国第九届图书奖。

1964 年参加工作,先后任职于县文化馆、县委宣传部、湘西州团结报社、湖南人民出版社、湖南文艺出版社、芙蓉杂志社,兼任湖南省作家协会第四届理事、湖南省少数民族文学委员会副主任。1988 年加入中国作家协会。

3. 向永专

31 岁的向永专在村医行列中算是小后生。人虽年轻,心思却很细致,心眼儿更好,一副菩萨心肠,村里人夸他,"这伢儿心真好!"

采访向医生

向永专所在的古丈县双溪乡排茹村是一块依山傍水的美丽土地,1300 多位苗家人世世代代在这里耕耘,却无法摆脱贫困,得病治病,更是不敢奢望。向永专见多了村里人的无奈"离去",便下决心跟爷爷学起了民族医术,当了一名乡村医生。

他自学了《内经》《内科》《妇科》《儿科》等二十多门医学著作，同时把爷爷"凭良心做人，按良心做事，把乡亲们的难处当成是自己的难处，把乡亲们的疾苦当成是自己的疾苦"的教导作为自己的行医信条。

2007年10月，66岁的五保户老人向文顺在山上跌倒，摔断了锁骨，向永专恰好碰上，便背着老人走了两个多小时的山路回到诊所，检查、接骨、绑定，凌晨1点以前，他来不及喝一口水，之后的两个月，他为老人换药、挑水、洗衣、做饭，老人一分钱医疗费都没有出。算一算，行医16年来，他每年要免收各种费用2000多元。

可是，他毕竟也是一个农民，他有自己的田，是家里的主要劳力，也要照顾家里一年的收成。行医、种地，有时却不可兼顾。

就这样，"伢儿"从来没有放弃过村里的病人，村民也从来信任他。2007年，他被群众推选为县人大代表，2008年6月又高票当选村主任，今年1月，他被评为全国优秀乡村医生。

三、物质文化遗产

（一）建筑特色

1. 建筑智慧

从古至今，村里不管谁家建房，不得影响饮用水源，不得破坏水井，不得影响道路，猪、牛栏必须与住房保持一定距离，畜牧排污、山洪排水等注重沟涵建设，达到合理排放。在建筑上，村民依山就势，在起伏的地形上建造接触地面少的房子，减少对地形地貌的破坏。同时，力求上部空间发展，房屋底面随倾斜地形变化，形成错层、掉层、附崖等建筑形式。

村落集中连片，房屋建造风格基本属民国时期流传的木屋样式。建造形式一般都是五柱八挂、四排三间，内分上下两层（也有五柱六挂），屋面盖小青瓦。其次是几乎家家都建造有吊脚楼，吊脚楼分两三层不等，雕刻各有特色。同时房屋壁板隔年一次的桐油油面，形成了新窝这一地区房屋防腐的又一大特色，整栋房屋表面乌黑发亮，古色古香的风味浓厚。

村落建筑

2.穿斗式建筑

排茹村民居采用中国南方建筑中常用的"穿斗式"架构形式。所谓"穿斗式"，即柱子直接支撑檩子，没有大梁，枋穿过柱子，所以叫"穿枋"。枋上承载挂柱，挂柱也和柱子一样直接承载檩子。檩子之上是椽子；椽子之上不做望板，直接盖瓦。这样的结构形式长处有二：其一，没有梁只有枋，枋比梁小，节省材料；其二，枋穿过柱子，把全部的柱子和挂柱联结为一个整体，增加了结构的强度。此外，枋起着连结构架和支撑挂柱的双重作用，结构很合理。但是穿斗式也有缺点，主要是柱子之间的跨度受到限制，不能做大。

穿斗式建筑

（1）一般穿斗式

穿斗式构架是中国古代建筑木构架的一种形式，这种构架以柱直接承檩，没有梁，原作穿兜架，后简化为"穿逗架"。穿斗式构架以柱承檩的做法，可能和早期的纵架有一定关系，已有悠久的历史。在汉代画像石中就可以看到汉代穿斗式构架房屋的形象。穿斗式是用穿枋把柱子串起来，形成一榀榀房架，檩条直接搁置在柱头，在沿檩条方向，再用斗枋把柱子串联起来，由此形成屋架。

穿斗式构架的每一根挂柱并不一定都要延伸到底，同样，也不需要每一根穿枋都通贯两端。

 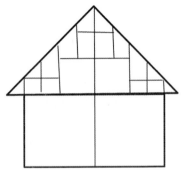

一般穿斗式建筑及示意图

（2）满挂满枋

满挂满枋属于比较常见的架构，是穿斗式构架的一种形态。所谓满挂满枋，就是每一根挂柱都要延伸到最底下一根枋上，每一根穿枋都通贯两段。一般看来这是一种最守规矩的，甚至于有点死板的结构方式，完全没有一点灵活性。但是必须承认，这种架构是穿斗式架构中最严谨、整体性最强的结构方式。甚至在构架的制作上也是如此，它的制作方式是上面两根穿枋由中间向两端穿，下面两根穿枋则由两端向中间穿。因此，这种结构方式是最有规律性的，常见的有三柱四挂、三柱六挂、五柱四挂、五柱八挂等。

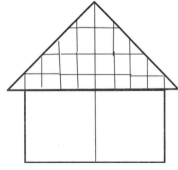

满挂满枋建筑及示意图

（3）剪刀夹屋

剪刀夹屋是一种常见的穿斗式建筑，其最大的特点就是挂柱少、无穿枋。剪刀夹屋由于挂柱少，有的甚至没有挂柱，无法承受太大的重量，所以这类架构的房屋开间小，一般作为侧屋。

（4）悬山式屋顶

悬山式是中国古代建筑的一种屋顶样式，也传到日本、朝鲜半岛和越南。在古代，悬山顶等级低于庑殿顶和歇山顶，仅高于硬山顶，只用于民居，是东亚一般建筑中最常见的一种形式。

悬山建筑房间的檩木不是包砌在山墙之内，而是挑出山墙之外，挑出的部分称为"出梢"，这是它区别于硬山的地方，以建筑外形及屋面做法分，悬山建筑可分为大屋脊悬山和卷棚悬山两种。大屋脊悬山前后屋面相交处有一条正脊，将屋面截然分为两坡。常见者有五檩悬山、七檩悬山以及五檩中柱式、七檩中柱式（后两种多用作门庑）。卷棚悬山脊部置双檩，屋面无正脊，前后两坡屋面在脊部形成过陇脊。常见者有四檩卷棚、六檩卷棚、八檩卷棚等。还有一种将两种悬山结合起来，勾连搭接，称为一殿一卷，这种形式常用于垂花门。

（5）杆栏式建筑

杆栏式房屋是远古时代南方百越部族的建筑风格，考古发现最早的杆栏式建筑是河姆渡的杆栏式建筑，古时流行于南方百越族群的居住区。《博物志》云："南越巢居，北溯穴居，避寒暑也。"这种建筑以竹木为主要建筑材料，主要是两层建筑，下层放养动物和堆放杂物，上层住人。杆栏式建筑可以防震。

这种建筑适合居住于比较潮湿的地方的人，现在主要流行于广西中西部、云南东南部、贵州西南部和越南北部比较偏远的地区。其他民族的杆栏式建筑也有，但是受到汉式建筑和佛教建筑的影响较多。

杆栏式建筑

排茹村气候湿润，为了远离潮湿的地面，这种杆栏式建筑比较常见，而且造型精美、栏杆雕花、形态各异。

（6）竹篱笆

竹篱笆制作技术在中国已经有几千年历史了，尤其是在盛产竹子的中国南方，尤为常见。在湘西排茹村这种竹篱笆也算比较多，主要有两种形态。一种是运用于房梁之上的，这种篱笆和普通的篱笆不同，以竹条编制而成，编制在房屋的穿枋上，防止鸟、老鼠等动物进入房内偷吃粮食。在挡住动物的同时不会妨碍通风透光。这种竹篱笆的出现，主要还是由于穿斗式建筑枋挂穿插，空隙较大。另一种是较为普遍的，一般运用于菜园四周，防止鸡鸭等家禽进入菜园糟蹋蔬菜。

　　传统的竹篱笆因结构简单，无任何其他的保护措施，使用寿命短，影响了竹篱笆的使用范围和使用场所，无法满足人们的感观需求，不能不说是一种遗憾。但是，竹林广泛分布，竹篱笆材料易得，所以竹篱笆编制技术广泛流传，是中国古代劳动人民的智慧结晶。

竹篱笆

（7）堡坎

　　湘西位于武陵山片区，山高谷底，重岩叠嶂。由于平坦的土地较少，而且大多被用于耕地，所以苗族的民居基本都建于缓坡上，为了使地基更加牢固，并扩展平地的面积，村民就会砌起堡坎。这种堡坎以山上的石头为原料，利用石头的自然形态砌合而成，石头不用加工，石头与石头之间也不用水泥。堡坎虽然自然砌合而成，却异常稳定，百年不倒。随着工具和运输的发展，现代居民砌堡坎用的石头是更加坚硬的花岗岩，而砌合时加入了水泥，这样使得堡坎更加坚固耐用。

堡坎

（二）百年古道

在排茹村中有一条非常古老的道路，是古代官员巡视、人们贩运商品货物、邻寨行亲走访的主要通道。直到现在，这条道路仍然是村里的一条交通要道。这条路由青石板砌成，两边多为大石，中间较窄。

百年古道

古时人们肩挑背驮，跋山涉水，几十里的山路一走就是几百年；现如今古道上仍然车水马龙，人来人往。许是经历了几百年的寻找，一条路，一条进山的公路，一条通畅的宽阔大道，攀缘着高峻蜿蜒的山峦，穿过绵绵密密的山林低吟浅唱，走到了躲藏在大山深处的排茹村寨。

（三）生命源泉—千年古井

村里的古井分布于村落各处，是几百年来人们生活取水的重要水源。现仅存6个古井仍在使用，村内大部分地方已接通自来水。古井多为半包围结构，五面封闭一面开口，古井不深，多埋在地下，这使得井水非常清凉。通常一口井可以供应好几户人家。在村民有意识的保护下，古井四周清洁，水质较好。

（四）古树

这棵古树是生长百年以上的老树，是国家重点保护植物。古树已进入缓慢生长阶段，干径增粗极慢，形态上给人以饱经风霜、苍劲古拙之感。

古树

（五）代表性历史遗物

（1）石舂

石舂由石支撑架、木碓杆、石碓和石臼几部分组成，石碓和石臼用的是同一种石材，石舂连在原木上，由一至三人协力踩踏，有节奏的起落，一人手拿小扫帚，随着石舂的升起快速拨动石盆里的粮食；一旦不协调，极易伤手。过去逢年过节，许多人还用石舂来舂米粉、花生、芝麻等，用来做年糕。今天，随着碾米机、打粉机等机器的出现，昔日在人们生活中占据着举足轻重地位的石舂已在农村大地慢慢消失，现在村落中已很难见到石舂的踪迹。

石春

（2）石磨

用人力或畜力把粮食去皮或研磨成粉末的石制工具。由两块尺寸相同的短圆柱形石块和磨盘构成。一般是架在石头或土坯等搭成的台子上，接面粉用的石或木制的磨盘上擩着磨的下扇（不动盘）和上扇（转动盘）。两扇磨的接触面上都錾有排列整齐的磨齿，用以磨碎粮食。上扇有两个（小磨一个）磨眼，供漏下粮食用。两扇磨之间有磨脐子（铁轴），以防止上扇在转动时从下扇上掉下来。有直径超过三尺六寸（1.2 米）的大磨，要用三匹马同时拉。一斗（约合50市斤）粮食用十多分钟就能拉一遍。一般的磨直径80厘米左右，一个人或一头驴就能拉动。小磨直径不足40厘米，能放在笸箩里，用手摇动，用于拉花椒面等，还有拉豆腐汁和煎饼糊子的水磨等。

石磨及示意图

（3）犁铧

约公元前3500年，美索不达米亚平原的农夫发明了牛拉犁具。犁是人类早期耕地的农具，中国人大约自商代起已使用耕牛拉犁，木身石铧。公元前500年，欧洲农夫造出了铁犁，犁前有两个轮子和一个犁刃（即犁铧）。战国时期在木犁铧上套上了V形铁刃，俗称铁口犁。犁架变小，

犁铧

轻便灵活，更可以调节深浅，大大提高了耕作效率。欧洲人于18世纪开始用先进的罗瑟兰犁、兰塞姆金铁犁和播种机。1830年美国移民开始用迪尔铜犁，其他各大洲也开始用铜犁。总之，犁的发明、应用和发展，凝聚了全世界发明家的心血，并体现了他们的智慧。

（4）茶篓

排茹盛产茶叶，茶树生长紧密，人在其间穿梭很不方便，而如果采摘茶叶用大的背篓就更加不便。于是人们发明了一种挎于腰间的茶篓。茶篓小巧玲珑、篾丝细腻、图案别致、花纹精妙。茶篓与背篓相反，茶篓腰大口小，开口小能有效防止茶叶洒出，腰间粗大也增加了茶篓的容积。当地人采茶都习惯背这种茶篓。

茶篓

（5）背篓

在湖南湘西"九山半水半分田"的大山区，道路崎岖狭窄，挑担不方便，人们便与背篓结下了不解之缘。姑娘出嫁要织"洗衣背篓"作为陪嫁。洗衣背篓小巧玲珑、篾丝细腻、图案别致、花纹精妙，是新娘子巧手与勤劳的招牌；女儿生孩子，娘家要送一个"儿背篓"，

作为"祝米酒"的礼品。儿背篓成长筒形，腰小口大，专用来背孩子；砍柴、扯扯猪草则用"柴背篓"，它篾粗肚大，经得起摔打；摘苞谷、小谷则用"扎背篓"，它腰细，口呈喇叭形，底部成方形，高过头顶，像倒立葫芦，背得多。另有一种木制背篓，几根木棒，做成一能置物体的快架，用篾丝系着，是背原木、送肥猪的好工具。有的为歇息时不释肩，用一"丁"字棒将篓底撑住，叫"打杵"，用来"歇肩"。此物方便适用，至今仍然盛行，故有"篓不离背，杵不离篓"之谚。

背篓

（6）小火炉

在排茹村有一种传统的小火炉，这种火炉由铁炼成，形态矮小，制作简单。火炉中空，下面有三个脚架支撑，上部开口，呈圆柱状。腰间也有一开口，开口不大，主要是为往炉子内部添加燃料（主要是木材）所用。这种炉子用途广泛，既可以做饭，也可以煮其他的东西。

（7）煤油灯

煤油灯是电灯普及之前的主要照明工具，以煤油作为燃料。多为玻璃材质，外形如细腰大肚的葫芦，上面是个形如张嘴蛤蟆的灯头，灯头一侧有个可把灯芯调进调出的旋钮，以控制灯的亮度。

旧式煤油灯使用棉绳灯芯，其灯头通常以铜制成，而灯座和挡风用的灯筒则用玻璃制成。灯头四周有多个爪子，旁边有一个可控制棉绳上升或下降的小齿轮。棉绳的下方伸到灯座内，灯头有螺丝绞与灯座相配合，故可把灯头扭紧在灯座上。灯座内注满煤油，棉绳便把煤油吸到绳头上。只要用火柴点着绳头，并罩上灯筒，便完成点灯的动作。现在旧式煤油灯已几近绝迹。

四、非物质文化遗产

（一）传统音乐

1. 山歌

土家族、苗族居民都爱唱山歌，山歌是土家族、苗族民歌中的一种载体，它包括劳动歌和生活歌两大类。劳动歌是在劳动时所唱，其歌有长有短，随需而唱。有才华的歌手无须唱本，其歌全在心中，"见子打子"，随口唱答，不乱韵律而风趣横生。土家族、苗族人人是歌手，处处是舞台，他们把自己的喜怒哀乐，用山歌淋漓尽致地表达。土家山歌入情入味，令人陶醉，令人神往。新窝虽然是苗族聚居地，但经过岁月的沉淀，已经与土家文化融合，所以在新窝一带山歌盛行。

2. 打溜子

打溜子俗称打家伙，是古丈县人民喜闻乐见的打击乐演奏形式。主要乐器是头钹、二钹、锣和小钹，俗称四人溜子，也有三人溜子。它的演奏形式有走式、立式和蹲式。钹技打法有亮打、闷打、砍打、侧打、挤打、磕边打和搓揉打。演奏技巧有敞锣、逼锣和闷锣。土家族打溜子曲牌十分丰富，共有一百零八套，有形声、绘神和写意三类表现形式。头钹明快稳健、二钹急如星火，铜锣行腔点韵，小钹洪亮清新。打溜子多用于土家族、苗族的结婚嫁女和各种喜庆活动之中。古丈县内的苗族、汉族都有打溜子的习俗。

打溜子

3. 哭嫁歌

土家儿女出嫁时，自古兴唱哭嫁歌，思恋亲人，诉离别情。在新出嫁前十天半月，晚上聚在姑娘秀房，抱头而哭，形式有单哭、对哭、混声哭。有固定唱词，亦可临时编词，形式较为自由，以七言居多。内容有开声、姊妹哭、骂媒人、母女哭、哭离娘席、辞祖宗等。有用土语演唱，也可用汉话演唱，有极高的文学价值。哭嫁歌已于2010年被列入国家级非物质文化遗产项目，作为一种民间歌谣形式，流传下来。

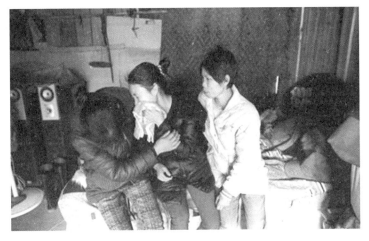

哭嫁

（二）传统舞蹈

1. 苗鼓

清光绪《古丈坪厅志》载："苗俗崇巫信鬼，每于正月之吉，召聚亲族，击鼓跳鼓以迎神，名之曰跳鼓。"在《卷十》中亦载："正月亲友聚会，则打猴儿鼓，摆腰调年，男女歌和。"由此可见，古丈县苗族地区苗鼓艺术源远流长。据专家考证，苗族鼓舞源于汉代以前。随着社会的发展，苗族鼓舞逐渐从祭祀活动中解脱出来，用于各种节庆、婚嫁喜庆和男女交往之中，成为广大苗族人民表示欢乐、交流感情、自娱自乐的群众性舞蹈，对研究苗族的历史、征战、宗教、迁徙、生产、生活、爱情、民俗等有十分重要的参考价值。

古丈县默戎镇新窝村的苗族鼓舞有女子单人鼓舞、男子单人鼓舞、女子双人鼓舞、男子双人鼓舞、群体鼓舞、猴儿鼓舞等。苗族鼓舞集舞蹈、音乐、工艺美术、戏剧表演、武术为一体。音乐主体为鼓点，其特点是曲式规范，富于变化，音乐形象鲜明，与舞蹈配合默契。现代苗族鼓舞表演中还加入苗歌伴唱及苗族唢呐伴奏等音乐元素。苗族鼓舞女子服装充分显示了苗族织锦、刺绣艺术的精华，无论是头帕、银饰、衣裙都色彩鲜丽。默戎镇的苗族鼓舞表演中，人鼓合一，打鼓

苗鼓

起舞。猴儿鼓舞灵活多变、风趣诙谐，挑逗戏耍、表演协调。女子鼓舞温婉妖媚、轻盈柔软、体态健美，极富表现力。男子鼓舞多为屈膝矮桩，全身扭动，动作粗犷，豪放刚健。新中国成立后，默戎镇的苗族鼓舞多次参加国家、省、州、县各级会演。1955 年 7 月，苗族女青年龙彩莲参加波兰华沙第五届世界青年联欢节，表演的苗族女子单人鼓舞获国际友人好评。默戎镇于 1993 年获得省里授予的"古丈县默戎镇苗鼓之乡"称号，1994 年获国家命名的"古丈县默戎镇苗鼓艺术之乡"殊荣，2005 年，古丈县在省工商局正式注册"苗鼓之乡"商标，2007 年默戎镇获国家命名的"中国民间文化艺术之乡"的称号。2005 年，湘西苗族鼓舞被列入国家首批非物质文化遗产代表作名目。

2. 苗族舞龙

古志有载："苗人好舞龙灯，划龙舟。"传说龙是苗族的同胞，自古以来苗族人民均视龙为图腾，精美的刺绣品中也多为龙的图案。苗族人民崇拜龙、喜欢龙，为了风调雨顺，每年的元宵节都要举办舞龙嘘花节。一旦龙灯进入城内，那些爱好嘘花的人，悄悄准备若干用火药、芒硝、铁屑做成的花筒等候在恰当的路段，待龙灯到来时，他们用苗话、汉话喊着"花来哟！花来哟！"点燃花筒，只听得一声声呼啸的声音，长长的烈焰直喷龙灯，龙火交织。顿时，火光滔天，犹如波浪，一浪翻过一浪，几十、上百条龙陷入一片火海，场面煞是惊人，还时不时爆出"嘭！嘭！"的爆炸声，令人胆战心惊，却有惊无险。

舞龙者大多赤身光膀，只穿一条短裤，不怕火花烫伤，举着龙灯面对来势汹汹的花筒烈焰，龙灯虽然有被熏烧的危险，但并不逃之夭夭，而是就地左突右窜，巧妙地避开长长的火舌，跳跃穿梭在火海烈焰的喷射之中，口中还不断地呼喊着"花来哟！花来哟！"边躲边舞，但求更多的嘘花落到自己的龙身上、自己身上，祈求新的一年好运，直至龙头和龙身被烧得面目全非。嘘花和舞龙在追逐、比拼，惊险刺激、壮观无比。围观者人潮涌动，好不热闹。舞龙的是勇敢者，嘘者也是勇敢者，不怕追逐的劳累和艰险；观者也是勇敢者，不怕花筒四射，紧追围观。无论男女老幼人人都可舞、可嘘、可观。全民参与，一片欢腾、惊险火爆的场面，体现了苗疆儿女龙腾虎跃的无畏精神。由于舞龙嘘花燃起众人内心的情感之火，活动往往通宵达旦。

苗族舞龙

3. 苗族舞狮

相传，苗族先民住在深山，常受山中野兽侵扰，先民们扎出狮头形象，配上五颜六色的彩布作狮皮，以此来吓退野兽，保卫村寨安宁。苗族舞狮的狮头颜色以蓝、绿、红三色为主，辅以金、黄等色，画上祥云等祥瑞图案，高额、大眼、宽口，看上去非常威武。

选料劈篾、编织骨架、糊上白纸、晾晒风干、涂色装饰……做好一个狮头需要一周的时间，所有工序中，都遵循一个宗旨——让"狮子"看起来更加威武，而其中的关键和难点在于骨架的编织。

苗族舞狮通常以苗家武术表演开场，旁边三人奏乐，敲锣打镲。"耍宝人"在前方引路、调度，身后两人一组舞动两头"狮子"。舞狮人和"耍宝人"手法、步伐都透着力道，呈现出舞狮动作的轻、重、缓、急。

苗族舞狮

（三）传统曲艺

1. 九子鞭

九子鞭又称竹连响，是我国民族传统体育项目之一，是一种群体表演项目。九子鞭长 1—1.5 米，伐深山紫竹，九枚铜钱镶嵌其中。鞭杆舞动，古钱相擦，配之富有韵律的优美乐曲，给人以美的享受。此项活动适合在室外进行，可培养学生团结合作的精神，还可学习多种技巧。

"九子鞭"相传由我国南部的白族和苗族创立，在湘鄂土家族也有所发展。教具、打法、音乐等方面都具有民族特色，是湘西土苗居民为祭祀神灵创立的一种音乐、舞蹈、诗歌相结合的艺术形式，其表演内容、表演形式、艺术特征等都与土苗文化和民间宗教习俗存在着千丝万缕的联系。

2. 三棒鼓

三棒鼓源于唐代的三杖鼓。明人沈德符在《顾曲杂言》里已记载了三棒鼓在万历年间的演出情况。清末与凤阳花鼓合流，流传渐广。为谋生计，沔阳、天门一带的人们背井离乡，浪迹天涯，到中欧，到东南亚，走到哪里，唱到哪里，被称为"中国的吉卜赛人"。除东北地区外，全国各地都可以找到它的踪迹，并随艺人流传到英国、法国、意大利、新加坡、马来西亚等数十个国家。

三棒鼓击鼓的技巧有单跨花、砍四门、绞花、织布、单鼓花、双鼓花、麻雀钻竹木、白蛇吐飞剑、乌龙搅水、金钱吊葫芦等。2011年5月23日，三棒鼓经国务院批准列入第三批国家级非物质文化遗产名录。

三棒鼓

（四）传统体育

1. 苗拳

苗家八合拳是盛行于古丈县苗族地区的一门传统武术竞技。清末民初，古丈县默戎镇抗捐抗税英雄龙廷久，在祖传苗拳（小手拳）基础上，吸收峨眉、武当等派拳技的精髓，独创出一门易于传授的拳术。至今，苗家八合拳在古丈县境内广为流传，并流布到邻近的吉首市、泸溪县、花垣县、保靖县苗族地区，成为湘西苗族武术文化中的一朵奇葩。苗家八合拳是古丈县民间非物质文化遗产中的一颗明珠，2012年5月，被列入省级非物质文化遗产名录。

苗拳

2. 荡秋千

秋千是中国古代北方少数民族创造的一种运动。春秋时期传入中原地区，因其设备简单，容易学习，故而深受人们的喜爱，很快在各地流行起来。汉代以后，秋千逐渐成为清明、端午等节日开展的民间习俗活动，并流传至今。新中国成立后，随着各种现代体育项目的兴起，秋千运动除在少数地区仍广为流行外，在大部分地区已成为儿童的专项活动。

荡秋千

苗族民居多为穿斗式建筑，而且建房时还喜欢在门前种一棵树，这为搭建秋千提供了充足的场所。一般一栋房屋会有一个秋千，人们饭后闲暇时会去荡秋千。

（五）传统技艺

1. 制茶技艺

古丈毛尖茶制作技艺是各族人民经过数代艰苦探索、不断实践总结出的一套完整的制茶工艺，使毛尖茶色、香、味俱佳，享誉海内外，多次荣获国际国内大奖，畅销世界各地，为古丈县各族群众脱贫致富打开了一条新路。

制茶

采茶

中国是茶叶的故乡。早在周初，巴国已制作贡茶献给周王室。在茶叶栽培和制作由西南向东部扩展的过程中，地处荆楚武陵之腹的古丈县，恰好处在中国茶叶发展史上一个初始辐射过渡带上。河西白鹤湾战国楚墓群发掘的文物中，就有茶壶、茶盏、茶灶等明器。古丈茶始种当为战国时期。古丈县新窝村土地肥沃、空气湿润、植被茂盛，适宜茶叶生长。南北朝时期《荆州土地记》载："武陵七县通出茶，最好。"杜佑《通典》记载："永顺、龙山、溪州等地均有茶芽入贡。"《古丈坪厅志》记载："古丈坪厅之茶，种之山者甚少，皆人家园圃所产，及以园为业者所种，清明谷雨前捡摘，清香馥郁，有君山之胜，夫界亭之品，近在百余里内，茶为沅陵出产之大宗。"目前，新窝村全村有茶园300亩，制作高级别的古丈毛尖茶，还成立了茶叶生产合作社。

古丈毛尖茶冲泡时，芽叶沉底，芽尖向上挺立，或如旗枪，摇曳晃荡。举杯细品，先微苦再转甘，最后满口香醇，令人心旷神怡。古丈毛尖茶的制作技艺分为杀青、初揉、炒二青、复揉、炒三青、做条、提毫、收锅八道工序。古丈毛尖茶制作技艺已被列入省级非物质文化遗产项目，古丈茶俗被列入省级非物质文化遗产。

2. 冶炼技艺

冶炼是一种提炼技术，是指用焙烧、熔炼、电解以及使用化学药剂等方法把矿石中的金属提取出来；减少金属中所含的杂质或增加金属中某种成分，炼成所需要的金属。

冶炼

（六）宗教信仰

1. 道教

道教是中国本土宗教，以"道"为最高信仰。道教在中国古代鬼神崇拜观念上，以黄老思想为理论依据，承袭战国以来的神仙方术衍化形成。道教广泛存在于苗族居民的生活中，比如老人去世时请的道士先生，还有民间常见的土地屋，都属于道教范畴。

2. 巫教

巫教，始于上古祭祀文化。扎根民间，根基深厚，与儒释道三教一样是中华传统文化，是在三教之外的中华传统。春秋百家之一的巫家，正史上不被记载，之后与道教创始人张陵的正一道兼并。

中国巫觋一脉，托始于黄帝之阴符经。《汉书·郊祀志》卷二十五载，王莽篡位二年，用方士苏乐言，兴神仙事，托言"此黄帝神仙之术也"。中国古代的方士，就是巫觋之流，假托黄帝为始祖。《郊祀志·第五上》："洪范八政，三曰祀。祀者所以昭孝事祖，通神明也。旁及四夷，莫不修之，下至禽、兽、豹、獭有祭。是以圣王为之典礼，民之精爽不贰。齐肃聪明者，神或降之，在男曰觋；在女曰巫。"颜师古注："巫觋亦通称耳"，贾公彦曰："男子阳有两称，名巫名觋。女子阴不变，直名巫，无觋称。"

（七）村规民约

排茹村的村规民约是全村人遵守的行为准则。

咱们村	是宝地	将你我	来养育
建设好	新农村	本条约	要牢记
建房子	经审批	遵章法	守规矩
河长制	勤巡河	有问题	快处理
娶儿媳	嫁女儿	破旧俗	立新意
清明节	文明祭	既庄重	又省钱
邻里间	有情谊	互帮助	如兄弟
讲文明	行礼仪	宽待人	严律己
讲卫生	好习气	环境美	有秩序
倒垃圾	不随意	砖瓦柴	摆整齐
猪狗羊	鸡鸭鹅	要圈养	多管理
此条约	大家立	执行好	都受益

指导教师：

覃小林，男，博士，中南民族大学马克思主义学院副教授、硕士生导师，研究方向为思想政治教育哲学、比较思想政治教育学和思想政治理论。

作者简介：

张婷婷，中南民族大学马克思主义学院法学硕士，研究方向为马克思主义基本原理。

古丈县古阳镇丫角村调研报告

黄永潮

古阳镇丫角村位于古丈县东南部，四面环山，中间类似船型，两头狭窄，中间宽阔，适宜人居。2018 年，丫角村被列入第五批中国传统村落名录。该调研团队在老师的带领下实地考察调研古阳镇丫角村，从村落概况、历史起源、文化遗产、历史人物、特色产业等五个维度进行调查研究，同时搜集丫角村申报传统村落的相关材料，结合各行政部门所掌握的材料形成此调研报告。

一、古色古香的小村落

（一）地理位置

丫角村距离古丈县城 35 公里，隶属湖南省湘西土家族苗族自治州古丈县古阳镇河蓬乡。该村是苗族聚居的民族传统村落，下辖 5 个自然寨、9 个村民小组，共 274 户 1055 人，全村基本都是苗族，有20 多种姓氏。苗族是一个历史极其久远的民族，在数千年的民族发展史上，他们和汉族的关系一直是交流融合和矛盾冲突交替存在。在以前，苗族居住区与汉族居住区往往是相互隔绝的，对汉族人来说，苗族居住区往往有一种很深的神秘感。苗族文化的所有特点，包括村寨选址、民居建筑形式、风俗习惯及宗教信仰都与他们经历的特殊历史有着密切关系。丫角村现在所处的位置并不是丫角山，丫角山位于丫角村的北部。现在的丫角村是由原来的河蓬乡凤鸣村和丫角村合并而成，包括上下两部分。上部分共5个组，是由原凤鸣溪村合并而来，下部分有2个组，其中包括村委会和村小学所在的主寨。主寨建构为"依山傍水型"，极具湘西特色。从东北部的山上倾泻而下，在山脚汇入丫角大河之中，主寨就坐落于两河之间的小山坡上。传统的村寨虽全部为木制建筑，但由于气候湿润、河流环绕，所以从未发生过火灾，村里人说有了两条河的河神庇护，才使得丫角村苗寨远离火灾，百年不衰。

图1　丫角村全貌

（二）地形地貌

　　丫角村属武陵山地域，武陵山脉自西向东坐落在湘西州境内，系云贵高原东缘武陵山脉东北部，西骑云贵高原，北邻鄂西山地，东南以雪峰山为屏。湘西州西南石灰岩分布极广，岩溶发育充分，多溶洞、伏流；西北石英砂岩密布，因地壳作用形成小片峰。

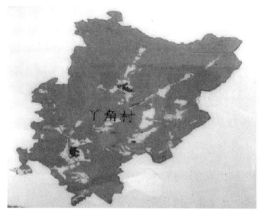

图2　丫角村地图

图3　丫角村地形图

（三）土地利用

丫角村占地面积2.3万亩，其中耕地2000余亩、稻田780亩、林地1.8万亩，人均耕地1.46亩、稻田0.7亩、林地16.39亩。土地利用分配均衡，为各种产业的发展提供了基础保障。

（四）气候特征

丫角村位于武陵山南部，大陆中部，距海遥远，山脉高耸，重岩叠嶂。这里属于典型的中亚热带季风湿润气候，具有明显的大陆性气候特征。夏半年受来自海洋的夏季风控制，降水充沛，气温较高，温暖湿润。冬半年受来自内陆的冬季风控制，降水较少，气候寒冷干燥，11月份即已进入冰冻期。即雨热同季、暖湿多雨、四季分明、光照偏少；光热水基本同季，前期配合尚好，后期常有失调，立体气候明显。

（五）行政划分

表1　丫角村基本信息表

地名：丫角村	隶属：古阳镇
行政代码：433126101255	身份证前六位：433126
长途区号：0743	邮政编码：416000
车牌号码：湘U	行政级别：村

（六）主要物产

丫角村产有油桐、油茶、茶叶、烟叶及油菜等农作物，以从事传统的种植和养殖业为主。目前，种植烟叶 50 亩、油菜 215 亩，有 390 亩连片开发园及 406 亩药材种植基地，长势良好。该地地形有一定的坡度，利于排水，防止茶叶根部因积水过多而腐烂；海拔较高，云雾笼罩、湿度足够，使得茶芽柔嫩，清香扑鼻，因此醇而不涩；加之紫外光照射多，对茶叶水色及出芽影响极大，茶叶质量高。

当地人种茶、采茶、卖茶，形成特色传统产业，以古丈毛尖最负盛名。古丈毛尖历史悠久，始于东汉，唐代即以茶芽入贡。1929 年获得法国国际博览会国际名茶奖，1950 年远销苏联及东欧各国，1957 年参加西德莱比锡国际博览会，1982 年入选中国十大名茶，1988 年获得北京首届食品博览会金奖。古丈毛尖就产于湘西武陵山区古丈县境内。

这里山高谷深、云雾缭绕、雨量充沛、土地肥沃、富含磷硒，自然条件得天独厚，古丈毛尖以条索紧细圆直，锋苗挺秀、白毫显露，汤色黄绿明亮，滋味鲜爽、香高持久、尤耐冲泡等特点著称于世。纯手工、原生态，代表湘西山水精神。

除了上述主要物产之外，丫角村还种植玉米、大麦、小麦、米麦、黄豆、绿豆、小米、高粱、豌豆、干豆、饭豆、红薯、土豆、花生、凉薯、荞麦等多种农作物。

图4　茶叶

图5　茶叶

图 6　红薯窖

图 7　水稻

图 8　水稻

图 9　烟草

（七）发展状况

1.产业

丫角村共 274 户 1055 人，有近 500 人常年在外务工。有建档立卡贫困户 117 户 480 人，现阶段已脱贫 69 户 295 人，2019 年拟脱贫 45 户 176 人。兜底 3 户 9 人，全村五保户 31 户 34 人，低保户 21 户 48 人，残疾人 20 人，大病重病户 10 户 10 人。该村注册村级合作经济组织 4 个，村民以从事传统的种植和养殖业为主。目前，在州委州政府、县委县政府、古阳镇政府各级领导的指导下，种植业和养殖业都取得了较大的发展。种植业：1.茶叶，新开茶园人均达 0.5 亩以上（含老园品改）；茶园培管人均达 1 亩以上。2.烟叶，烟叶产业户均新扩达 7 亩以上。3.柑橘，新开橘园人均达 1 亩以上（含老园品改）；橘园培管人均达 2 亩以上。4.蔬菜产业人均达 1 亩（水泥或钢架棚 180平方米以上）。养殖业：1.生猪养殖：有养殖条件且当年养殖并出栏商品猪人均2头以上，2018年赠送建档立卡户133头生猪，2019年奖补政策普惠到全村，为有养猪意愿的134个农户赠送245头生猪。2.养牛：有养殖条件的，养殖5头以上，当年出栏1头以上，黄牛养殖大户2户（20头）。3.养羊：有养殖条件人均达5只以上，当年出栏3只以上，现有山羊养殖大户6户（共400余只）4.家禽养殖：有养殖条件人均达60羽以上。为有养鱼意愿的130个农户赠送稻花鱼22370尾。新成立的两家村级种植养殖经济合作社正在不断发展壮大，其中一家村级合作社由单位注资发展集体经济，每年7月定期向村集体上交红利；引进开源浏阳河集团、湖南松龄堂中药饮片公司、湘西百草药业三家企业，签订购销合作意向，开拓了销售市场。开源浏阳河集团2018年、2019年共为10名残疾人、20名贫困学生、20户贫困家庭捐资5万元，并收购五谷杂粮等农产品两批次，农户直接收益达5万多元；2019年2月27日，浏阳河集团就2019年收购事宜专程来村与群众代表座谈并签署收购协议。

图10　山羊　　　　　图11　黄牛　　　　　图12　稻花鱼苗

2.教育

现在的丫角村有两所小学，丫角小学和凤鸣溪小学。小学基础设施完善、书籍众多，主要招收学前班、一年级、二年级。两所小学均坐落于村前较为平坦的地区，交通便利。小学是由以前的老式学堂改建而来，历史底蕴丰厚。近年来，由于经济快速发展，大多数家长将自己的小孩送到城里读书，小学招生困难，现已停止办学。

图 13　丫角小学

（八）精准扶贫

2018年3月入村以来,交警总队驻村帮扶工作队认真贯彻落实省、州、县有关文件精神,坚持以习近平新时代中国特色社会主义思想为指引,深入学习贯彻落实习总书记关于脱贫攻坚的重要讲话精神,全身心投入驻村帮扶各项工作,以加强农村基层组织为核心,以"聚力扶贫攻坚,共建幸福丫角"为主题,制定三年发展规划,积极争取项目、多方筹措资金、健全扶贫机制、强化扶贫责任,全力实施特色产业帮扶、基础设施帮扶、转移就业帮扶、安全出行帮扶、党建工作帮扶、制度建设与作风建设帮扶等六大帮扶工作思路,扶贫工作取得阶段性成果,在省驻村考核、省扶贫考核中,均进入先进行列。

湖南省公安厅交通警察总队2018年3月入村,扎实推进基础设施帮扶;丫角至凤鸣、清明场9公里通组路已完成加宽扩容,安防工程已列入实施计划;水沟水坝工程已完成现场测量,进入施工设计阶段;新建蓄水池2个,重新铺设用水管道;新增保洁员4人,完成村落公共厕所改造;完成13亩废弃厂房、矿山、公路复垦工作。扎实推进转移就业帮扶;建成电脑教学技能培训中心,现已投入使用;先后聘请10人次专家上门开展农村实用技术和务工技能培训;先后选送村内能人、大户赴怀化、长沙进行技能培训；组织村两委、村内能人赴邵阳廉桥、湘西百草药业考察学习中药材种植技术；鼓励支持外出务工人员回乡创业，村内有 2 户外出务工人员已回村进行蜜蜂养殖。

扎实推进安全出行帮扶；以"两站两员"建设为抓手，2018 年结合"戴帽工程进万村"宣传活动，为摩托车驾乘人员免费发放安全头盔 400 余顶；积极开展农村交通安全宣传教育，交警总队投资建设的交通安全劝导站和农村交通安全警务室已建成并投入使用，交通违法行为明显减少，驾乘人员交通安全意识明显提升。

扎实推进党建工作帮扶；坚持每周工作例会，落实"三会一课"、民主评议等制度，2018 年组织全体党员赴十八洞村开展"学先进、敢担当，争做脱贫攻坚党员先锋"主题党日活动；2019 年 3 月底组织全体党员开展"美化人居环境，助力脱贫攻坚"主题党日活动，在村公路沿线播撒四季花种。设立村民议事会、村民监督委员会，全面落实"四议两公开"制度；严格执行村两委班子轮流值班制度；借力"互助五兴"活动，筹备成立红白理事会、老年协会、妇女协会等农村基层组织；完成党建活动室建设，并定期组织开展创业致富知识讲座；通过党建和制度建设帮扶，村两委组织能力、执行能力不断得到提升。

扎实开展形式多样的走访慰问活动；工作队用心用情全覆盖走访全村 278 户家庭，主动关心村里的老人、儿童、残疾人等困难群众，2018 年六一儿童节为全村 14 周岁以下儿童发放牛奶 150 箱；2019 年春节前夕，慰问困难农户、80 岁老人、困难党员等 104 户，慰问资金和物资共计 4.36 万元；2019 年 4 月 15 日，总队政委带队来村开展2019 年春季助学行动，为全村从小学至大学的所有 152 名在校学生捐资 7.16 万元，117 名结对帮扶干部 2018 年 2 次走访任务全部完成，2019 年上门走访正在有序开展，与帮扶对象家庭建立双向联系机制，因户施策，为农户发展庭院经济以及就业、就医提供有效帮助，帮扶成效明显，群众满意度高。

图 14　民警工作间

图 15　安全警示牌

二、源远流长的丫角山

（一）村落起源

关于村落起源有一个神话故事，据村里老人讲述，丫角山与保靖县的吕洞山，同时爱上了阿波山，丫角山与吕洞山为了争夺与阿波山订婚的权利，决定一决胜负。丫角山用长矛在吕洞山的胸口戳了两个窟窿（据说是吕洞山山腰处的两个大洞）。吕洞山一气之下砍下丫角山的头，丫角山的头掉到河里形成了一个小的山峰，也被称为丫角山。丫角村人原本住在丫角山上，后来村里的水牛不见了，村民们找了几天几夜，在山下的河边找到了牛。可是牛吃饱喝足之后不愿回家，而找牛的人发现这里土壤肥沃，依山傍水，地形平坦，适宜居住，故回村后将全村人迁移到此地，形成了现在的丫角村。

该地区是苗族聚居地，万历年间明朝廷采取封锁政策，修筑边墙，全长190公里，沿边墙建碉设卡数十处。清朝雍乾年间爆发大规模苗民起义，给清王朝以沉重打击。嘉庆初，清廷实行屯防政策，层层控制。1952年8月成立湘西苗族自治区，1955年3月改为湘西苗族自治州，1957年9月成立湘西土家族苗族自治州，并在城步、靖州、麻阳分别成立了苗族和侗族自治县。这里的人们从事农林种植和畜牧生产来维持生存，他们能歌善舞，保持着传统习俗，他们多聚族而居，形成村寨，适应自然地理气候条件，因地制宜、就地取材、团结互助，形成了独特的生活居住环境，创造出多种多样历史悠久且具有民族特色的建筑形式。

图 16　访谈

（二）发展阶段

该村落具体形成原因已无从考证。据村落老人介绍，19 世纪初期，丫角村一直作为这个地区的经济中心，纺织业、印染业、熟食业、加工业、榨油业等发展良好，寨中街铺林立，各种商品齐全。每逢二、七，十里八乡来此赶集，购买需要的物品，俗称"赶场"。

20 世纪 40 年代，土匪张平为祸湘西，每逢赶集之日，带人将街上的商品一抢而空，逐渐地，街上的店铺不再开门营业，而周围的苗寨居民因为害怕也不再来此地"赶场"。丫角村逐渐没落，曾经的繁华街道因为土匪的肆虐而变成空城。1949 年中华人民共和国成立之后，当地的匪患情况根除。1958 年丫角村开始实行人民公社制，直到 1981 年人民公社制被家庭联产承包责任制取代。

三、独具土苗特色的文化与遗产

（一）物质文化遗产

1. 特色建筑

（1）吊脚楼

吊脚楼一般分两层，底层用作仓库、储藏室，或者架空堆放柴草、圈养牛羊。二层为住房，一般是家中未婚者，特别是未婚的女儿居住，就相当于汉族传统民居中的绣楼闺房，受到了汉族文化的影响。主屋和吊脚楼的关系耐人寻味，主屋一层，吊脚楼两层，但是主屋的屋脊一定比吊脚楼的屋脊高，这是因为主屋的台基高，进深大；因而屋顶也比较高，而吊脚楼的台基低矮，层高较小，进深较小，屋顶也比较小，这些因素综合起来，就使得一层的主屋比两层的吊脚楼要高了。主屋简朴，吊脚楼华美。二者的关系是主屋为主，吊脚楼相对次要，但在形象上吊脚楼却特别地突出，这是受观念影响的，劳动人民把吊脚楼看作家庭富裕程度的象征。

图 17　吊脚楼

（2）四合院

四合院，又称天井房，是中国一种传统合院式建筑，其格局为一个院子四面建有房屋，从四面将庭院合围在中间，故名四合院。四合院就是三合院前面又加门房的屋舍来封闭。呈"口"字形的称为一进院落；"日"字形的称为二进院落；"目"字形的称为三进院落。一般而言，大宅院中，第一进为门屋，第二进是厅堂，第三进或后进为私室或闺房，是妇女或眷属的活动空间，一般人不得随意进入，难怪古人有诗云："庭院深深深几许"。庭院越深，越不得窥其堂奥。

图 18　四合院　　　　　　　　图 19　四合院

湘西地区也有四合院，但是并不多，而且面积也没有北方的大。丫角村中有一座拥有 400 多年历史的四合院，木构架支撑屋顶，墙壁只起维护作用。屋顶采用一般的悬山式，覆盖小青瓦。所有柱子下均垫有石墩，整栋房子远离地面。屋内铺有楼板，并设有通风口，能够充分排出屋内湿润气体，防止楼板腐烂。

院中央设有天眼，天眼虽然小，但是不易堵塞，即使下大雨，四合院内也不会积水。

（3）虎口屋

苗族居民正房一般是面阔三间，正中间向内退进，在入口处形成凹口，称为"虎口"或者叫"吞口"。大门在村口正中，两侧各有一扇门。室内大部分情况下都不做分隔，因苗族节日祭祀与集会较多，室内隔断少，形成较大的空间是为了祭祀活动所用。

由于室内无分隔，表面看来无所谓堂屋、寝室、厨房之分，然而实际上,功能区分是非常明确的。和一般情况相同,中间一开间是堂屋,作为日常起居、家内劳作、休息、接待客人的场所。

（4）穿斗式建筑

①一般穿斗式

穿斗式构架是中国古代建筑木构架的一种形式,这种构架以柱直接承檩,没有梁,原作穿斗架,后简化为"穿逗架"。穿斗式构架以柱承檩的做法,可能和早期的纵架有一定渊源,已有悠久的历史。在汉代画像石中就可以看到穿斗式构架房屋的形象。穿斗式用穿枋把柱子串起来,形成一榀榀房架,檩条直接搁置在柱头,在沿檩条方向,再用斗枋把柱子串联起来,由此形成屋架。一般穿斗式构架的每一根挂柱不一定都要延伸到底,同样,也不需要每一根穿枋都通贯两端。

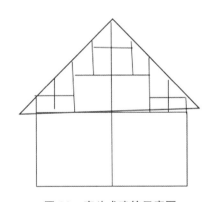

图20　穿斗式建筑示意图

图21　穿斗式原型图

②满挂满枋

满挂满枋属于比较常见的架构,是穿斗式构架的一种形态。所谓满挂满枋,就是每一根挂柱都要延伸到最底下一根枋上,每一根穿枋都通贯两段。一般看来这是一种最守规矩的,甚至有点死板的结构方式,没有一点灵活性。但是必须承认,这种架构是穿斗式架构中最严谨的、整体性最强的结构方式。甚至在构架的制作上也是如此,它的制作方式是上面两根穿枋由中间向两端穿,下面两根穿枋则由两端向中间穿。因此,这种结构方式是最有规律性的,常见的有三柱四挂、三柱六挂、五柱四挂、五柱八挂等。

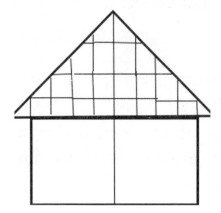

图22　三柱六挂示意图

图23　三柱六挂原型

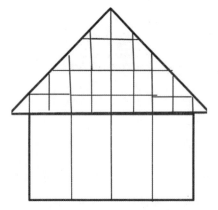

图24　五柱六挂示意图

图25　五柱六挂原型

③剪刀夹屋

　　剪刀夹屋是一种常见的穿斗式建筑，其最大的特点就是挂柱少、无穿枋。剪刀夹屋由于挂柱少，有的甚至没有挂柱，无法承受太大的重量，所以这类架构的房屋开间小，一般作为侧屋。

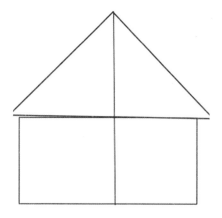

图 26　剪刀夹屋示意图

图 27　剪刀夹屋原型图

（5）堡坎

湘西位于武陵山区，山高谷底，重岩叠嶂。由于平坦的土地较少，而且大多被用于耕地，所以苗族的民居基本都建于缓坡上，为了使地基更加牢固，并扩展平地的面积，村民就会砌起堡坎。这种堡坎以山上的石头为原料，利用石头的自然形态砌合而成，石头不用加工，石头与石头之间也不用水泥。堡坎虽然自然砌和而成，却异常稳定，百年不倒。

丫角村里有大面积这种类型的堡坎，而且上下两部分砌堡坎所用的原石有所不同。原丫角村靠近河流，砌堡坎所用的岩石来自河中，这种岩石质量较轻，表面光滑而且多呈扁平状。原凤鸣村位于半山腰，远离河流，砌堡坎所用岩石来自山上，相对于河中的岩石，这种岩石表面粗糙、棱角分明。

图 28　堡坎

图 29　堡坎

随着工具和交通的发展，现代居民砌堡坎用的石头是更加坚硬的花岗岩，而砌堡坎时加入了水泥，这样使得堡坎更加坚固耐用。

2.代表性的历史遗物

（1）石墩

由于湘西地区主要是亚热带季风性湿润气候，常年潮湿，而建房所用材料基本来自本地山上的木材，潮湿的气候容易造成柱子腐烂，所以，苗族居民建房时要尽量远离地面，他们不仅在屋内铺设楼板，在房屋的主要柱子下面都垫了石墩。这种石墩多为圆柱体，雕刻精美、造型美观，而且材料易得。石墩与房子同样历史悠久，有的石墩甚至历经几代房屋，拥有上千年的历史。

图30 石墩

（2）竹篱笆

这种篱笆和普通的篱笆不同，以竹条编制而成，编制在房屋的穿枋上，用于防止鸟、老鼠等动物进入房子内部偷吃粮食。在挡住动物的同时不会妨碍通风透光。这种竹篱的出现，主要因为穿斗式建筑枋挂穿插，空隙较大。

图 31　竹篱笆

（3）天眼

丫角村人在建造房屋的时候会留置出一片空地，为了修建排水的通道，打通水道之后再建造房屋，这就是所谓的"天眼"。天眼下是下水道，直接将雨水、生活污水排入专用的沟渠中。

图 32　天眼

（4）筛子

在当地，筛子在日常生活中随处可见，是一种用竹片编制的生活用具，圆形，有漏孔，主要是使小颗粒通过孔掉出去，是通过一定的动力作用将物质按照颗粒大小进行分离的一种多孔器具，常见为方孔、圆孔、矩形孔，一般用来筛粮食。

图 33　竹筛

（5）木制楼梯

丫角村的房屋大多数都是由上下两部分构成的，房屋材质是木制的，故楼梯不同于现在的水泥楼梯，在当地农户家里见到的就是简易的木制楼梯，质量较轻，易于挪动，方便使用。

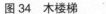

图 34　木楼梯

图 35　木楼梯

（6）神龛

神龛是放置神仙塑像和祖宗灵牌的小阁，大小规格不一，祖宗龛分台阶依辈序自上而下设位，因此，祖宗龛多为竖长形，神佛龛多为横长形。龛均为木造，雕刻吉祥如意图案和帝王将相、英雄人物、神仙故事图像等。

图36　神龛

（7）古树

在原凤鸣溪村村口有一棵古树，据当地人介绍，此树生长百年以上，是远近闻名的古树，在当地非常罕见。百年以上的古树已经进入缓慢生长阶段，干径增粗极慢，给人以饱经风霜和苍劲古拙的即视感。

图37　古树

（8）古桥

在原凤鸣溪村有一座较古老的石桥，桥头的碑文早已被腐蚀，其具体内容已经无法辨认。古桥经过几次修复，早已看不出原貌。

图38　桥碑　　　　　　　　　　图39　石桥

（9）古井

丫角村中央有一口古井，拥有几百年历史，在此之前，村里人一直是从这个井中挑水吃。这口井连接地下暗河，不管干旱多久，井水始终满满的。后来，村里修建了一个大水池，家家户户有了自来水，这口井便不再使用。

图40　古井

（10）土地堂

当地人设立土地堂的用处是保佑儿童在爬岩滚坎受到惊吓时，求土地公喊回魂魄。据说在土地堂可以给死人烧一些纸钱，保佑村寨中的家禽不被野兽袭击，保佑百姓的生活安定。

（11）庵和庙

据说名为"观音阁"，内设观音、十八罗汉、二十四诸仙、菩萨以及其他神仙，此地用来求神拜佛，可求子、求寿、求姻缘、求财路以及预测吉凶祸福，以"打告子"作为凭证。

（12）雷公庙

以雷公命名，内设雷公电母的雕像，当地人用来祈求风调雨顺、五谷丰登，也用来警示那些不孝之人。

图 41　土地堂

（二）非物质文化遗产

1. 民间文学

（1）山歌

山歌是指人们在田野劳动或抒发情感时即兴演唱的歌曲。它的内容广泛、结构短小、曲调爽朗、情感质朴、声音高亢、节奏自由。山歌是中国民歌的基本体裁之一。泛指流传于高原、山区、丘陵地区，人们在行路、砍柴、放牧、割草或民间歌会上为了自娱自乐而唱的节奏自由、旋律悠长的民歌。近些年有音乐家和学者认为，草原上牧民传唱的牧歌、赞歌、宴歌，江河湖海上渔民唱的渔歌、船歌，南方一些地方婚仪上唱的哭嫁歌，也都应归属于山歌。

（2）民谣

民间流行的带有民族色彩的歌曲，称为民谣或民歌。民谣的历史悠久，故其作者多不知名。民谣的内容丰富，有宗教的、爱情的、战争的、工作的，也有饮酒、舞蹈、祭典等。民谣表现一个民族的感情与风尚，因此各有其独特的音阶与情调风格。

（3）猜字谜

谜语是我国民间文学的一种特殊形式，古时称"廋辞"或"隐语"。它起源于春秋战国，那时各国大臣常用暗示、比喻的手法影射事物，以劝谏君主采纳自己的主张，逐渐形成了谜语。字谜与其他艺术形式一样，最能令人回味欣赏和吸引人的，就是它的外在表现形式——谜面。谜面集中地体现了字谜艺术的精华。它通常由简短精练且寓于形象表达能力的字词、短语、句子或歌谣诗词等组成。谜面语言，有着十分特殊的要求。

图42　字谜手抄

2.传统音乐

（1）唢呐

湘西唢呐的音色明亮，管身木制，呈圆锥形，上端装有带哨子的铜管，下端套着一个铜制的喇叭口（称作碗），所以俗称喇叭。丫角村中会吹唢呐的人不多，由于时间不多，我们没有去寻找实物。

唢呐发音高亢、嘹亮，过去多在民间的吹歌会、秧歌会、鼓乐班和地方曲艺、戏曲的伴奏中应用。经过不断发展，丰富了演奏技巧，提高了表现力，已成为一件具有特色的独奏乐器，并用于民族乐队合奏或戏曲、歌舞伴奏。

（2）苗鼓

湘西的苗鼓有庆年、庆神两种，随着苗族人民审美情趣和鼓乐承传的变化，一般在农历四月八、春节、赶秋、椎牛、丰收、婚嫁、迎宾等重大活动里都以鼓乐相迎，以鼓乐作为抒发自己情感的特殊方式。

苗鼓是苗家男女老少都喜欢的一项民俗活动。贵客来了跳迎宾鼓、逢年过节跳四面鼓、结婚迎娶跳猴儿鼓、丧事祭坛跳老人鼓，苗鼓代代相传、辈辈不衰，随着年代久远，花样打法愈来愈多。

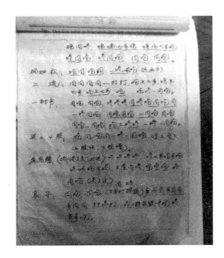

图43　苗鼓曲谱

3.传统戏剧

（1）高腔戏

辰河戏以高腔为主，又称"辰河高腔"，它是弋阳诸腔的留存与发展，清乾隆、嘉庆年间已有职业班社，主要流传于今湖南泸溪、古丈、永顺、吉首、沅陵、溆浦、辰溪、洪江等县。辰河戏有高腔、昆腔、低腔、弹腔四种声腔，是湖南一大地方戏剧。在 1998 年法国巴黎国际艺术节中，辰河高腔被西方学者和戏剧学家们赞誉为"东方艺术的瑰宝"和"中国戏剧的活化石"，更有人称之为"神奇的东方歌剧"。辰河高腔艺术在沅水流域流传至今，被勤劳智慧的各族人民描绘成独具民族风采、积淀民族心理、凝聚民族文化的灿烂画卷。

（2）莲花落

它由往昔艺人在街头"敲牛骨打砖"的即兴演唱方式发展嬗变而来，北宋（960—1127）已在城乡广泛流传。南宋释普济《五灯会元》中已有关于唱莲花落乞讨者的记载。元明之际，演唱曲目逐渐增多，并被"杂剧""传奇"吸收，杂剧《金线池》《曲江池》均有"四季莲花落"穿插其中的记载。明《南音三籁》中云："忽而又变文词说唱，胡诌莲花落，村妇恶声，俗夫亵语，无一不备矣。"莲花落灵活自由，早期莲花落艺人的活动一般多以"沿门"（即"沿门乞讨"）为主，其次也参与"赶酒"（"婚丧嫁娶"）和"赶会"，如"灯会""龙舟会""盂兰会""庙会"等活动。它可一人演唱，也可二人对唱，或与"莲厢"组合演唱。

4.传统体育

（1）拔河

拔河在中国有悠久的历史。早在春秋战国时期，就有拔河这项活动，不过在那时不叫拔河，而称为"钩强"或"牵钩"，后演变为荆楚一带民间流行的"施钩之戏"。

（2）荡秋千

荡秋千的起源，可追溯到几十万年前的上古时代。那时，我们的祖先为了谋生，不得不上树采摘野果或猎取野兽。在攀缘和奔跑中，他们往往抓住粗壮的蔓生植物，依靠藤条的摇荡摆动，上树或跨越沟涧，这是秋千的雏形。至于后来悬挂于木架、下拴踏板的秋千，春秋时期在我国北方就有了。《艺文类聚》中就有"北方山戎，寒食日用秋千为戏"的记载。拴秋千的绳索为结实起见，多以兽皮制成。

5.民间美术

（1）苗画

苗画作为湘西苗族文化的代表之一，极具苗族特色，主要流行于湘西苗族地区。苗画最初是作为苗族姑娘刺绣图样稿的形式出现的，后来发展成为一种独立的画种，常可以在湘西苗居的门帘、窗幔、服饰、被面和房中装饰上发现各种样式的苗画。对当地的文化传播和与外界的交流有着极其重要的意义。苗画在旅游产品开发市场潜力非常大，对于现代纺织面料的设计和创新开发研究也有很重要的意义。

图44　苗画

6.传统技艺

（1）编草鞋

草鞋是中国山区居民自古以来的传统劳动用鞋，穿着普遍，相沿成习。无论男女老幼，凡下地干活、上山砍柴、伐木、采药、狩猎等，不分晴雨都穿草鞋。现在生活条件好了，丫角村里原有的草鞋匠都不再编织草鞋。

45　草鞋

（2）印染

以前的丫角村作为当地的经济中心，染坊众多，历史悠久。印染又称为染整，是一种加工方式，也是前处理、染色、印花、后整理、洗水等加工流程的总称；早在六七千年前的新石器时代，我们的祖先就能够用赤铁矿粉末将麻布染成红色。居住在青海柴达木盆地诺木洪地区的原始部落，能把毛线染成黄、红、褐、蓝等色，织出带有色彩条纹的毛布。商周时期，染色技术不断提高。宫廷手工作坊中设有专职的官吏"染人"来"掌染草"，管理染色生产，染出的颜色也不断增加。到汉代，染色技术达到了相当高的水平。

7. 民俗

（1）男婚女嫁

"出闺"就是嫁女儿，当地人的结婚习俗要"三媒六证"，仪式多样。吃"三酒"（火炕酒：敬自己的父母；团家酒：敬整个一族人；大酒：敬外公外婆以及其他亲属）。具体流程如下：认亲、会祖、拦门喊礼、三茶六礼、成亲拜堂。

（2）动土建屋

根据当地习俗，"起造"就是建造新房子，首先要选择一个良辰吉日开工动土，准备好各种工具及材料，接着立柱、上梁、砍梁、做梁、写字画梁、贺梁等，仪式繁多。"起造"完毕以后，有"撩檐收水""开财门"等仪式。"开财门"就是在建造房屋的时候，大门是紧闭的，房子建好时，要选择一个好的时间来打开大门，这时需要请一个当地口才好的人站在门外说一些吉利的话，门内站着一位建房子的工匠，当门外的人把吉祥的祝福语说完后，大门就由建造房屋的工匠由内打开，这就完成了"起造"。

图 46　建造

（3）宴席

当地人的宴席也非常有讲究。依据"官有几品，人有几等"来划分座位，摆桌入席有一定的顺序：从东到西，从大到小，包括吃法都有礼节的讲究，上席下席都以礼相待。

（4）贺喜挂彩

当地人贺喜的方式是按照辈分来的，从大到小、从里到外、从左到右，各有其位，不能乱挂。

8. 传统服装

（1）头饰、上衣和裤子

男式头上戴黑色或者蓝布帕或丝帕，长度为 0.8—1.2 丈。对胸，用于男式，用土布做衣，通常是七颗或者九颗布排扣。满胸，用于女式，扣子从中间往边扣，五颗或者七颗布排扣，男式裤子是有白色裤腰的大裤筒。

（2）裹脚、戴帕

不穿袜子的一般用青蓝布裹脚，青蓝布长度一般为 6—7 尺，宽度为 4—6 寸，人们大多穿布鞋子走路。

备注：青年男女婚前不戴帕，婚后才能戴。

（3）梳头

未婚的女子一般是扎马尾辫或者披着头发，留有"一字头"（齐刘海），已婚的女子额头没有"一字头"（齐刘海）。

9. 村规民约

咱们村	是宝地	将你我	来养育
建设好	新农村	本条约	要牢记
建房子	经审批	遵章法	守规矩
河长制	勤巡河	有问题	快处理
娶儿媳	嫁女儿	破旧俗	立新意
清明节	文明祭	既庄重	又省钱
邻里间	有情谊	互帮助	如兄弟
讲文明	行礼仪	宽待人	严律己
讲卫生	好习气	环境美	有秩序
倒垃圾	不随意	砖瓦柴	摆整齐
猪狗羊	鸡鸭鹅	要圈养	多管理
此条约	大家立	执行好	都受益

图 47 村规民约

10. 传统医药

（1）苗医

苗医源远流长，已经有三四千年的历史。苗族的医药常常与神秘、神奇这样的词汇联系在一起，自成体系，尤以其内病外治的疗法闻名中外，成为民族医药的一枝奇葩。苗族民间还有"千年苗医，万年苗药"之说。苗族人民在长期的生产活动和与疾病、伤害做斗争的实践中，积累了丰富的、宝贵的医疗经验，成为我国传统医药宝库中的一部分。苗医对病因的认知和对疾病的命名、分类等，皆具有浓厚的民族特色，并体现了一定的规范性。

一位老人提供的药方：

《精传药方之血脉病》

用药：酸甘油片一瓶或者阿司匹林片（300克）

服法：每天服用酸甘油片2片或者阿司匹林3片

另备材料：1个柠檬，2块姜，3个蒜球，1瓶陈醋

做法：1. 姜、蒜去皮切成小块。

2. 将姜蒜片放入瓦煲，加入柠檬汁陈醋，小火慢煮，

过程中不盖锅盖，让水分蒸发。半小时后，煲中只剩下一半液体即可关火。

3. 冷却后装入瓶中密封。

4. 每天饭前取出两勺，加水喝下，持续一个月即可病除。

（三）自然遗产

1. 自然景观

（1）丫角村大河

山泉顺流而下，流经丫角村，成为当地村民的生活用水，当地的母亲河。丫角村大河清澈见底，随处可见小鱼小虾成群游动。

图48　大河

2. 重要药材

（1）黄精

黄精，又名鸡头黄精、黄鸡菜、笔管菜、爪子参、老虎姜、鸡爪参，为黄精属植物，根茎横走，圆柱状，结节膨大，叶轮生，无柄，药用植物，具有补脾、润肺、生津的作用。

图 49　黄精

（2）吴茱萸

吴茱萸，中药名，芸香科、吴茱萸属植物。8—11月果实尚未开裂时，剪下果枝，晒干或低温干燥，除去枝、叶、果梗等杂质即可入药。性味：辛、苦，性热；归经：归肝、脾、胃、肾经；功能：有散寒止痛、降逆止呕、助阳止泻的功效；主治：厥阴头痛、寒疝腹痛、寒湿脚气、经行腹痛、脘腹胀痛、呕吐吞酸、五更泄泻。

图 50　吴茱萸

（3）木瓜

木瓜，中药名。蔷薇科植物贴梗海棠的干燥近成熟果实。夏、秋二季果实绿黄时采收，置沸水中烫至外皮灰白色，对半纵剖，晒干，中文学名木瓜。别称：贴梗海棠、铁脚梨、川木瓜。

（4）玉竹

玉竹，中药名。百合科植物玉竹的干燥根茎。具有养阴润燥，生津止渴之功效。常用于肺胃阴伤、燥热咳嗽、咽干口渴、内热消渴。生理特性：根状茎圆柱形，直径5—14毫米。茎高20—50厘米，具7—12叶。叶互生，椭圆形至卵状矩圆形，长5—12厘米，宽3—16厘米，先端尖，下面带灰白色。花序具1—4花（在栽培情况下，可多至8朵），总花梗（单花时为花梗）长1—1.5厘米，无苞片或有条状披针形苞片；花被黄绿色至白色，全长13—20毫米，花被筒较直，裂片长3—4毫米；花丝丝状，近平滑至具乳头状突起，花药长约4毫米；子房长3—4毫米，花柱长10—14毫米。浆果蓝黑色，直径7—10毫米，具7—9颗种子。花期5—6月，果期7—9月。

图51　玉竹

3. 重要动物

（1）野猪

又称山猪，猪属动物，野猪是杂食性的，只要能吃的东西都吃。一般的野猪群有2—3只母猪与一群幼猪，公猪只在发情期才会加入猪群。野猪体躯健壮、四肢粗短，头较长，耳小并直立，吻部突出似圆锥体，其顶端为裸露的软骨垫（也就是拱鼻）；每脚有 4 趾，且为硬蹄，仅中间 2 趾着地；尾巴细短；犬齿发达，雄性上犬齿外露，并向上翻转，呈獠牙状；野猪耳披有刚硬而稀疏的针毛，背脊鬃毛较长而硬；整个体色呈棕褐或灰黑色，因地区而略有差异。

（2）石蛙

石蛙标准名棘胸蛙，又名石蛤、石鸡、山鸡、石冻、飞鱼、石鳞、石蛤蟆、石虾蟆、石坑蛙、石乱、木槐（川南）等，是两栖纲无尾目蛙科的一种动物。成体：雄蛙体长 123 毫米，雌蛙体长 131 毫米左右，头宽大于头长；吻端圆，突出下唇；吻棱不显；颊部略向外倾斜；鼻孔位于吻眼之间，略近于眼；鼓膜隐约可见；犁骨齿强，自鼻孔内侧向中线倾斜，齿列后端间距窄；舌卵圆形。

图 52　石蛙

四、重要的家族与历史人物

据介绍，张氏家族占当地总人数的 80%，属于当地的大姓。除了张姓之外还有危、印等几十种姓氏。

（一）张氏和危氏

张姓，全球华人十大姓之一，目前是中国大陆第三大姓。最早出自人文始祖轩辕黄帝的姬姓，是炎黄子孙的重要组成部分。张姓源自黄帝之子少昊青阳氏之孙挥公，因发明弓箭，司弓矢之长（正）而赐姓张。

丫角山张氏可谓人才辈出，张氏的后辈分散在全国从事着各行各业，他们以自己的实际行动向外界证明，在湘西中部这片世外桃源，还有张氏一支在此繁衍生息。

除了张氏家族之外，村里的第二大家族姓危，我们在调研中采访的那位长者，就属于危氏一族的传人。危氏人才辈出，下文中提到的中共党员危云开、危云炎就是危氏后人。

（二）重要历史人物

危云开、危云炎，湖南湘西人。危云开（又名开太）与危云炎（又名赤勋）是堂兄弟，古丈县城人。危云开生于1884年，在县城开了一家商店，生活较富裕；危云炎生于1887年，曾在乡下教书，1925年被古丈防务军总监刘谷卿聘去当军法秘书。后刘谷卿调往龙山任职，他不愿同去，于是辞职仍回到乡下教学。

1927年初，他们兄弟俩都是年纪四十开外的人了，但农民运动的兴起，却把兄弟俩卷入大革命浪潮之中。先是危云炎被推举到新成立的国民党古丈县党部当录事，被派往龙鼻嘴、罗依溪、官坝等地，做开展农民运动和组建农民自卫队的工作。不久，又被常德党务专员孔韬调回古丈县城，协助组织开展农运宣传的活动。在弟弟危云炎的影响下，危云开也积极投身到革命的行列中来。他们兄弟俩搞革命的时间是非常短暂的，前后不到三四个月的时间，但都做了许多好的工作，赢得了群众的信任。正因为兄弟俩工作积极、斗争坚决，在这年的5月1日，由张世衡介绍，光荣地加入了中国共产党。由中共湘西土家族苗族自治州党史办编写的，同济大学出版社出版的《湘西英烈》一书，对两人有详细的介绍。

五、特色产业

（一）稻花鱼

1.基本特征

稻花鱼，体侧扁，背部平直。头略平扁、被鳞、眼大、无侧线，背、腹鳍均小，生活于池塘、稻田及湖泊的上层，性格活泼、喜欢集群。4—7月为生殖季节，分批产卵，卵膜具丝状物。个体很小，最大不超过40厘米，分布于长江以南的各水体。

图53　稻花鱼

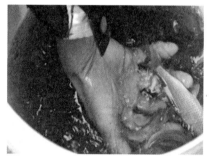

图54　稻花鱼

2.发展历程

"十三五"开局之际，该县因地制宜谋划产业促脱贫，结合当地稻田养鱼基础优势，2015年积极向上申报稻花鱼产业扶贫项目，获得了上级认可立项并于2019年正式实施。

为高效推进项目建设和确保扶贫效益，2019年以来，该县狠抓项目运作管理与技术支撑。一是强化项目运作管理，采取合作社＋基地＋贫困户的运作模式，采用"直接帮扶"的利益联结机制，由农户自主经营，按照合作社提供的"五统一"标准建基地、出效益。二是强化项目技术环节建设。采取"宽沟连作"的养殖模式，实施加固田坎、开挖鱼沟和设置防逃设施等田间工程，在稻谷收割后通过加高稻田水位将鱼的饲养周期延长至冬季来提高产量。项目从鱼田改造、鱼苗投放到养殖生产均有业务部门全程开展技术指导服务。

（二）粮食产业

1. 水稻

水稻是稻属谷类作物，代表种为稻。水稻原产于中国和印度，7000 年前中国长江流域的先民们就曾种植水稻。水稻按稻谷类型分为籼稻和粳稻、早稻和中晚稻、糯稻和非糯稻。按留种方式分为常规水稻和杂交水稻。还有其他分类，按是否无土栽培分为水田稻与浮水稻；按生存周期分为季节稻与"懒人稻"（越年再生稻）；按高矮分为普通水稻与 2 米左右的巨型稻；按耐盐碱性分为普通淡水稻与海水稻（其实它主要使用淡水）。水稻所结子实即稻谷，稻谷脱去颖壳后称糙米，糙米碾去米糠层即可得到大米。世界上近一半人口以大米为主食。水稻除可食用外，还可以酿酒、制糖，稻壳和稻秆可以作为牲畜饲料。

图 55　水稻种植

2. 玉米

玉米是禾本科的一年生草本植物，又名苞谷、苞米棒子、玉蜀黍、珍珠米等。原产于中美洲和南美洲，它是世界重要的粮食作物，广泛分布于美国、中国、巴西和其他国家。玉米是当地酿造特色"苞谷酒"的主要原料。

玉米与传统的水稻、小麦等粮食作物相比，具有很强的耐旱性、耐寒性、耐贫瘠性以及极好的环境适应性。玉米的营养价值较高，是优良的粮食作物。作为中国的高产粮食作物，玉米是畜牧业、养殖业、水产养殖业等的重要饲料来源，也是食品、医疗卫生、轻工业、化工业等不可或缺的原料之一。由于玉米资源极为丰富、廉价且易于获得，它们还具有许多生物活性，如抗氧化、抗肿瘤、降血糖、提高免疫力和抑菌杀菌等，具有广阔的开发及应用前景。

图 56　玉米种植

3.苦荞、甜荞

　　经过脱壳、晾晒、烘干等工艺制作而成的代用粮食茶，不是传统的茶叶。苦荞茶内含人体所需的多种微量元素，如：钙、磷、铁、镁、硒等氨基酸。据《本草纲目》记载："荞麦，性味苦，平寒，有益气力、续精神、利耳目、降气、宽肠、健胃的作用"。长期饮用，可改善身体状况，降低高血糖、高血压、高血脂的发病率，能有效防治糖尿病，并且具有一定的抗癌作用，是中老年人理想的保健食品。

（三）熟食业

1. 自制酒曲

这是在边远的湘西丫角村调研时见到的古老的酒作坊，原材料就是当地产的大米、玉米和海拔 1000 米的高山流下来的山泉水，采用古老的酿酒工艺制成，口感清香，易下喉、不上头、不口干，酒后易散，不易醉。细细品尝后满口散发着酒的香气，在味蕾上慢慢散开，唤醒身体的每个细胞，让人留恋、回味。

图 57　米酒酿造

2. 煮甜酒

甜酒，又称江米酒、酒酿、醪糟，主要原料是糯米，酿制工艺简单，口味香甜醇美，乙醇含量极少，因此深受人们喜爱。在一些菜肴的制作上，糯米酒还常被作为重要的调味料。糯米酒色淡红，所以又称"红酒"，由于它掺进了沸水，故又称"水酒"。这种农家自酿的糯米酒，味醇而香甜，少刺激性；适量饮用能舒筋活络、强壮体魄。农民逢年过节或招待宾客时饮用。酿酒剩下的糟粕，再加上食盐混合后，叫"糟麻"。人们把它贮藏起来作为煮汤之用，亦有人把它和鲜鱼一起煮，味道极佳。做法如下：第一，浸泡。将糯米洗净，浸泡 12—16

小时，至可以用手碾碎即可。第二，蒸饭。在蒸锅里放上水，蒸屉上垫一层白布，烧水沸腾至有蒸汽。将沥干的糯米放在布上蒸熟，约1小时。没有这层布，糯米会将蒸屉的孔堵死，怎么也蒸不熟。第三，淋饭。将蒸好的糯米端离蒸锅，冷却至室温。间或用筷子翻翻以加快冷却。在桌子上铺几张铝箔，将糯米在上面摊上两三寸厚。第四，凉透。在冷却好的糯米上洒少许凉开水，用手将糯米弄散摊匀，用水要尽量少。第五，落缸。将盆置于30℃左右的恒温箱中培养24—48小时，如果米饭变软，表示已糖化好；有水，有酒香味，表示已有酒精和乳酸，即可停止保温。最好再蒸一下，杀死其中的微生物和酶，停止其活动。这样，甜酒就制作成功。

图58　村民餐桌上的甜酒

3. 打粑粑

粑粑有很多种，包括苞谷粑粑、糍粑、糯米粑粑等，是湘西老少咸宜的小吃。将原料磨浆，在铁瓢中盛浆，包上白糖、酸菜、辣椒、豆腐干或肉泥，炸至金黄，油香四溢，酥脆爽口，常用来佐酒，或者直接煮汤。

图59　苞谷粑粑

4.米豆腐

米豆腐以大米和石灰为原料。糯米、粳米因黏性大，不宜制作米豆腐。石灰则选择生石灰或新鲜熟石灰为宜。选好料以后，先将米淘洗干净，然后装入容器内和一定比例的石灰浸泡。一般浸泡3—4小时，当米粒呈浅黄色，用口尝半粒略具苦涩味时取出，用清水冲洗洁净，沥干待磨。

第一，磨浆。大米与水按1∶2的比例，若想让米豆腐略带黄绿色，可在磨浆时加入少许绿叶汁。第二，煮浆。米浆磨成后，即进行煮浆。煮浆时根据米浆的稀浓情况再加适量水，要用干净的铁锅煮。开始以小火煮，并充分搅拌，以防止烧锅或成团，半熟后改大火煮至熟即可。第三，成形。米浆煮熟后，趁热装入预先准备好的盛器（蒸格），下面盛一碗凉水，将米浆进行挤压，使之从蒸格中挤出，成大蝌蚪形状即成。

吃法：舀入碗中，再将切好的大头菜、盐菜、酥黄豆、酥花生、葱花放于米豆腐上，用小碗放入红油、麻油、花椒油、酱油、醋、姜汁、蒜水等调料兑成汁，浇于米豆腐上，吃起来口感清新舒爽。

图60 米豆腐

5. 米粉

米粉，是指以大米为原料，经浸泡、蒸煮、压条等工序制成的条状、丝状米制品。米粉质地柔韧，富有弹性，水煮不糊汤，干炒不易断，配以各种菜码或汤料进行汤煮或干炒，爽滑入味。

米粉品种众多，可分为排米粉、方块米粉、波纹米粉、银丝米粉、湿米粉、干米粉等。

图 61　米粉

6. 腊肉

腊肉，杀猪匠将杀好的猪切成条状，把食盐在锅中炒热（可不炒），加拌适量的花椒粉，一块一块用盐涂抹均匀，然后挂在火坑上面烟熏火烤制成。腊肉可以保二三年不坏，放得越久，味道越香。

图 62　腊肉

加工时间一般是过年前后。需准备猪肉、食盐、木柴等。肉、盐按 100∶5 的比例配置，通常腌制好的肉要放几个小时再熏烤。将腌渍好的肉条逐个穿绳悬挂在火堂上方的吊架上，从火堂中心点向四周扩展。肉条离火堂高 1.2—1.6 米，利用冬季农家在火堂上烧煮、取暖，燃烧柴薪产生的烟热气进行熏烘。熏烘的次数以自然炊食、取暖次数为宜，日熏烘、夜晾露，冷热相间。一般熏烘期为30—60 天，燃料就是山上的木柴，切勿用垃圾或废纸屑、农膜烧熏。熏烘时火苗不宜过大过急，以防外干内生。肉条四周不宜用竹帘或农膜围栏，中途可将吊挂的肉条相互调换位置。经过一两个月的熏烘后，肉条逐渐失水变干，色泽由白变为褐红色，此时可下架食用或贮藏。

为了延长食用期，保证腊肉的正宗美味。可采用以下四种方法贮藏：一是将熏烘好的肉条藏在谷堆或谷壳中，二是藏入锯木屑中，三是挂在通风干燥的壁板上，四是用稻草包裹放在干燥处。

后 记

此次传统村落调研也是我人生第一次下乡调研，出发前心中不免有些忐忑。调研第一站，就是本文中提到的丫角村。我和同行的研究生学姐到达丫角村后，印主任将我们安置在村委会。第一天到达时已是下午，但一下午的时间，我们便消除了心中对这次调研的忧虑。印主任带我们在村中转了转，村民们的热情，出乎我们的预料。虽然村委会有食堂，但是我和学姐经常到印主任家中蹭饭吃。印主任的儿子、儿媳和女儿、女婿都趁着暑假回家避暑。由于年龄相差不大，我们很聊得来。在这为期五天的调研中，除了印主任之外，对我们帮助最大的，就是湖南警察学院分配到此地实习的一个大三的学长。他来这里已经几个月了，对这里的环境非常熟悉，在调研的过程中给了我们很大的帮助。

淳朴的民风给我们带来了不一样的人生体验，我想，我要尽最大的努力写好这篇调研报告，希望通过它，向外界展示湘西州中部的大山里，这个民风淳朴、敦实厚重的世外桃源。

指导教师：

覃小林，男，博士，中南民族大学马克思主义学院副教授、硕士生导师，主要从事思想政治教育哲学、比较思想政治教育学和思想政治理论课教学的研究。

作者简介：

黄永潮，思想政治教育学本科，中南民族大学马克思主义学院思想政治教育专业学生。

后 记

　　这是山西大学民间文献整理与研究中心第一次组织全国性的传统村落田野调查征文，虽然我们在传统村落田野调查领域已经积累了可供推广普及的调查方法、作业表格等，但是在组织的过程中依然存在着一些不足。不过，我们始终坚信，以历史学为本位，积极主动地学习和借鉴其他学科的思想和方法，把田野调查作为传统村落研究的方法和路径，是一条宽阔大道，总结起来就是"深耕民间，启创新见"。

　　乡村振兴既是国家战略，也是全社会共同的时代命题。未来我们将继续"深耕民间，启创新见"，充分发挥历史学有用于世的功能，为乡村社会经济发展和文化建设贡献力量。与此同时，我们也呼吁更多的学术团体和社会力量加入乡村振兴和传统村落研究的队伍当中。为此，我们决定将"中国传统村落"田野调查征文活动继续开展下去，成为关心、关注传统村落历史、现状和未来的各界人士的一个互动共享平台。真诚欢迎高校师生和社会各界人士积极参与，开展中国传统村落田野调查，推动中国传统村落保护、传承和高质量发展。

　　非常感谢各位参加征文比赛的学生、专家和学者，这本田野调查报告集能够结集出版，离不开各位作者的参与和支持，离不开各位冒着严寒和酷暑走街串巷的调查，报告集的每一个字、每一个标点符号，都凝结着每位作者的思考、努力和付出，在这里，要对各位作者表示由衷的感谢。还要感谢我的学生：齐慧君、闫怡、樊璐、张顺、戴晖、郭子君、张悦，几位同学在报告集的编辑过程中，付出了辛勤的劳动，没有他们的汗水，这本报告集也不会这么快与读者见面。

编　者

2020 年 11 月于山西大学主楼

图书在版编目（CIP）数据

乡村振兴战略背景下的中国传统村落 / 刘伟国主编 . —太原：山西人民出版社，2022. 1

（田野·新知 / 郝平主编）

ISBN 978-7-203-11982-1

Ⅰ . ①乡… Ⅱ . ①刘… Ⅲ . ①村落 - 调查研究 - 中国 Ⅳ . ①K928. 5

中国版本图书馆 CIP 数据核字（2021）第 226801 号

乡村振兴战略背景下的中国传统村落

主　　编：	刘伟国
责任编辑：	王新斐
复　　审：	吕绘元
终　　审：	李　颖
装帧设计：	谢　成

出 版 者：	山西出版传媒集团·山西人民出版社
地　　址：	太原市建设南路 21 号
邮　　编：	030012
发行营销：	0351-4922220　4955996　4956039　4922127（传真）
天猫官网：	https：// sxrmcbs.tmall.com　电话：0351-4922159
E - mail：	sxskcb@ 163.com　发行部
	sxskcb@ 126.com　总编室
网　　址：	www.sxskcb.com

经 销 者：	山西出版传媒集团·山西人民出版社
承 印 厂：	山西出版传媒集团·山西人民印刷有限责任公司

开　　本：	720mm×1020mm　1/16
印　　张：	23
字　　数：	350 千字
印　　数：	1—1000 册
版　　次：	2022 年 1 月　第 1 版
印　　次：	2022 年 1 月　第 1 次印刷
书　　号：	ISBN 978-7-203-11982-1
定　　价：	122. 00 元

如有印装质量问题请与本社联系调换